KB099789

코로나 경제실록

코로나 경제실록

발행일 2021년 3월 19일

지은이 권의종
펴낸이 손형국
펴낸곳 (주)북랩
편집인 선일영
디자인 이현수, 한수희, 김민하, 김윤주, 허지혜
마케팅 김회란, 박진관
편집 정두철, 윤성아, 배진용, 김현아, 이예지
제작 박기성, 황동현, 구성우, 권태련
출판등록 2004. 12. 1(제2012-000051호)
주소 서울특별시 금천구 가산디지털 1로 168, 우림라이온스밸리 B동 B113~114호, C동 B101호
홈페이지 www.book.co.kr
전화번호 (02)2026-5777
팩스 (02)2026-5747

ISBN 979-11-6539-673-2 03320 (종이책)
979-11-6539-674-9 05320 (전자책)

현장에서 본 코로나 위기 대응의 빛과 그림자

코로나 경제실록

권의종 지음

코로나 위기는 언젠가 지나가겠지만,
과거에서 교훈을 얻지 못한다면 우리는 또 다른 위기에 직면할 것이다.
코로나 바이러스가 국내에 유입된 뒤 지금까지 일어난 일을
더하거나 빼지 않고 있는 그대로 적어두는 이유이다.

북랩 book Lab

코로나에 사로잡힌 대한민국 경제

2019년 12월. 중국 후베이성 우한에서 새로운 유형의 코로나바이러스가 나타났다. 순식간에 전 세계로 퍼졌다. 무적이었다. 맞설 상대가 없었다. 막강한 현대 문명이 미세한 바이러스 앞에 무릎을 꿇었다. 역병이 무서운 건 알았으나 괴력이 이 정도일 줄이야. 초기만 해도 팬데믹이 이토록 길어질 줄 몰랐다. '이 또한 지나가리라.' 시간이 지나면서 수그러들 가벼운 전염병쯤으로 가볍게 여겼다.

전염병이 확산이 되어도 백신과 치료제가 개발되어 쉽게 잠재워질 줄 알았다. 예상은 보란 듯 빗나갔다. 감염자가 늘고 피해가 갈수록 커졌다. 한 치 앞도 내다보기 힘든 시계 제로의 상황이 눈앞에 펼쳐졌다. 평온의 일상이 죽음의 공포로 변했다. 선후진국, 동서양, 부자와 빈자를 가리지 않고 인류를 사지로 내몰았다. 누구에게도 예외가 없었다.

난리도 이런 난리가 없었다. 세계화 네트워크가 일순간에 단절되고, 삶의 여건이 한꺼번에 마비되었다. 각국이 국경을 폐쇄하고 도시를 봉쇄했다. 인간은 사회적 거리두기의 대상물로, 자영업은 방역 조치의 희생물로 전락했다. 언택트가 콘택트의 전통적 원칙을 무너뜨리고 새로운 지배 질서로 자리 잡았다.

코로나는 생김새나 이름값도 못 한다. 왕관을 뜻하는 라틴어 'corina'에서 유래되었다는 사실을 이해하기 어렵다. 하지만 바이러스를 현미경으로 자세히 들여다보면 대제국의 왕관을 연상케 한다. 바이러스 입자 표면에 곤봉 모형의 화려한 돌출부가 수없이 솟아있다. 왕관 형상의 이런 코로나가 세상에 영광을 주기는커녕 인류를 파멸로 인도하는 악행을 서슴지 않고 있다.

왕관 형상의 코로나바이러스, 생김새나 인물값 못 해… 영광은커녕 파멸로 인도

오랜 기다림 끝에 코로나 백신이 개발되었다. 2020년 말부터 일부 국가들부터 접종이 시작되었다. 백신의 확보와 접종은 부자나라와 개발도상국 간에 상당한 격차가 벌어졌다. 이스라엘, 아랍에미리트(UAE) 등에서는 국민 다수가 접종을 마친 상태다. 우리나라도 2월 말 접종이 시작되었다. 올 11월경이면 집단면역을 기대할 수 있을 것으로 예상한다. 시기적으로 늦었으나 전염병의 어둡고 긴 터널을 탈출할 수 있게 된 것만도 천만다행이다.

그래도 코로나 피해가 여전하다. 확진자와 사망자 수 증가세가 즐지 않고 있다. 영국발, 남아공발 등 변이 바이러스 발생 등으로 4차 대유행까지 우려되는 판이다. 자영업의 심야 영업이 막히고, 5인 이상 모임이 금지되었다. 설 연휴 때는 고향 방문도 못 했다. 팬데믹이 언제까지 이어질지, 얼마나 많은 희생자가 더 나올지 오리무중이다. 답답함에 속이 탄다.

코로나바이러스는 경제와 산업에도 일찍이 경험하지 못한 피해와 충격을 안겼다. 지고의 선으로 믿어 의심치 않았던 글로벌화가 한순간에 극명한 악으로 추락했다. 세계를 향해 활짝 열렸던 각 나라의 국경이 닫혔다. 해외로 나갔던 사람들이 돌아오는 홈커밍, 시장과 저임금을 찾아 떠났던 기업들이 회귀하는 리쇼어링이 벌어졌다. 전 세계적으로 경제성장이 급추락하면서 계층 간 양극화가 심화되고 실업자가 늘고 있다.

코로나 국내 발생 1년여. 그동안 대한민국 경제의 가장 큰 이슈는 단연 코로나19였다. 세 차례의 대유행이 지나면서 경제, 사회, 문화, 국민 생활 전반에 엄청난 손해를 끼쳤다. 차별적이고 이중적 모습을 드러냈다. 나라마다 지역마다, 사람마다 기업마다, 일마다 때마다 다른 모습으로 다른 강도로 괴롭혔다. 실직자, 저소득자, 자영업자, 노약자, 기저질환자 등 경제적·사회적 취약자를 집중 공략했다. 그들의 생계와 생존을 뿌리째 흔들었다.

경제와 산업에도 미증유 충격… 지고의 선 '글로벌화', 극명한 악으로 급추락

성과와 소득도 없지 않았다. 이 보 전진을 위한 일 보 후퇴의 기반을 쌓는 계기가 되었다. 인공지능 등 디지털화 가속을 통해 경제와 산업의 효율을 높이는 기회로 작용했다. 인간 본연의 무능과 게으름을 일깨워 역량 개발에 나서게 하는 촉매의 구실을 했다. 코로나 위기의 차가운 현실 속에서 따뜻한 해법을 찾는 소중한 경험과 지혜를 얻게도 했다.

방역 대책과 경제 정책은 성공적이었다. 한국식 방역 모델이 잘 작동했다. 피해가 멈추지 않고 있는 미국, 유럽, 일본 등과 극명한 대조를 이룬다. 우리 정부의 효율적 대처, 의료진의 무한 헌신, 촘촘한 정보망, 성숙한 시민 의식에 기인한 바 크다. 고(高)인구 밀도, 고(高)접촉 문화, 고(高)도시 집중 등 바이러스 취약 환경에서의 전염병 극복의 경험과 노하우를 세계가 배우려 한다.

경제위기 대응도 잘해 왔다. 정부는 방역 대응과 경제 살리기를 정책의 최우선 순위에 두고 국가경영에 안간힘을 다했다. 팬데믹 초기의 마스크 대란부터 원만하게 수습했다. 위기 발생때마다 기민하게 대처했다. 재난지원금 지급, 소상공인·자영업자 금융, 대출 만기 연장, 임대료 인하, 세 부담 감경 등 이루 헤아릴 수 없을 정도의 많은 조치를 취했다.

일자리 마련과 실업 대책 등 고용안전망 확충에도 애를 썼다. 경제 재도약을 위한 한국판 뉴딜까지 발동했다. 이런 노력은 결과가 말한다. 한국의 경제성장은 경제협력개발기구(OECD) 회원국 가운데 선두권이다. 경제의 젖줄인 수출도 악조건 속에서 선방했다. 반도체, 게임, IT 산업 등은 도약의 기반을 다지는 호기를 맞았다.

옥에 티도 있었다. 임기응변식 대응으로 근본 해법을 제시하지 못할 때가 있었다. 기업들은 옥죄는 규제에 기를 펴지 못했다. 반면 금융산업은 관리·감독 소홀을 틈타 불완전판매를 일삼았다. 현실과 동떨어진 부동산 대책이 남발되었다. 포퓰리즘도 자주 등장했다. 퍼주기 경쟁이 심했다. 나라 곳간이 자주 비었고, 정부지원금은 화수분 취급을 받았다. '먼저 보는 사람이 임자'라는 말까지 인구에 회자되었다.

재원 마련은 뒷전이었다. 일단 일부터 벌이고 보는 해프닝이 잦았다. 매년 초대형 예산이 꾸려지고, 그것도 모자라 추경 편성이 꼬리에 꼬리를 물었다. 국채발행의 일상화로 나라 살림이 빚으로 연명하는 지경에 이르렀다. 정부는 뭘 믿고 그러는지 큰 소리다. 자신감이 넘친다. "부동산값은 반드시 잡겠다.", "K-방역은 성공이다.", "성장률은 OECD 국가 중 최고다." 불리한 얘기는 쏙 빼고 자화자찬 일색이다.

코로나의 이중성… 취약 계층 괴롭혔으나, 경제 효율 높이는 계기로 작용

코로나 사태가 터지면서 개인적으로 걱정이 컸다. 나라 경제가 어떻게 돌아갈지 두렵고 떨렸다. 그래서 이후 전개될 경제 현상과 이슈를 있는 그대로 기록하고 그에 대한 소회를 진솔하게 담아보고 싶었다. 위기가 끝나고 나면 그간의 자료와 경험, 노하우가 흔적 없이 사라지는 과거지사를 더는 반복하면 안 될 것 같았다. 기록으로 남기면 훗날 필요로 하는 경우가 꼭 생길 거라는 믿음이 생겼다. 일단 나라도 해보기로 마음먹었다.

코로나를 체험한 지금 세대야 새로울 게 없는 내용일 수 있다. 그럼에도 청중 없는 광야의 소리꾼을 자청한 것은 순전히 미래 세대를 위해서다. 우리 세대의 빚을 잔뜩 떠안은 그들에게 지켜야 할 최소의 도리이기도 하다. 기록자의 주관이 개입될 소지가 크나, 사관(史官)의 시각에서 한 땀 한 땀 적어보기로 했다. 그런지 일 년여. 적지 않은 분량의 자료가 쌓였다. 그냥 갖고 있자니 관리가 어렵고, 없애자니 그간 들인 공이 아까웠다. 결론은 활자화였다. 이 책이 나오게 된 동기다.

나름대로 시간과 정성을 쏟았다. 인터넷 검색, 언론매체 구독, 주변과 만남 등을 통해 부단히 현상을 살피고 이슈를 탐색했다. 틈날 때마다 기록하고 정리하는 작업을 반복했다. 안양천 산책길에서, 손자와의 놀이터에서, 지하철 승차 중에도 생각을 정리하고 다듬었다. 새벽같이 일어나 키보드를 두들겼다. 좋아서 하는 일이라 힘들기보다 즐거움이 컸다. 누가 시켜서 하라 했으면 당연히 안 했을 일이다.

책이 나오기까지는 힘이 되어준 손길이 많았다. 책 쓰기 결심을 격려해주신 지구촌교회 조봉희 목사님, 삶의 스승이신 안택수 전 신용보증기금 이사장님께 먼저 감사 인사를 올린다. 책 발간 때마다 축하를 아끼지 않으시는 SIC 김진식 회장님, 대한아이엠 조관영 대표님, 목포 한사랑병원 조생구 원장님, 호원대 박문서 교수님, 동국대 채성만 교수님, 금융소비자뉴스 정종석 발행인님께도 고마운 마음을 드린다. 사랑하는 아내 안성혜, 든든한 아들딸 지선·지원·선홍, 귀여운 손자 민기·은성과도 출간의 기쁨을 나누려 한다.

지금이 코로나 끝자락이길 바라면서

2021년 3월

권의종

코로나 경제, 그 파노라마

2020년 1월 20일. 국내에서 첫 코로나바이러스 감염자가 발생했다. 그 후 1년여. 한국 경제의 가장 큰 이슈는 단연 신종 코로나바이러스 감염증이었다. 세 차례의 대유행을 이어오며 경제와 산업 전반에 엄청난 손해를 끼쳤다. 격랑의 시기였던 만큼 온갖 경제 이슈가 출몰했다. 방역과 피해 대책도 수없이 나왔다. 뒤돌아보면 한편의 파노라마를 방불케 한다.

명칭부터 혼선이 있었다. 초기에는 코로나 감염병의 발생지로 알려졌던 중국 우한 지역명을 병명에 넣어 '우한 폐렴'이라 불렀다. 정부는 세계보건기구(WHO) 권고에 따라 바이러스에 특정 지역 이름이 들어가면 혐오를 조장한다는 이유로 코로나19를 공식 명칭으로 지정했다. 돌발 악재에 대한 정부의 초기 대응은 굼떴다. 의사협회 등의 중국발 입국제한 주장을 흘려듣다, 2월 4일에서야 특별입국절차를 취했다.

2020년 2월. 그때만 해도 팬데믹 상황이 이렇게 길어질 줄 몰랐다. 전국적 상황도 아니다 보니 사태의 심각성을 절실히 깨닫지 못했다. 정부는 위기 극복을 위한 초기 대응책으로 규제개혁을 들먹였다. 틀린 말은 아니었다. 실제로 대한민국은 '규제 천국'이었다. 입법·행정을 예고한 신설·강화 규제 법령안이 500개가 넘었다. 기업들 역시 정책의 최우선 과제로 규제 완화를 꼽았다.

반면, 금융 부문은 규제 사각지대였다. 관리·감독 소홀을 틈타 금융사들은 위험 상품 판매에 열을 올리고 있었다. 불완전판매의 원조 격인 키코(KIKO), 동양그룹 기업어음(CP)의 쓰라림을 겪고도 정신을 못 차리고 있었다. 결국 2019년에 해외금리 연계형 DLF 사건이 터지면서 극심한 후유증에 시달려야 했다. 금융당국의 솜방망이 처벌은 정책 실패와 정부 불신까지 불렀다.

경제는 '규제 천국', 금융은 '관리 사각'… 특별재난지역 선포 이어, 기준금리 인하

국민연금은 덩칫값도 못 하고 있었다. 주요국과 비교해 수익률이 저조했다. 고령화 추세로 보험료 지출까지 급증하는 상황이었다. 국민연금재정추계위원회는 국민연금 적립기금이 2057년이면 고갈될 거로 예상했다. 국회예산정책처는 더 빠른 2054년이면 바닥날 것으로 내다봤다. 연금재정 위기인데도 정부는 제도 개혁, 수익률 제고 노력을 보이지 않았다. 되레 기업의 경영권 개입 등 정책 도구로 써먹을 생각부터 했다. 연금 사회주의라는 비난까지 나왔다.

2020년 3월. 코로나19 피해 기업에 금융·재정 정책이 강구되었다. 국채 발행을 통한 추경의 필요성이 정치권을 중심으로 제기되었다. 그런 와중에서 마스크 대란이 터졌다. 당황한 정부는 마스크 수출을 줄이고, 중복 구매와 줄서기를 막기 위한 의약품 안전사용 서비스(DUR)를 조치했다. 이는 훗날 K-방역의 성공사례로 평가된다.

대구 신천지 교회에서 첫 국내 집단 감염이 발생했다. 3월 16일 대구·경북 지역이 특별재난지역으로 선포되었다. 같은 날 한국은행은 기준금리를 0.75%로 인하했다. 경제가 셧다운 조짐을 보이면서 금융시장이 요동쳤다. 이어 17일에는 11조 7천억 원 규모의 코로나19 추경이 국회를 통과했다. 여기에는 대구·경북 지원예산 1조 6,581억 원, 감염병 대응 역량 강화 예산 1,483억 원, 생계위험에 처한 소상공인·자영업자 지원예산 1조 1,638억 원이 포함되었다. 2020년 3월 19일. 정부가 국내외 은행들의 선물환 포지션을 확대하는 '컨틴전시 플랜'을 발표했다. 외국인들이 국내 시장에서 급속도로 이탈하고, 글로벌 주가 폭락에 따라 달러 수요가 급증하는 긴박한 상황이었다. 같은 날 한국은행과 미국 연방준비제도가 6백억 달러 규모의 한미통화스와프 계약을 체결했다는 낭보가 전해졌다. 미 달러화가 국내 시장에 곧바로 공급될 수 있어 금융시장 안정에 청신호가 켜졌다.

코로나발(發) 금융 한파와 실업 광풍… 기업 줄도산 위기, 소상공인 대출 창구 몸살

3월 회사채 시장에 코로나발(發) 한파가 몰아쳤다. 4월 위기설까지 나돌았다. 우량 기업조차 회사채 발행 수요 예측에서 미달하는 일이 벌어졌다. 24일, 정부가 코로나19 위기의 경제에 100조 원 이상의 긴급자금 투입을 결정했다. 지원 대상을 중소기업에서 중견·대기업까지로 확대했다. 자금

애로 해소와 금융시장 안정에 도움이 되었다는 긍정적 평가를 받았다.

소상공인 대출 창구가 극심한 몸살을 앓았다. 27일, '대출 병목' 해소를 위해 소상공인 금융지원 신속집행 방안이 시달되었다. 4월부터 곧바로 시행에 들어갔다. 대출 신청 대란을 해소하기 위해 대출 기관별로 업무가 세분화되었다. 신청자를 분산, 신청부터 대출까지 처리 기간을 줄이려는 의도였다. 소상공인시장진흥공단 대출은 홀짝제를 시행했다.

2020년 4월. 코로나19는 실업 광풍을 몰고 왔다. 전 세계가 실업 대란의 불안에 휩싸였다. 국내에서는 기업이 근로자 해고 대신 휴업·휴직을 선택할 경우, 정부가 인건비 일부를 보조하는 고용유지지원금 신청이 폭등했다. 한 해 전보다 2배가 급증했다. 생사의 갈림길에 선 기업들이 인력 감축에 나선 결과였다. 연차소진 강요로 시작, 무급 휴직과 휴업을 거쳐 권고사직과 해고로 이어졌다.

항공·여행업계는 인력 구조조정에 나섰다. 자동차, 유통, 중공업, 조선업종의 대기업도 인력 절감 카드를 꺼내 들었다. 경쟁력이 취약한 중소기업도 줄도산 위기에 내몰리면서 종업원 해고를 서둘렀다. 매출이 줄고 일감이 없어지면서 인원 감축은 선택이 아닌 필수가 되었다. 상당수 기업이 정부 지원 없이는 종업원 봉급도 못 주는 지경에 이르렀다.

전 국민 긴급재난 지원금 지급… 국내 농가 수 100만 가구 붕괴 임박 경고음

코로나19 긴급재난지원금을 둘러싼 논란이 치열했다. 정치권이 선별적 지원에서 무차별 지원으로 돌연 태도를 바꿨다. 지원 대상을 소득 하위 70%에서 전 국민으로 넓히고, 신속 지급을 채근하는 속도전에 나섰다. 총선을 앞둔 포퓰리즘이라는 비판이 일었다. 재정 건전성 감안 없는 부양책은 국가채무위험을 부추길 수 있다고 우려가 나왔다. 창의적 안목으로 애프터 코로나 시대에 대비하여 경제의 새판을 짜야 한다는 주장이 큰 공감을 얻었다.

국내 농가 수 100만 가구 붕괴의 경고음이 울렸다. 고령화에 따른 농업 포기와 전업 등으로 농업 종사자가 계속 줄고 있었다. 국가통계포털이 관련 통계를 시작한 1970년 248만여 가구 이후 최저치를 기록했다. 1980년 215만 5천여 가구보다 40년 새 반 토막이 났다. 정부가 청년 농업인의 정착을 꾸준히 지원해왔으나, 청장년층 비중은 되레 계속 줄어왔다.

2020년 5월. 코로나는 글로벌 분업구조마저 흔들었다. 무역·투자 상대국의 국경 봉쇄가 잇따르면서 '리쇼어링(reshoring)'이 나타났다. 해외에 나가 있는 기업이 세제 혜택과 규제 완화 등에 따라 본국 귀환이 본격화되었다. 우리나라도 해외 진출 기업의 귀환을 장려했으나, 성과가 신통찮았다. 2014년 이후 생산시설 회귀 기업은 72곳에 그쳤다. 신(新)고립주의가 확산할 금후의 경제 환경에서 리쇼어링은 기업의 필연적 생존 전략이라는 점에서 아쉬움이 컸다.

긴급재난지원금 지급이 시작되었다. 4인 가구 기준 100만 원으로 결말이 났다. 기준 마련에 한 달 이상 걸렸다. 말이 '긴급' 지원금이지 실은 '늑장' 지연금이었다. 지원금이라는 게 지원이 필요한 곳에 쓰여야 할진 데, 전 국민에 지급되다 보니 거액만 낭비하고 '공짜' 문화만 양산한다는 비난이 일었다. 그래도 주는 돈이니 일단 받고 보자는 사람이 적지 않았다.

정은경 질병관리본부장 코로나 영웅 찬사… 위안부 피해자 이용수 할머니의 아픔

위기가 영웅을 만드나 보다. 미국의 유력 일간지 월스트리트저널(WSJ)이 코로나19와의 전쟁에서 맹활약 중인 세계 각국의 영웅들을 소개했다. 한국의 정은경 질병관리본부장을 가장 비중 있게 다뤘다. 우한 폐렴 발생 직후 첫 브리핑 당시의 모습과 최근의 초췌한 모습을 비교까지 해가며 영웅 중의 영웅이라 추켜세웠다. '정은경 보유국'의 자긍심을 느끼게 했던 국가적 경사였다.

5월 7일. 일본군 위안부 피해자 이용수 할머니의 회견이 있었다. 정의기억연대의 회계 부정이 도마 위에 올랐다. 기부금 지출 내역 부실 기재, 개인 계좌로 기부금 모집, 국고보조금의 기재 누락 등의 의혹이 불거졌다. 기업 회계는 2017년 신(新)외감법이 개정되면서 그런대로 자리잡혀가고 있었다. 반면, 비영리조직 회계는 사각지대로 방치되고 있음이 만천하에 드러났다. 공공성 강화를 통한 불투명한 회계 관행 근절이 시급함을 일깨우는 계기가 되었다.

5월 17일. 전 국민 고용보험 추진이 발표되었다. 문 대통령이 취임 3주년 특별연설에서 화두를 던졌다. 저임금 비정규직 노동자들의 고용보험 가입을 조속히 추진하고, 특수고용노동자, 플랫폼 노동자, 프리랜서, 예술인 등 고용보험 사각지대를 빠르게 해소할 것을 천명했다. 이어 정부는 신성장동력 확보를 위한 '한국판 뉴딜' 추진을 밝혔다. 코로나 충격 버티기를 넘어 포스트 코로나 시대를 개척하려는 고심이었다.

2020년 6월. 기본소득제가 핫이슈로 떠올랐다. 김종인 미래통합당 비대위원장이 물꼬를 텄다. 차기 대선 주자들이 일제히 논쟁에 가세하면서 정치 담론의 한복판을 점령했다. 코로나발 경제 위기와 4차 산업혁명의 본격화로 일자리 축소가 예상됨에 따라 기본소득제가 2022년 대선의 핵심 의제로도 부상할 공산이 크다. 문제는 돈이다. 기본소득 찬성론자조차도 재원 마련 방안에 대해서는 구체적으로 언급하지 못하고 있다.

부동산 정책의 잇단 고장, 집값·전셋값 동반 상승… 옵티머스 펀드 사기 터져

6월 22일. 인천국제공항공사가 보안검색 요원 1,902명 모두를 '청원경찰' 신분으로 직접 고용키로 했다. 인국공 직원들이 반발하며 규탄대회를 벌였다. 1인 시위와 청와대 앞 기자회견을 열었다. 정치권은 잦은 말실수로 일만 꼬이게 했다. 정부는 청년 일자리를 뺏는 게 아니고 늘리기 위한 노력임을 강변했다. 효율화의 이름으로 인력 슬림화를 채근하면서, 일자리 창출의 명분으로 공기업 조직을 비대케 하는 정부 행동이 앞뒤가 안 맞는다. 이런 모순이 없다.

부동산 정책이 연이어 고장이 났다. 3년여 동안 자그마치 20여 차례의 대책이 발동되었으나 속수무책, 백약무효였다. 경향 각지의 집값이 경쟁적으로 치솟고 전셋값이 동반 상승하는 상황이 벌어졌다. 내 집 마련은 이미 글렀다는 체념과 탄식이 곳곳에서 쏟아졌다. 정책이 부작용만 키웠다는 혹평에 정부는 입이 열 개라도 할 말이 없게 되었다. 들인 공력에 비해 나온 결과가 워낙 초라했으니 말이다.

6월 24일. 옵티머스 사태가 터졌다. 허술한 규제가 허망한 사기를 불렀다. 선진 금융기법의 일종인 사모펀드가 신종 사기 수법으로 전락했다. 영화에나 나올 법한 희대의 사기극이 몰고 온 파문이 컸다. 한 해 전, 라임 사태와는 비교조차 안 될 정도로 수법이 충격적이고 대담했다. 일부 개인과 회사의 일탈에서 빚어진 일이나, 금융권의 무책임, 제도적 결함에 기인한 바도 컸다. 후유증은 지금도 진행 중이다.

2020년 7월. 극심한 실업난이 이어졌다. 구직급여 지급액이 역대 최고치를 기록했다. 코로나19 확산이 본격화되면서 매달 최고 기록을 갈아치우고 있었다. 구직급여 지급 폭증을 제어할 특단의 대책이 절실했다. 실업자가 늘어 구직급여 신청이 느는 거야 어쩔 수 없다손 치더라도, 고의실직과 부정수급 등 제도 운용의 실패로 인한 누수(漏水)만이라도 꼭 막아야 했다.

코로나 2차 대유행 시작되며… 영업이익으로 이자도 못 내는 한계기업 속출

코로나 대유행이 시작되면서 돈 벌어 이자도 못 내는 한계기업이 속출했다. 영업이익으로 이자도 못 갚은 지 3년이 넘은 한계기업, 이른바 좀비기업의 비율이 9.5%까지 늘어났다. 한계기업의 존재는 기업 내 문제에 그치지 않는다. 정상기업으로의 자원 이동을 막아 동업종 기업 전체의 생산성과 수익성을 좀먹는다. 자원의 비효율적 배분에 따른 경제 전체에 미치는 악영향을 차단하는 대책이 급선무였다.

2020년 8월 15일 광복절을 기점으로 두 번째 대유행이 시작되었다. 8·15 대규모 집회 이후 코로나 일일 확진자 그래프가 치솟았다. 정부는 집회를 주도한 정광훈 목사를 감염병예방법 위반 혐의로 고발했다. 야당인 미래통합당도 고민에 빠지고 당명을 '국민의힘'으로 바꾸고 새 출발을 선언했다.

국가균형발전위원회가 추가 이전이 가능한 수도권 소재 공공기관 현황을 대통령에게 보고했다. 정부 여당이 공공기관 이전 논의에 착수하면서 다양한 시나리오가 쏟아졌다. 그중 국책은행 지방 이전이 뜨거운 이슈였다. 금융공기업의 지방 이전은 부작용이 크다. 집적 효과 약화와 우수 인재 유출로 경쟁력 침하의 정도가 깊고 넓다. 명분이 약하고 실익도 없다. 지방 민심을 의식해서인지 심심하면 등장하는 단골 메뉴. 이제는 빠졌으면 좋겠다.

집값 안정을 위한 '부동산 3법'이 개정되었다. 6·17과 7·10 부동산 대책에서 거론된 종합부동산세와 양도소득세, 취득세 강화 방안이 망라되었다.

집값을 잡아보려는 정책 의지가 또렷했다. 아쉬움도 컸다. 세율만 높인다고 집값이 잡힐 것 같지 않았다. 유예기간도 없이 법이 시행됨에 따라 퇴로마저 막혀 있었다. 다주택자들이 세금 충격을 피해 시장에 매물을 내놓고 무주택자들이 이를 부담 없이 사들일 수 있는 시간적 여유나 제도적 장치가 마련된 게 없었다.

부동산 3법 개정… 부동산 정책 공회전 거듭되며, 부동산 불패 신화 이어져

8월 국회에서 법정 최고이자율을 10%로 낮추는 법 개정안이 잇달아 발의되었다. 어기면 3년 이하 징역이나 1억 원 이하 벌금에 처하는 처벌 규정도 포함되었다. 10만 원 미만 금전대차에도 최고이자율 24%를 적용하도록 하자는 이자제한법 개정안도 나왔다. 법정 최고이자율을 10%로 낮추면 서민들의 이자 부담이 과연 낮아질 수 있을까 의아했다. 결과는 예상대로였다.

부동산 정책 공회전이 거듭되었다. 정부가 부동산 3법과 임대차 3법의 개정에 이어, 부동산 감독기구 신설까지 거론되었다. 집값 호가 조작이나 담합, 허위매물 등 시장 교란 행위를 감시·감독하고 집행할 별도 기구를 새로 만들려 했다. 대통령의 '설립 검토'지시를 '설립'지시로 넘겨짚고 알아서 기는 분위기였다. 주택 공급을 늘리면 시장 질서가 회복되고, 그렇게 되면 부동산 감독기구는 필요 없을 텐데. 그걸 정부만 모르는 것 같았다.

코로나 팬데믹 상황에서 국민 위안거리인 프로야구에서 오심 논란이 잦았다. 언론 보도가 비등하고 팬들의 실망감이 컸다. 그럴 만도 하다. 연이틀 같은 팀끼리 경기에서 같은 심판의 오심이 반복되었다. 팬들의 분노는 당연했다. 심판 퇴출 서명운동과 함께 청와대 국민청원까지 넣었다. '무심판' 운영이 대안일 수 있다. 심판의 아날로그적 판정을 인공지능(AI) 디지털 기술이 대신하면 된다. 스포츠 디지털화는 스포츠 역사에 전화위복의 이정표가 될 수도 있다.

2020년 9월. 부동산 불패 신화가 이어지고 있었다. '집'이 계급인 부동산 신(新) 계급사회가 되고 말았다. '직(職)보다 집'이 대접받는 세상이 되었다. 하늘같이 높은 장관 자리도 집 앞에서는 맥을 못 췄다. 청와대 다주택 참모들 가운데 전 민정수석 등 일부는 집을 팔지 않은 채 공직을 떠났다. 저간의 사정이야 어떻든 청와대 참모들이 자리 대신 주택을 선택하는 일이 벌어졌다. 고위공직자 선임의 인사기준이 집의 숫자가 된 변질된 세태가 어지럽다.

공모주 청약 광풍… OECD, 한국 성장률 전망치 하향 조정, 정부는 그것도 자랑

공모주 청약 광풍이 일었다. 기업이 공개를 통해 증권시장에 상장하는 경우 일반인에게 주식을 배정하는 공모주가 폭발적 인기를 끌었다. 카카오게임즈가 일반 투자자에게 320만 주의 공모주를 배정했다. 청약증거금이 자그마치 58조 5,542억 원이 몰렸다. 국가 예산 556조 원의 1할이 넘는 거액이었다. 경쟁률이 1524.85대 1에 달했다. 청약고객 수는 41만 7천여 명. 1인당 평균 1억 4천여만 원을 청약했다. 가진 자만 배 불리는 공모주 청약제도. 개선이 시급했다.

경제협력개발기구(OECD)가 한국의 성장률 전망치를 -1.0%로 종전보다 0.2%포인트 내렸다. 경제부총리는 OECD 회원국 중 우리의 성장률이 가장 높고, G20 국가를 포함해도 가장 양호한 수준이라고 자랑했다. 없는 말을 꾸며낸 건 아니었다. 도긴개긴 상황에서 '도토리 키재기'식 비교는 유익이 없는 일이었다. 주요국 성장률 전망치가 하나같이 마이너스인 상황에서 국가별 순위가 무슨 의미가 있을까. 맹자의 표현대로 오십보백보, 거기서 거기였다.

2020년 10월. 전문 의료인이 질병관리청장을 아프게 꼬집었다. "정은경이 한 게 현황 브리핑밖에 더 있나?" 도발적 표제의 글이 인터넷 커뮤니티에 퍼졌다. 그런 눈으로 봐서인지 코로나에 대한 그간의 대응에 아쉬움이 컸던 터. 검사 건수는 쏙 빼고 확진자와 사망자 수만 밝히는 이유가 궁금했다. 이런 수치를 근거로 방역 대응 수준을 정했다는 게 이해가 잘 안 됐다. 속엣말 못하는 공무원보다 바른말 잘하는 전문가 청장이 되기를 다들 바랐다.

일본이 뜬금없다. '도장과의 전쟁'을 선포했다. 스가 요시히데(管義偉) 내각이 출범과 함께 개혁의 첫 작업으로 말이다. 고노 다로(河野太郎) 행정·규제개혁 담당상이 행정기관 공문서에 도장을 사용치 말라는 지침을 내렸다. 우리라고 다를까. 서명이 도장의 자리를 빠르게 대체하고 있으나, 앞장서야 할 공공부문의 행보는 더디기만 하다. 인감도장 제도가 굳게 자리를 지키고 있다. 정작 도장보다 더 빨리 없어져야 할 존재가 따로 있다. 다름 아닌 '눈도장'문화이다.

창의성에 기초한 새로운 영웅들 탄생… 한국 경제의 큰 별, 이건희 회장 타계

테니스에 새 영웅이 탄생했다. 이가 시비옹테크. 폴란드가 배출한 최초의 테니스 메이저 챔피언이다. 영웅은 골프에서도 나왔다. 2020~2021시즌 PGA 투어 제120회 US오픈 챔피언십에서 생애 첫 메이저 정상을 차지한 브라이슨 디섐보가 주인공이다. 넷플릭스도 영웅 기업의 하나다. 공통의 성공비결은 '수학적 접근'에 있다. 시비옹테크는 기하학으로 코트 분석했고, 디샘보는 골프 암호를 과학으로 풀었다. 넷플릭스 경영자 헤이스팅스는 수치 경영을 실천했다. 수학을 잘해야 경기도, 경영도 잘하나 보다.

전세 시장에 진풍경이 벌어졌다. 매물 품귀와 가격 급등이 이어졌다. 씨마른 전셋집을 구하기 위해 세입자의 피가 말랐다. 임대인도 고민이 없지 않았다. 양도소득세 절감 등을 위해 세주었던 자기 집에 들어가 살려 해도 맘대로 안 되었다. 세입자가 계약갱신청구권을 행사하며 못 가겠다고 버티면 속수무책이었다. 세입자의 눈치를 안 볼 수 없었다. 나갈 수 없는 세입자나 나가 달라는 집주인의 처지가 딱하기는 마찬가지였다. 모두가 피해자였다.

10월 25일. 한국 경제의 큰 별이 졌다. 이건희 삼성전자 회장이 타계했다. 이 회장은 떠났지만, 고인의 뜻은 지키고 이어가야 할 것이다. 뛰어난 성과와 훌륭한 업적을 기리고 발전시켜 나가는 일은 후세의 몫이 되었다. 그가 마지막까지 강조했던 초일류와 혁신의 DNA는 고차적 경쟁이 가일층 치열해지는 금후의 환경에서 더욱 절실하게 와닿는다. 열정과 도전으로 한계를 극복하는 불굴의 기업가정신은 후배 기업인과 청년 세대에 소중한 본보기가 되어야 할 것이다.

2020년 11월. 추위와 함께 코로나 전염병은 수도권을 중심으로 재확산되기 시작했다. 정부는 2.5단계로 거리두기 단계를 격상했다. 5인 이상 집합금지 등 방역단계를 높였다. 계속 강화되는 방역단계에도 코로나19 확진자 수는 쉽사리 줄어들지 않았다. 12월 24일에는 일일 확진자 1,237명으로 최고치를 기록했다.

백척간두 기업에 사내유보금 과세… 세계 최고의 상속세로 기업가정신 훼손

사내유보금 과세가 화두로 떠올랐다. 하지도 않은 배당을 한 것으로 '간주'해 세금을 매기는 것 자체가 무리수라는 비난이 빗발쳤다. 과세로 인해 유보금이 줄어들면 경영이 힘들어진다는 게 기업들의 주장이었다. 시기적으로도 적절치 못 했다. 전염병과 경기침체로 백척간두에 서 있는 기업 상황을 고려하면 그랬다. 위기 안전판 구실을 하는 유보금이 과세로 인해 줄어들게 되면 설상가상이 되고 만다. 불난 집에 부채질하는 거나 다름없는 일이었다.

이건희 회장 별세 후 상속세 논의가 불거졌다. 기업들은 상속세 부담이 가혹하다고 아우성쳤다. 세 부담이 상속 재산 감소에 그치지 않고 경영권 승계를 어렵게 해 기업가정신을 해친다는 항변이었다. 소득세와 상속세 최고세율은 우리나라가 세계 최고 수준이다. 세계 여러 나라가 상속세 완화로 기업 부담을 덜어주려는 움직임과 대조적이다. 글로벌 전장에서 치열한 경쟁을 펼치는 국내 기업들에 되레 세제 지원을 더 해줘야 하는 건 아닌지….

2020년 12월. 한국이 중국 주도의 세계 최대 자유무역협정(FTA)인 역내포괄적경제동반자협정(RCEP) 가입에 서명했다. 한·중·일과 아세안 등 15개국이 참가하고 전 세계 인구 및 국내총생산(GDP)의 30%정도를 점하는 '메가 FTA'에 합류했다. 나선 김에 TPP 가입도 준비해야 한다. 미·중 갈등이 진정되지 않고 있는 상황에서 '안보는 미국, 경제는 중국'의 이분법이 통할 리 없다. 양다리 걸치기식 접근으로는 실리 위주의 국제관계를 헤쳐나가기 어렵다.

실업 대책의 근간인 고용유지지원금과 실업급여의 우선순위가 바뀌어 있다. 같은 고용보험기금에서 나가지만 두 정책은 성격이 다르다. 실업에 대해 고용유지지원금이 사전 예방책이라면 실업급여는 사후 치유책에 해당한다. 실업급여가 일과성이라면 고용유지지원금은 지속적이고 다중적이다. 기업에 도움이 되고 종업원에게도 유익이 된다. 일자리 유지를 통해 국민경제에 이바지한다. 고용유지지원금이 실업급여를 능가한다. 백신이 치료제보다 낫다.

종부세에 우는 고령자, 방역 희생양 된 자영업… '임대료 공정론'에 시달리는 임대업

12월은 종합부동산세 납부 달이다. 고지서를 받아든 납세자들이 경악했다. 2021년부터는 더 오른다. 최대 피해자는 1주택자다. 집 한 채라서 얻은 게 없는 데도 값이 올랐다는 사실만으로 세금을 더 물어야 한다. 소득 없는 고령자나 은퇴자도 재산세에 더해 종부세까지 내야 한다. 종부세를 기계적으로 부과할 게 아니다. 소득세처럼 소득 성격, 시장 여건, 납세자 부담 등을 고려하는 유연한 법 적용이 요구된다. 내는 사람만 내서는 세금이라기보다 벌금에 가깝다.

자영업이 방역수칙의 희생양이 되었다. 코로나19와 경기침체 속에서 절대적 빈곤감, 상대적 박탈감에 두 번 울어야 한다. 매출이 곤두박질치는 와중에 대출만 늘었다. 폐업도 쉽지 않다. 밀린 월세로 보증금을 까먹고, 후속 세입자를 못 구하면 권리금도 못 건진다. 카드결제 단말기 위약금과 인테리어 원상복구 비용도 큰돈이 든다. '울며 겨자 먹기식'으로 문 여는 가게가 부지기수다. 도와주면 살아날 곳은 '회생', 그렇지 못할 곳은 '정리'. 투 트랙이 해법이다.

백신 접종에 불만이 터졌다. 영국 미국 등 해외에서는 백신 접종이 시작되었다. 해외에서는 백신을 맞는데 국내에서는 백신 확보조차 제대로 못

한다는 비판이 거세게 일었다. 동남아시아나 남미의 개발도상국보다 접종이 늦은 데 대한 불만이 컸다. 정부 여당의 자랑거리가 되어온 K-방역은 되레 공격거리가 되었다. 문 대통령이 모더나 CEO와 직접 전화 통화를 하며 백신 확보에 발 벗고 나섰다.

2021년 1월. 신축년 새해를 맞았다. 정책과 제도는 난해함의 극치다. 국민이 이해하고 접근하기 힘들다. 조세 제도는 그중 으뜸이다. 정부가 뛰는 집값을 잡기 위해 세제를 널리 활용하면서 세금 계산이 한층 복잡해졌다. 절차 또한 까다롭다. 세무, 소송, 등기 등의 업무는 셀프 민원의 길이 열려는 있다. 규정뿐이다. 공공의 가치와 중심을 국민 편의에 두면 안 될 일이 없다. 될 일은 더 잘된다. 무게중심 낮은 정부가 일도 잘한다.

'영끌' 부동산, '빚투' 주식의 슬픈 희망가… 세계 최저 출산율, 인구 절벽 경고음

임대료가 계륵이 되었다. 대통령이 청와대 수석·보좌관 회의에서 '임대료 공정론'을 꺼냈다. 화들짝 놀란 의원들은 상가임대차법 개정안을 서둘러 발의했다. 감염병으로 집합금지 업종에는 아예 임대료를 면제하고, 집합제한 업종에는 임대료의 50%를 깎는 내용을 담았다. 법으로 강제할 사항일까? 정부 지원이 우선되어야 한다. 장사를 못 하게 막은 정부가 책임을 져야지, 임대인에게 희생을 강요하는 건 이치에도 안 맞는다.

'영끌' 부동산, '빚투' 주식의 서글픈 청년 희망가가 울린다. 월급은 그대로인데 부동산 등 실물자산 가격이 뛰다 보니 자산이 없는 사람은 '벼락거지'신세다. 코로나보다 지독한 것은 부동산이다. 전염병이야 백신과 치료제로 제어될 수 있으나, 집값은 초강력 정책에도 약발이 잘 안 듣는다. 종잣돈 마련을 위해 예·적금 깨고 '마통(마이너스 통장)' 트고 '부모 찬스'까지 더해 투자하는 청년이 늘었다. 큰 수익을 좇는 것을 이해 못 할 바 아니나 걱정이 된다. 과열에는 끝물이 있다. 오르기만 하는 자산은 없다.

출산율이 세계 최저치를 기록했다. 2020년 출생자는 27만 5천 815명, 사망자는 30만 7천 764명이었다. 인구가 자연 감소하는 '데드크로스'가 발생했다. 2017년 40만 명 선이 무너진 지 3년 만에 30만 명 이하로 추락한 것이다. 40년 후인 2060년엔 인구가 절반 이하로 줄어들 것으로 예상한다. 생산가능인구(만 15세~64세) 감소가 본격화될 2030년 이후를 대비해야 한다. 지금부터 대응이 중요하다. 향후 10년이 인구변동에 대처할 마지막 골든타임이다.

전봉준 장군의 동상을 헐고 다시 세우기로 했다는 소식이다. 친일 작가가 만들었다는 이유다. 이러다 김경승 조각가가 제작한 부산 용두산 공원의 충무공 이순신 장군상(1955), 인천 자유공원의 맥아더 장군상(1957), 서울 남산공원의 백범 김구 선생상(1969)도 다 헐고 다시 세워야 하게 생겼다. 없애는 게 능사일까. 항일 지도자 동상이 친일 인사에 의해 만들어진 아이러니 또한 역사의 일부라 할 수 있다. 사실로 받아들여 교훈으로 삼는 것도 지혜일 수 있다.

뜬금없는 정책 연발… 군 경력 반영 금지, 번 돈 나눠 쓰자는 이익공유제

새해 벽두부터 '신용카드 포인트 현금화 서비스'가 대박이었다. 시행 후 일주일 만에 현금화된 카드 포인트가 778억 원에 달했다. 좋은 정책은 홍보가 필요 없다. 말 안 해도 국민이 더 잘 안다. 발 없는 말이 천 리 간다고, 입소문과 SNS 등을 통해 빠르게 전파되었다. 정책은 그렇게 하는 거다. 최소 비용으로 최대 효과를 거두는 경제원리가 작동되어야 한다. 거창하게 떠벌리는 정책보다 자상한 서비스가 살갑게 와닿고 효과도 크다.

정부가 할 일도 없다. 공공기관의 승진 인사 시 군 복무기간을 반영하는 규정을 없애라 했다. 남녀고용평등과 일·가정 양립 지원에 관한 법률 제10조를 근거로 들었다. 법 규정을 유리하게 끌어다 붙인 견강부회다. 남녀고용평등법상의 '차별'의 의미를 잘 알아야 한다. 성별 등의 사유로 '합리적인 이유 없이' 근로의 조건을 달리하거나 기타 불이익한 대우를 금지한다. 군 복무는 합리적 이유가 되고도 남는다. 국방의 의무보다 중한 사유가 또 어디 있겠는가.

2021년 2월. 이익공유제가 화두다. 코로나로 많은 이익을 얻는 계층이나 업종이 이익 일부를 사회에 기여해 피해가 큰 쪽을 돕자는 제안이다. 전문가는 실효성을 의심한다. 재계는 악영향을 우려한다. 적자 났을 땐 손실을 공유치 않고 이익만 나누자는 것도 큰 모순이다. 공생의 취지는 이해하나 상생 방안으로는 적절치 못하다. 기본적으로 정부가 역할을 해야 한다. 재정에서 여력을 만들어내고, 그걸로도 모자랄 때 국채를 발행하는 게 순서다.

여자배구 이다영, 이자영 쌍둥이 자매의 학교폭력이 터졌다. 나라 안팎으로 망신살이 뻗쳤다. 폭력이 학교에만 있을까. 경제폭력 또한 심각하다. 오너 폭력, 납품 폭력, 텃세, 열정페이 등이 횡행해왔다. 개인이든 기업이든 폭력을 저지르면 어느 곳에도 발붙이지 못하게 일벌백계로 다스려야 한다. 폭력에 대한 경각심과 문제의식을 키워 구조적 변화로 이어가야 한다. 국민소득이 높다고 선진국이 아니다. 폭력 없는 나라가 진정한 선진국이다. "썩은 나무로는 도장을 새기지 못하고, 부스러지는 흙으로는 벽을 바르지 못한다."

통계청이 2020년 4분기 가계동향조사 자료를 발표했다. 코로나 사태가 유독 저소득층의 살림살이를 어렵게 했다. 소득 양극화가 심해졌다. 소득 불평등은 일자리 감소의 영향이 컸다. 재난지원금이 피해 지원이 절실한 저소득층에 집중되지 않았다. 긴 안목의 일자리 근본 대책이 긴요하다. 취업률, 실업률 등의 고용지표만 보고 세우는 근시안적 대책은 한계가 있다. 경제환경 변화, 저출산 고령화 등 시대적 추세에 발맞추며 경제정책, 교육정책 등과의 조정과 조화를 이뤄야 한다. 급하고 어렵다고 '세금 알바'나 양산할 일이 아니다. 기업이 질 좋은 '진짜 일자리'를 많이 만들게 해야 한다. 정부는 고용주가 아니라 고용 도우미가 되어야 한다.

목차

2020년 4월

2020년 5월

2020년 6월

2020년 7월

2020년 8월

2020년 9월

2020년 10월

2020년 11월

2020년 12월

2021년 1월

2021년 2월

2020년 2월

2020년 2월 15일_ 확진환자 29, 격리해제 9

코로나바이러스가 퍼뜨린 언택트 경제

경제성장·국가발전은 위기 극복 통해 성취… 변화에서 기회 쟁취는 첨병의 몫

안 그래도 좋지 못한 경제 상황에서 신종 코로나바이러스 감염증, 코로나19가 돌발 악재로 터졌다. 국내 첫 코로나 환자가 1월 20일 처음 발생했다. 여태껏 경험치 못한 비상 상황이 다. 한 치 앞을 가늠키 힘든 시계 제로의 상태다. 국제 신용평가회사 무디스의 자회사인 무디스 애널리틱스는 올해 국내총생산(GDP) 기준 세계 경제의 성장률을 2.8%에서 2.5%로 급히 내려 잡았다.

2003년 사스 즉 중증급성호흡기증후군 당시 이상의 충격과 혼란이 이어진다. 세계 경제에서 중국이 차지하는 비중이 급팽창한 데 따른 측면이 크다. 세계 GDP에서 중국이 점하는 비중은 사스 때인 2003년 4.3%에서 2019년 16.3%로 커졌다. 상품 무역에서 중국의 점유비가 급증했다. 2013년 5% 수준에서 2018년 10%대로 올라섰다. 중국과 교역 규모가 큰 국가들로서는 이래저래 부정적 영향을 피하기 어렵게 되었다.

대(對)중국 수출 비중이 25.1%에 달하는 우리나라로서도 중국의 생산과 수요 부진에 따른 타격이 막심할 것으로 보인다. 중국의 세계 제조업 부가가치 비중 또한 자못 가파르다. 2003년 8.4%에서 2016년 25.8%까지 세 배 이상 늘었다. 중국이 제조업의 글로벌 공급사슬에서 중심적 위치에 있음을 뜻한다. 코로나19 사태는 제조업의 탈(脫) 중국화를 더욱 부추길 것으로 예상된다.

중국에서의 제조업 이탈은 진즉 시작되었다. 미·중 무역 전쟁이 발발하면서부터 다국적기업들을 중심으로 생산 기지를 중국에서 비중국 지역으로 옮겨가는 조짐이 관찰되었다. '차이나 리스크'를 줄이는 쪽으로 기업들의 경영전략 수정이 가시화되고 있다. 설사 코로나 사태가 진정된다 해도 중국과의 교역이나 투자 등의 접촉은 상당 기간 회복되기 어려울 성싶다.

코로나19, '탈(脫) 중국화' 부추겨… 사태 진정돼도 추세 반전 어려울 듯

향후 경제 환경에서는 언택트(untact)가 메가트렌드로 자리매김할 거로 보인다. 코로나바이러스 감염이 비말, 즉 호흡기 분비물을 통해 전파되는 것으로 추정되는 만큼 사람들과의 접촉이 자제되는 분위기다. 외출을 삼가고 모임을 꺼린다. 개학이 연기되고 여행이 취소되고 있다. 소비 패턴의 변화도 격심하다. 사람과 사람이 만나서 이루어지는 대면 거래가 눈에 띄게 줄고 있다.

잃는 게 있으면 얻는 것도 있는 법. 다들 힘든 상황에서도 재미 보는 업종이 생겨난다. 비대면을 기본으로 하는 사업은 되레 호황을 누린다. 온라인을 통해 원하는 물품을 주문해 배달시키는 비대면 소비가 늘고 있다. 온라인 생필품 판매가 폭등한다. 반조리 가정식, 냉동·간편 과일, 즉석밥에 대한 주문량이 많아진다. 면역력 향상에 좋다는 홍삼과 비타민 수요가 상승한다. 식당가기를 꺼리는 바람에 배달 음식 시장이 유례없는 호경기를 타고 있다.

비대면 거래에 익숙해지다 보면, 앞으로도 대면 접촉을 줄이는 언택트 현상은 지속될 공산이 크다. 코로나19는 단지 추세를 앞당기는 역할로 일조하는 데 그쳤을 뿐이다. 시간 및 비용 절감, 효율성 제고, 불편과 번거로움 감소, 위험 회피 등 경제 주체들이 비대면 거래를 통해 누릴 수 있는 이점과 혜택이 적지 않다.

대면 거래가 지고 비대면 거래가 뜨는 흐름을 재빨리 간파해 대처해온 업종이 있다. 금융 산업이다. 1993년 금융실명제가 도입되면서 의무화되었던 실명 인증이 IT 발전에 힘입어 2015년 이후 비대면 인증으로 방향 전환이 가능해졌다. 고객이 은행에 직접 가지 않고도 계좌를 개설할 수 있게 되었다. 지식기반 인증, 소지 기반 인증, 생체기반 인증, 특징기반 인증 기술 등을 활용한 성과다.

언택트 시대, 발 빠른 대응 긴요… 트렌드 놓치는 순간부터 재앙 시작

한국은행 등 금융정보화추진협의회가 발간한 '2018년도 금융 정보화 추진 현황'에 따르면 19개 국내은행의 입출금과 자금 이체 거래를 기준으로 한 인터넷뱅킹 이용 비중은 53.2%로 나타났다. 1년 전 45.4%보다 7.8%포인트 증가했다. 2014년 35.4%와 비교하면 4년 새 17.8%포인트 급증한 것이다. 반면 은행 창구거래 등 대면 거래 비중은 지난 2017년 10%에서 2018년 8.8%로 격감, 아예 한 자릿수로 낮아졌다.

비대면 거래가 늘면서 금융사들은 금융 플랫폼 개발에 안간힘을 쏟아왔다. 은행권의 경우 오픈 플랫폼(Open API)에 집중했다. 인터넷뱅킹이나 모바일뱅킹에 접속지 않아도 예금을 확인하는 서비스를 제공할 수 있게 되었다. 인터넷전문은행 출시, 챗봇과 로보어드바이저 도입 등을 통한 비대면 서비스도 늘려가는 추세다. 공급자 중심에서 수요자 중심으로 금융의 패러다임을 바꾸고 있다.

백화점과 쇼핑몰도 언택트 마케팅에 적극적이다. 패스트푸드 업계의 노력도 못지않다. 키오스크나 간편결제 앱으로 주문을 받고 결제를 처리하는 매장이 늘고 있다. 무인점포가 보편화되고 있다. 유통의 패턴이 오프라인에서 온라인으로 넘어가는 흐름에 제때 대응치 못해 구조조정 위기를 겪고 있는 국내 대형 유통업체들의 딱한 처지와 극명한 대조를 이룬다.

현상에서 해법을 찾자. 본격화되는 언택트 시대를 앞서 대비하고 먼저 대응하는 지혜가 긴요하다. 트렌드를 놓치는 순간 재앙이 시작된다. 위기가 위기로 끝나선 안 된다. 위기 극복의 지난(至難)한 과정을 통해 사회 진보, 경제성장, 국가발전을 이뤄내야 한다. 선진 국가, 일류 기업, 일등 시민의 위상은 거저 주어진 게 아니다. 무쌍한 변화에서 무한한 기회를 쟁취한 용감한 첨병의 몫이다.

2020년 2월 18일_ 확진환자 51, 격리해제 16

효자 노릇 국민연금, 불효자 만들 셈인가

연금 본연의 목적과 동떨어진 '정책 도구' 활용… '꼬리가 몸통 흔드는 격'

알고 보면 국민연금만 한 효자도 없다. 매달 25일 0시를 넘는 순간 어김없이 통장에 돈이 꽂힌다. 입금을 알리는 휴대전화 알람 소리에 밤잠을 설친다는 원성 탓인지 은행의 입금 메시지는 아침 6시나 돼야 날아든다. 자식들 잘 가르쳐 성공시켜본들 꼭두새벽부터 부모에게 돈 보내준다는 미담은 들어본 바 없다. 돈 달라 손이나 안 벌리면 다행이다.

"정부가 고맙다."라는 사람이 종종 있다. 사정을 잘 모르고 하는 소리다. 국민연금은 정부 돈으로 주는 게 아니다. 기초연금이나 공무원 연금과 다르다. 근로자와 사용자가 재직기간 동안 매달 절반씩 꼬박꼬박 낸 보험료로 조성된 재원에서 지급된다. 2018년 근로자, 기업, 지역가입자 등이 낸 보험료는 43조 4,491억 원에 이른다. 정부가 부담하는 돈은 국민연금공단 운영비 102억 원이 고작이다.

국민연금이 지난해 역대급 수익률을 거뒀다. 수익금 73조 3천억 원, 수익률 11.3%다. 저금리 여건을 감안할 때 대박이다. 이 정도의 고(高)수익률은 전례가 드물다. 2001년 12% 이후 가장 높다. 장기 추세를 보면 국민연금의 연평균 수익률은 명목 국내총생산(GDP) 성장률과 비슷하다. 지난 20년(2000~2019년) 동안 국민연금의 연평균 운용수익률은 6.03%로, 명목 GDP 성장률 6.08%와 별반 차이가 없다.

1988년 도입된 국민연금은 공적 연기금 규모로는 세계 5위로 성장했다. 2019년 10월 기준으로 711조 원의 금융자산을 운용한다. 채권에 49%, 주식에 39%를 배분하고 있다. 해외주식 비중은 2010년 6%에서 2019년 10월 22%로 늘었다. 금액상으로 20조 원에서 156조 원으로 거의 8배 가까이 증가했다.

연금 수익률 주요국 대비 저조… 지난해 만 반짝 올랐다 뿐, 재작년 0.92% 손실

지난해 수익률의 구체적 근거는 발표되지 않았다. 추정컨대 해외주식 투자에서 30% 정도의 수익률을 올린 것으로 보인다. 수익 중 절반 이상이 해외주식 투자에서 나왔을 것으로 추정된다. 지난해 세계 주가는 24%(MSCI 기준) 올랐다. 원화 가치가 6% 떨어져 환차익 덕도 봤을 것이다. 국민연금의 국내 주식 투자 비중은 17%로 2018년부터 해외 비중보다 낮아졌다. 2011년 이후 국내 주식시장이 정체됐지만, 해외주식은 미국을 중심으로 상승했다.

연금 고갈이 우려된다. 고령화가 빨라지면서 보험료 지출이 급증하고 있다. 국민연금재정추계위원회에 따르면 국민연금 적립기금은 2041년 1,778조 원을 정점으로 줄어들기 시작, 2057년이면 고갈될 것으로 예상된다. 국회예산정책처는 이보다 3년 빠른 2054년이 되면 바닥날 것으로 내다본다. 연금 낼 사람은 줄어드는 반면 받을 사람은 늘어나고 있다. 경제성장 하락에 따른 운용수익 저하도 걱정이다.

자산운용 수익률은 국민연금의 지속 가능성에 결정적 영향을 미친다. 고갈 시기를 앞당길 수도, 늦출 수도 있는 최대 변수다. 수익률 못지않게 중요한 것이 리스크 관리다. 국민연금은 국민 노후 자금을 장기 안정적으로 관리하는 것 이상의 역할이 존재할 리 없다. 그런 점에서 돈도 안 내는 정부가 주인 행세를 하려는 게 보기에 민망하다. 염치없어 보인다.

국민연금 최고 의사결정기구인 기금운용위원회가 수탁자책임전문위원회의 위상을 대폭 강화했다. 수탁위가 국민연금이 5% 이상 지분을 가진 313개 주요 상장사에 대한 경영 개입에 사실상 전권을 행사할 수 있게 되었다. 전에는 기금운용본부가 의결권 행사 방향 등에 대해 수탁위에 의견을 물은 뒤 이를 의사결정에 반영하는 구조였다. 수탁위가 기금운용본부의 요청 없이도 자체적으로 안건을 찾아 결정할 수 있게 된 것이다.

수익률 못지않은 리스크 관리… 경영권 개입과 공공투자 활용, 심사숙고해야

국민연금 측은 전문적인 주주권 행사가 가능해졌다는 자화자찬을 늘어놓는다. 당하는 기업들 생각은 다르다. 정부가 국민연금을 통해 기업의 경영 개입을 본격화하는 게 아니냐는 의구심을 품는다. 연금재정이 바닥날 위기인데도 제도 개혁, 수익률 제고의 노력보다 '정책 도구'로 써먹을 생각부터 하는 정부가 못마땅하다. 대놓고 말은 못 해도 '연금 사회주의'라는 속내까지 내비친다.

4월 총선을 앞둔 정치권의 행태는 아예 노골적이다. 국민연금이 사업비를 대는 20평 아파트 100만 가구를 1억 원에 공급하겠다는 선심성 공약을 선보였다. 적립금을 헐어 보육, 임대주택, 요양 등의 공공사업에 쓰자는 논의도 무성하다. 국민연금을 임자 없는 눈먼 돈으로 여기는 시각이 구태의연하다. 국민연금이 삼성물산 합병에 대한 잘못된 주주권 행사로 국민 노후 자금을 허비한 게 엊그제 일이다. 수사와 처벌은 아직도 진행 중이다.

국민연금 수익률이 높은 게 아니다. 지난해만 반짝 올랐다뿐이지, 한 해 전인 2018년에는 0.92% 손실을 기록하기도 했다. 근년의 추세만 봐도 주요국 대비 저조한 편이다. 일본 공적연금기금(GPIF), 노르웨이 국부펀드(GPFG), 네덜란드 공적연금(ABP), 캐나다 공적연금(CPP) 등 외국 주요 연기금의 5년(2014~2018년) 평균 수익률은 연 4.4~10.7% 수준인데 국민연금은 4.2%에 불과하다.

꼬리가 몸통을 흔들 순 없다. 국민연금 본연의 역할과 동떨어진 정책 도구로의 활용은 위험천만할 수 있다. 기업 경영권 개입, 공공투자 재원 활용 등은 심사숙고를 거듭해야 하는 사안이다. 돌 한 개를 던져 새 두 마리를 잡는 게 좋은 줄 모르는 바 아니다. 일석이조는 말처럼 쉽지 않다. 현실은 속담과 판이하다. 한 마리의 새도 못 잡는 최악의 상황을 자초할 수 있다. 그나마 효자 노릇 잘하고 있는 국민연금, 까딱하면 막심한 불효자로 만들 수 있다.

2020년 2월 20일_ 확진환자 204, 격리해제 17

규제 천국, 도움 줄라 말고 간섭이나 마시라

창의적으로 일하게 하고 문제 될 것만 규제… 기업들도 규제 가장 싫어 해

유대교 경전, 토라에 실린 계율의 수는 613개다. 그중 '하지 마라'가 365개로 일 년의 날과 같다. '하라'는 248개로 인간의 뼈와 모든 장기의 수와 같다. 우리가 일 년 내내 하지 말아야 할 것들이 있는가 하면, 우리의 지체를 가지고 열심히 해야 할 것들이 있음을 뜻한다. 토라는 특별히 규제하는 것이 없으면 무슨 일이라도 할 수 있도록 허락한다. 규제를 최소화하는 '네거티브 시스템'이다. 유대인의 창의성도 자유의지를 존중하는 토라의 가르침과 무관치 않다.

대한민국은 '규제 천국'이다. 정부는 일마다 때마다 규제개혁을 들먹인다. 말만 요란했지, 실적은 미미하다. 오히려 경제활동을 옥죄는 규제가 늘고 있다. 통계가 입증한다. 국무조정실이 운영하는 규제정보 포털만 봐도 그렇다. 정부가 입법·행정을 예고한 신설·강화 규제 법령안이 한 해 500개를 넘는다. 2016년 317개, 2017년 422개, 2018년 440개, 2019년 505개로 시나브로 늘고 있다. 3년 만에 59.3% 증가했다.

한 개 법안에 여러 규제가 포함된 것까지 참작하면 규제 건수는 1,003개로 많아진다. 하루 평균 2.7건의 규제가 쏟아진 셈이다. 95%는 국회 동의 없이 정부 의결만으로 시행할 수 있는 시행령이나 시행규칙 등에 의한 것들이다. 범위 또한 넓다. 산업 안전, 금융, 식품, 자동차, 의약품 등 대·중소기업에 관련된 규제, 반려동물 판매업자, 정원관리사, 유흥업소 운영자 등 소상공인의 활동을 제약하는 규제를 망라한다.

규제 때문에 기업 하기가 여간 힘든 게 아니다. 뭘 하나 해보려 해도 걸리는 게 많다. 이리 가면 이게 걸리고 저리 가면 저게 걸린다. 정부는 이런 실정을 아는지 모르는지. 기업이 혁신의 날개를 마음껏 펼칠 수 있도록 모든 역량을 동원해 규제개혁에 앞장서겠다고 강조한다. 지난해에는 확대경제장관회의까지 열었다. "정부가 먼저 찾아 나서서 기업 투자의 걸림돌을 해소해줘야 한다."는 대통령의 신신당부가 있었다. 기대가 컸으나 현실은 달라지지 않았다.

'하루 3개꼴'로 쏟아지는 규제… 규제로 인한 산업의 비용 부담도 만만찮아

양(量)만 늘어난 게 아니다. 규제로 인해 산업이 부담해야 하는 비용이 만만치 않다. 한 해 비용이 100억 원이 넘을 것으로 예상되는 규제가 10개나 되었다. 1,000억 원을 초과하는 것도 3개였다. 게다가 상당수 규제가 비용이 과소 추계되었을 것으로 산업계는 의심한다. 신설·강화 규제는 정부 부처가 규제로 인한 비용, 편익 등을 분석하게 되어있다. 이 정도의 비용 부담이라면 다른 대안을 찾았어야 함에도 정부는 대부분 강행했다.

규제는 투자와 고용을 위축시켜 혁신 성장을 방해한다. 실제로 민간의 경제성장 기여도가 낮아지고 있다. 2018년 1.8%포인트에서 2019년 0.5%포인트로 뚝 떨어졌다. 경제성장률 2.0% 중 정부의 기여도가 1.5%포인트를 차지하고 나머지 0.5%포인트가 민간의 기여도였다. 정부가 성장을 주도하고 민간은 들러리를 선 셈이다.

규제는 필요하다. 없애는 게 능사는 아니다. 외부 효과가 현저하거나 독점 발생으로 민간 자율로 자원의 최적 배분이 이뤄지지 못하는 경우 규제가 가해지는 것은 어쩌면 당연하다. 그렇다고 민간의 자유롭고 경쟁력 있는 활동을 심각하게 방해해서도 곤란하다. 경제 주체들이 창의적으로 일을 벌이고 그런 가운데 문제가 되는 것만 예외적으로 규제하는 게 맞다.

가령 소비자 보호와 환경 등의 가치를 우선시하면 규제가 늘어날 수밖에 없다. 반대로 규제를 없애거나 줄이다 보면 소비자나 환경 등에 피해를 주게 된다. 이율배반의 상황에서 지혜로운 선택이 이뤄져야 한다. 정부나 국회가 감당해야 할 중요한 기능과 역할이다. 공직에 전문성을 갖춘 유능한 인재가 요구되는 이유다.

정부의 전가보도, '규제 샌드박스'… 까다로운 요건으로 되레 혁신의 걸림돌

규제개혁의 부진이 지적될 때마다 정부가 전가(傳家)의 보도(寶刀)로 내세우는 게 있다. 지난해부터 시행된 '규제 샌드박스'이다. 새로운 제품·서비스에 대해 일정 기간 규제를 면제하고 유예해주는 제도다. 2020년 경제정책에도 규제 샌드박스의 지속 추진이 포함되어 있다. 산업계의 반응은 의외로 싸늘하다. 대상 사업의 대다수가 까다로운 제약 요건을 붙인 조건부 승인이기 때문이다.

공유경제, 스마트 헬스케어 등 이해관계자가 많은 분야일수록 조건이 더 까다롭다. 특정 공간과 분야에서 마음껏 시도해보라는 제도의 취지가 퇴색되고 있다. 시행 과정에서 이런저런 조건들이 붙다 보니 오히려 새로운 족쇄로 작용한다. '사회적 대타협을 통해 이해관계가 첨예한 규제를 풀겠다.'는 정부 방침이 기존 사업자의 이익을 보호하는 쪽으로 결론 나는 경우가 적지 않다.

선진국들은 규제 혁신을 통해 성장과 일자리라는 두 마리 토끼를 잡는다. 우리나라는 다르다. 높은 규제 장벽과 이해집단 간 극심한 갈등으로 개혁의 골든타임을 놓치고 있는 형국이다. 세계경제포럼(WEF) 평가에서 한국의 국가경쟁력은 141개국 중 13위에 올라있다. 규제개혁은 이보다 한참 뒤처져있다. 정부 규제가 기업 활동에 초래하는 부담이 87위, 규제개혁에 관한 법적 구조의 효율성이 67위에 그친다.

기업들도 규제를 가장 싫어한다. 중소기업중앙회가 500개 중소기업 최고경영자(CEO)들을 대상으로 오는 4월 선출될 21대 국회에 바라는 바를 물었다. 전체 응답자의 43.2%, 10명 중 4명 이상이 최우선으로 추진되어야 할 정책으로 '규제 완화'를 꼽았다. "도움 줄라 말고 간섭이나 말아 달라."는 주문이다. 성가신 부탁이 아니라 간절한 호소로 들린다.

2020년 2월 22일_ 확진환자 602, 격리해제 18

불완전판매, 덩칫값 못하는 한국 금융의 품격

잘못된 금융 관행 근절필요… 투자자 금융 능력 배양도 절실

유대인은 장사할 때 '키도시 하셈'을 따른다. "이름을 거룩하게 한다."는 뜻이다. 바꿔 말하면 이름을 더럽히지 말아야 한다는 의미다. 자신과 가문은 물론 동족의 이름도 욕되게 해서는 안 되는 것으로 넓게 해석한다. 이는 상인이 해서는 안 되는 세 가지를 가리킨다. 첫째는 상품을 과대 선전하지 말 것, 둘째는 값을 올리기 위해 저장해 두지 말 것, 셋째는 상품을 재는 자나 말 같은 계량을 속이지 말 것이다.

미쉬나 탈무드 시대부터 유대 사회에서는 계량기를 감독하는 관리가 있었다. 여름철과 겨울철에는 크기를 재는 줄도 다른 것으로 사용했다. 줄도 날씨에 따라 늘거나 줄 수 있기 때문이다. 랍비 라바라는 인간이 죽어 하늘나라에 가면 제일 먼저 묻는 말이 "그대는 장사꾼으로 정직했는가?"라고 가르쳤다. 유대인은 키도시 하셈을 염두에 두고 장사를 하므로 좀처럼 남을 속이는 법이 없다.

우리의 상거래 질서도 유대인 못지않다. 많이 투명해지고, 정직해졌다. 과장 광고, 사재기, 중량 속임이 사라진 지 오래다. 그렇다고 다 없어진 것은 아니다. 아직도 예외 지대가 남아있다. 다름 아닌 금융 산업이다. 거의 모든 금융권에서 기본 내용이나 투자 위험성 등을 제대로 알리지 않은 채 상품을 팔고 있다. 이로 인해 소비자에게 막대한 피해를 주는 금융사고가 빈발한다. 흔히 말하는바 불완전판매(mis-selling)다.

불완전판매는 금융 관련 법규상의 공식적인 용어는 아니다. 자본시장법 등에서는 금융회사가 투자자에게 적합하고 적절한 상품을 판매해야 한다는 '적합성 및 적절성 원칙'을 규정한다. 상품 위험성도 사전에 알려야 한다는 '설명 의무'도 마련되어 있다. 이 같은 규정들을 어기게 되면 불완전판매가 되는 것이다.

유대인 3금(禁), 과대광고, 사재기, 계량 속임… 한국 금융의 고질병, '불완전판매'

노인이나 가정주부와 같이 금융역량이 취약한 계층이 피해자라는 점에서 심각성을 더한다. 설명을 잘해도 개인적 인식의 차이가 클뿐더러 충분한 주지(周知)가 어렵다. 금융회사가 마음만 먹으면 얼마든지 정보와 교섭력 등의 우위를 이용, 이익을 속여 뺏는 불공정거래가 가능하다. 간단없이 터지는 금융사고의 이면에는 대개 불완전판매의 괴물이 똬리를 틀고 있다.

한국 금융사에서 불완전판매의 뿌리는 깊다. 키코(KIKO) 사태가 원조격이다. 키코는 환율이 일정 범위에서 변동하면 약정한 환율에 외화를 팔 수 있으나 범위를 벗어나면 큰 손실을 보는 구조의 파생상품이다. 수출 중소기업들이 환 헤지 목적으로 대거 가입했다. 2008년 금융위기로 환율이 치솟으면서 기업들이 큰 피해를 봤다. 판매사들은 외화 유출입 규모를 제대로 파악하지 않은 채 마구잡이로 상품을 권유했다.

'동양 사태'라 불리는 동양그룹 기업어음(CP) 사건도 불완전판매의 대표적 사례다. 2013년 현재현 당시 동양그룹 회장의 경영권 유지를 목적으로 부실 계열사 회사채와 CP를 판매한 사건이다. 동양증권은 해당 기업의 부실 정도를 제대로 알리지 않고 투자자들에게 판매, 대규모 피해를 불러일으켰다.

지난해 터진 해외금리 연계형 DLF 사태도 불완전판매의 연장선 위에 있다. DLF는 수익률은 사전 약정 수준으로 제한돼 있지만, 손실이 나면 원금 전액이 잃을 수 있는 고위험 상품이다. 하방이 뻥 뚫린 위험 상품을 팔면서도 판매사들은 원금 손실 가능성이 없다는 식으로 판매한 것이다. '라임사태'도 다를 바 없다. "상품의 위험성을 사전에 안내받지 못했다."는 게 다수 피해자의 이구동성이다.

솜방망이 처벌, 내성 키우고 불신 가중… 정부 실패와 정책 실패까지 초래

돈에 눈이 먼 금융판매자들은 염치도 양심도 없어 보인다. 상품의 내용과 위험을 알리지 않는 악습을 고치려는 노력은커녕 의지조차 안 보인다. 소 잃고 외양간을 고치지 않다 보니 더 많은 소를 잃고 있다. 리스크 관리보다는 목전의 수익을 위해 '일단 팔고 보자' 식의 무리한 마케팅을 겁도 없이 벌인다. 하도 오래 해오다 보니 관행처럼 굳어져 있다. 어언 고치기 힘든 지병(持病)이 되었다.

시대착오적 불완전판매의 근절을 위해서는 처벌 강도를 높이는 근본 대책이 시급하다. 임기응변식 대처는 부작용만 양산한다. 솜방망이 처벌이 불완전판매의 내성을 키우고 금융사에 대한 투자자의 불신만 가중해왔다. 정책 불신, 정부 불신으로까지 이어진다. 불완전판매의 제재 강도를 높이는 '금융소비자보호법'은 국회에 장기 계류 중이다. 2011년 처음 발의된 이후 9년의 세월이 지났는데도 진척이 없다.

투자자도 변해야 한다. 높은 금리만 보고 덤볐다간 큰코다치기에 십상이다. 장미에는 가시가 있다. 고수익에는 늘 고위험이 도사리고 있다. 더구나 금융시장은 실물시장과는 근본적 차이가 있다. 공급자 우위, 상품 차별화,

판매채널 다양화 등 소비자가 넘기 힘든 장애물이 곳곳에 버티고 있다. 또 정보가 완전하게 주어지지 않아 불완전판매가 이뤄질 가능성이 크다. 요즘처럼 저금리가 고착화하고 투자 상품들이 복잡다단해질수록 금융사고의 개연성은 더 높아진다.

투자자가 판매자에 휘둘리지 않으려면 능력 배양으로 무장하는 수밖에 없다. 금융 지식의 저변을 넓혀야 한다. 투자자에게 금융 상품에 대한 이해도와 위험성을 알리기 위한 실효성 있는 교육시스템 마련이 절실한 이유다. 금융에도 품격이 있다. 'attitude to altitude', 금융에 대한 태도가 고도를 결정한다. 한국 금융도 커진 덩치에 걸맞게 품위 제고에 나설 때도 되었다.

2020년 2월 25일_ 확진환자 1,261, 격리해제 24

코로나 재앙에는 프로가 진두지휘해야

아마추어식 도식적 대응보다… 전문성 무장된 프로의 실사구시적 대처 긴요

해외여행을 하다 보면 음식이 입에 안 맞아 고생한다. 중장년층은 며칠만 우리 음식을 못 들어도 유독 참기 어려워한다. 들를 한국 음식점이라도 있으면 다행이다. 그럴 형편이 못 될 때 흔히 찾는 곳이 글로벌 외식 프랜차이즈 매장이다. 거기에 가면 국내에서와 같은 맛을 접할 수 있다. 표준매뉴얼 덕분이다. 프랜차이즈 가맹점의 운영 전반에 관한 사항을 단순화, 계량화, 표준화한 행동 지침을 일컫는다.

표준매뉴얼에는 조리법은 물론 점포의 설비와 상품 관리, 광고 전략 등 점포 운영에 관한 사항이 상세히 명시된다. 표준화를 통해 고객에게 통일된 이미지를 심어주고, 국내외 어느 가맹점을 가더라도 똑같은 서비스를 느낄 수 있게끔 고객 편의성을 높인다. 세계인의 입맛을 사로잡은 코카콜라, 맥도날드 등은 막강한 다국적 기업으로 행세한다.

매뉴얼이 만사형통은 아니다. 나름의 장단점이 있다. 반복적인 상황에서는 매뉴얼이 정하는 바에 따라 일사불란하고 치밀한 대응이 가능하다. 순기능이 탁월하다. 반면 선례가 없는 경우에는 매뉴얼이 효과를 발하지 못한다. 무용지물이 되거나 역기능까지 부른다. 그런 사례로 최근 국내 한 언론이 일본의 '매뉴얼 문화'를 꼽았다.

크루즈선 '다이아몬드 프린세스호'의 우한 폐렴 집단 감염에 대한 대응

실패를 일본 특유의 경직된 매뉴얼 문화 탓으로 돌렸다. 자국 국민을 전세기로 중국에서 귀국시켰으나 격리하지 않은 것도, 크루즈선 탑승객에 대해 전수조사를 하지 않은 것도 관련법이 없었기 때문이라는 일본의 대처 방식을 꼬집었다. '전례가 없어서 어렵다'거나, '규정에 나와 있지 않아 할 수 없다'고 발버둥 치다 적기 대응에 실기한 점을 지적했다.

매뉴얼이 만사형통?… 반복적 상황에서 순기능, 돌발적 상황에서는 무용지물

2011년 후쿠시마 원전 폭발 때의 일도 들먹였다. "세계 각국에서 구호물자가 도착했으나 관련 물자에 대한 처리 방침이 없다는 이유로 주민들에게 물품이 제대로 공급되지 못했다.", "외국에서 달려온 의사들 역시 일본 면허에 대한 규정에 없어 주민을 돌볼 수 없었다.", 또 "원전의 추가 폭발 위험이 높아 바닷물을 끌어다가 원자로를 냉각시키자는 방안이 제시됐으나 묵살됐다.", "관련 지침이 없어 고민만 하다 결국 추가 폭발로 이어져 피해만 키웠다."라고 비꼬았다.

2014년 3월 중부 야마나시현에서 발생했던 폭설 사태까지 들춰냈다. "한시가 급한 상황이었지만 이 지역 공무원들은 상당 기간 제설 작업에 동원되지 못했다.", "현에서 정한 직원 소집 조건에 '지진'과 '태풍'만 있고 '폭설'에 관한 내용이 없었기 때문이었다." 일본을 은근히 조롱하고 그들의 자존심을 아프게 후벼 팠다.

남 말할 입장이 못 된다. 코로나19 사태를 맞아 우리도 잘 한 게 별로 없다. 일본과 다를 바 없다. 정부가 잘 하고 있고, 앞으로 잘 될 거라는 한가로운 낙관론을 쏟아냈다. 잇단 부적절 발언으로 비난을 자초하기도 했다. 일본은 매뉴얼을 너무 철저히 지키는 게 문제라면, 우리는 매뉴얼이 아예 없거나 있어도 제대로 지키지 않는 게 허점이다. 최근 정부는 감염병 위기경보를 대응단계 최고 수준인 '심각'으로 올렸다. 감염병 위기관리 표준매뉴얼에 따른 것이다.

매뉴얼에는 정부의 위기관리 목표와 방향, 의사결정체계, 위기경보 체계, 부처와 기관의 책임과 역할 등이 규정되어 있다. 경계(Orange) 단계는 '해외 신종감염병이 국내에 유입된 후 다른 지역으로 전파되거나, 국내 신종·재출현 감염병이 다른 지역으로 퍼지는 때'를 말한다. 심각(Red) 단계는 '해외나 국내 신종감염병, 국내 재출현 감염병이 전국적으로 확산하는 징후가 나타나는 때'가 해당된다.

전문가인 질병관리본부장이 '방역 대통령' 돼야… 정부와 정치권은 후방에서 지원

매뉴얼의 용어가 애매하다. 정부가 해석하기 나름이다. 자의적 판단의 소지가 다분하다. 이미 '경계' 단계가 지났는데도 '심각' 단계로의 이행에 굼떴다는 지적이 많다. 정부가 위기경보 격상 시 '코로나19 오염국가'로 낙인찍힐 수 있고, 각종 활동 제약에 따른 경기침체가 우려되는 점을 고려했을 수 있다. 그럼에도 피해가 전국적으로 확산된 상황에서 '경계' 단계를 유지, 사태를 키웠다는 비난을 면키 어렵게 되었다.

이제 와서 지난 일을 거론해봤자 득 될 게 없다. 늑장 대응, 원인 파악, 책임 소재를 논할 시기가 아니다. 그런 일은 나중에 해도 늦지 않다. 당장 급한 것은 현장으로의 재량권 이양인 듯싶다. 매뉴얼이나 규정은 마땅히 있어야 한다. 다만 예측 못 한 비상사태에서 매뉴얼을 보완할 수 있는 별도의 재량권이 현장에 함께 주어져야 한다. 돌발 상황에 대한 선제적 대응과 적절한 조치를 위해서다.

질병관리본부장이 '방역 대통령'의 권한을 행사할 수 있어야 한다. 위기 대응 단계가 심각으로 상향되면서 지휘부가 종전의 질병관리본부 중심에서 총리 주재 중앙재난안전대책본부 중심으로 바뀌었다. 범정부적 대응은 용이해졌을지 모르나, 참여 부처가 늘면서 의사결정 효율이나 실행 능력은 떨어질 수 있다. 정부나 정치권이 너나없이 현장에 총출동하는 건 바람직하지 않다. 일선 방역당국이 총력 대응할 수 있도록 후방에서 뒷받침하는 게 효과적일 수 있다.

우려가 현실이 되고 있다. 확진자 폭증 상황이다. 중국에 이어 감염발생국 2위다. 규정이나 매뉴얼에 얽매이면 상황 판단이 흐려지고 조기 수습이 힘들어질 수 있다. 매뉴얼은 일처리를 위한 촉매가 되어야지, 방해하는 족쇄가 되면 안 된다. 집중은 하되 집착은 말아야 한다. 아마추어식 도식적 대응보다 전문성 무장된 프로다운 실사구시적 대처가 낫다. 지금은 전문가가 진두지휘에 나서야 할 때다. 계급이나 체면 따위를 가릴 형편이 아니지 않은가.

2020년 2월 29일_ 확진환자 3,736, 격리해제 30

코로나 피해 기업에 대한 금융지원과 디테일

'방역은 방역대로, 경제는 경제대로'… 국가 구성원 모두의 동참과 잠재력 필요

비상시국이다. 코로나 확산에 따른 기업 피해가 크다. 내수 침체까지 겹쳐 경영에 적신호가 켜졌다. 중소기업중앙회가 발표한 '코로나19 관련 중소기업 경영실태 조사'가 나왔다. 기업의 절박하고 암담한 처지를 단적으로 대변한다. 중소기업의 70.3%가 코로나 사태로 애로를 겪는 것으로 조사되었다. 2월 초 조사(34.4%)와 비교해 2배 이상 늘어난 수치다.

수출입 기업과 서비스 업종의 어려움이 크다. 수출기업 66.7%, 수입기업 78.2%가 피해를 봤다고 답했다. 수출입 기업의 절반가량이 중국공장 가동 중단에 따른 납품 차질과 중국 영업활동에 지장을 받았다고 응답했다. 원부자재 수입 애로와 국산 대체비용 증가, 중국 근로자 격리에 따른 현지 공장 가동 중단의 피해를 겪는다. 국내 서비스 업체들의 66.5%는 내방객 감소, 매출 축소의 어려움을 토로한다.

피해에 대한 마땅한 '대응 방안이 없다'라는 기업들의 답변이 아프게 와 닿는다. 정부 차원의 지원책이 절실함을 시사한다. 기업들은 정부 지원책으로 특별보증 확대(62.0%)를 가장 많이 꼽는다. 이 말고도 고용유지 지원금 확대(47.3%), 한시적 관세 국세 등 세금납부 유예(45.7%) 등을 바란다. 결국 돈에 관한 문제로 귀결지어진다.

낙관론을 펴던 정부도 비상 상황으로 인식한다. 코로나19 파급 영향 최소화와 조기 극복을 위한 금융지원 대책을 서둘러 내놨다. 피해 중소기업과 소상공인을 대상으로 11조 원 규모의 정책금융이 수혈된다. 대출의 경우 금리를 우대하고, 신용보증의 경우 보증료율을 감면해준다. 또 중소·중견기업의 회사채 발행을 돕기 위해 프라이머리 채권담보부증권(P-CBO) 발행 규모를 5천억 원 더 늘린다.

기업에는 마땅한 코로나 대응책 없어… 정부의 지원책이 절실함을 시사

금융 소요가 커지면 예비비까지 동원할 계획이다. 총 15개 기금도 기금운용계획을 변경, 2조 원가량을 투입할 요량이다. 민생안정 지원에 총력을 기울이고 경제의 모멘텀을 살리려는 정부 의지가 돋보인다. 당연히 큰 박수 감이다. 성과는 디테일에 있다. 좋은 취지가 의도한 결과로 이어지려면 세심한 정책 배려와 원활한 지원 절차가 뒷받침돼야 한다.

우선, 기업의 니즈를 정확히 간파해야 한다. 일 처리에는 경중완급(輕重緩急)이 있다. 급한 불부터 끄는 게 순서다. 비상 상황에서는 종합대책보다 긴급대책이 효험을 본다. 앞서 언급한 설문 내용에서와 같이 중소기업이 가장 목말라 하는 부분은 신용보증이다. 62.0%, 즉 10개 기업 중 6개 이상이 보증 확대를 원한다. 실제로 IMF 사태나 외환위기 등 경제가 힘들 때마다 신용보증기관이 구원투수 역할을 톡톡히 해냈다.

정부가 추경을 통한 금융 확대를 예정한다. 그때까지 기다릴 여유가 없다. 그 사이 기업의 줄도산이 염려된다. 정책금융 확대가 만병통치약이 될 수 없으나, 사후약방문이 돼서도 곤란하다. 정책금융기관들은 어차피 올해 중 지원하려는 공급 목표가 있다. 이를 우선 조기에 집행하고 나중에 추경에서 재원을 보전받는 형식이 고려될 수 있다.

빠른 지원이 긴요하다. 정책의 생명은 타이밍이다. 실기하면 백약이 무효가 된다. 적기 지원의 성공 사례는 새로울 게 없다. 2008년 글로벌 금융위기 당시 중소기업의 여신 충격을 줄이기 위해 '패스트트랙 프로그램(FTP)'이 시행된 바 있다. 2017년에도 메르스 사태 이후 자금난에 시달리던 중소기업을 위해 '신속 금융지원 프로그램'이 발동되었다. 지난날 경험을 토대로 지금은 '신속', '패스트'보다 더 빠른 '광속(光速)' 지원이 긴요할 때다.

방역이 최우선이나… 도산의 막다른 길목에 내몰린 기업도 외면 어려워

과감한 지원이 필수적이다. 기왕 도와주려면 통 큰 결단이 필요하다. 찔끔 지원하려면 안 하느니만 못하다. 수요보다 공급이 적으면 도움이 안 된다. 과잉이라는 비판을 들을지언정 부족한 것보다 낫다. 기존 여신의 만기 연장이나 금리 인하, 소액 지원 등에 그칠 수 없다. 기존의 대출이나 보증 금액과는 별도로 필요한 만큼 충분한 지원이 이루어져야 정책의 실효성을 높일 수 있다.

절차 또한 까다롭지 않아야 한다. 금융위원회가 배포한 '코로나19 대응 금융지원 관련 질의응답'자료만 봐도 우려 사항이 단박에 눈에 띈다. 기업들이 신규 자금을 지원받기가 만만치 않아 보인다. 기업들 스스로 금융회사 영업점을 방문하여 매출 감소 등 피해 사실을 제시해야 한다. 정책기관, 보증기관, 은행권의 내부 심사 기준도 거쳐야 한다. 한 달 남짓한 코로나 피해 규모를 객관적으로 입증한다는 게 말처럼 쉽지 않다.

금융권에서 객관적 자료를 요구하면 기업들은 난감할 수 있다. 예를 들면, 매출 감소를 증명해 보이려면 1분기 부가가치세 신고가 끝나는 4월 말 이후에나 가능해진다. 하루하루 돈 가뭄에 피 말리는 기업들 처지에서는 그때까지 버티기 힘들다. 자금 사정은 현재는 물론 미래 상황까지 고려되는 게 맞다. 사태가 장기화하는 시나리오까지도 내다봐야 한다. 현실과 동떨어지고 복잡한 절차로 기업을 힘들게 하면 안 된다.

말 그대로 전시(戰時)상황이다. 코로나 방역이 최우선 과제임이 틀림없다. 그렇다고 거기에만 매달릴 수 없다. 도산의 막다른 길목에 내몰려 쓰러져가는 기업들을 외면하기 어렵다. 피해 기업에 대한 금융지원이 개별기업 차원을 넘어 민생과 경제를 살리는 그나마 고육지계이기 때문이다. 방역은 방역대로 하면서, 기업은 기업대로 살려야 한다. 코로나 사태의 빠른 극복과 경제의 조기 회생을 위해 대한민국 구성원 모두의 동참과 잠재된 실력의 무한 발휘를 호소한다.

2020년 3월

2020년 3월 10일_ 확진환자 7,755 격리해제 288

코로나 팬데믹, '몬테크리스토 코리아'가 단죄한다

전염병의 힘겨운 일상 곱씹으며 희망 불어넣는 생각 나누려… '뒤마의 삶' 조명

스마트폰을 열면 반갑잖은 광고들이 기다린다. 코로나19로 답답한 줄 어찌 알았는지, 취향에 맞춘 추천작이라며 영화 한 편을 권한다. 뜬금없이 '몬테크리스토 백작'이다. 친구의 배신으로 마르세유 앞바다의 디프섬 감옥에 갇힌 주인공 에드몽 단테스. 감옥에서 만난 죄수로부터 몬테크리스토섬에 숨겨진 해적들의 보물에 대해 알게 된다. 이후 탈출에 성공, 보물을 찾고 배신자를 복수하는 줄거리다. 어릴 적 '암굴왕'이라는 동화책으로도 읽었던 기억이 새롭다.

19세기 프랑스의 극작가이자 소설가인 알렉상드르 뒤마가 썼다. 그의 생애는 그가 쓴 작품만큼이나 극적이다. 1802년 북프랑스 빌레르 코트레라에서 태어난다. 일찍이 아버지를 여의고 가난에 시달린다. 유년 시절 뒤마는 교육을 제대로 못 받는다. '로빈슨 크루소', '아라비안나이트' 등을 읽으며 읽고 쓰는 능력을 스스로 터득한다.

성인이 되자 생계를 꾸리기 위해 파리로 상경한다. 오를레앙 공작 가문에서 서류작성 일을 하다 연극계로 뛰어든다. 패기 넘치는 젊은 뒤마에게 작가로서의 장래를 여는 중요한 시기가 된다. 화려한 문체로 프랑스 문예부흥을 묘사한 '앙리 3세와 그의 조정'을 완성한다. 시간, 장소, 행동의 삼위일체라는 고전주의 규칙을 무시하고 운문이 아닌 산문으로 쓰인 전형적인 낭만주의 작품이다. 작가로서의 출발은 성공적이고 이후 20여 년간 극작가로 활동한다.

그는 차츰 연재소설에 매력을 느낀다. 극작품보다 소설, 특히 역사소설 쓰기에 집중한다. 일만큼이나 삶의 자극에 탐닉한다. 일상의 권태를 벗어나기 위해 연애, 음식, 잠, 쾌락, 여가, 운동을 즐긴다. 이탈리아 여행에서 여자, 오페라, 지중해에 대한 애정을 키운다. 여행에서 돌아온 이듬해인 1944년, 리슐리외 시대의 모험담인 '삼총사'에 이어 '몬테크리스토 백작'을 세상에 내놓는다. 대박을 터뜨린다.

경영학 관점에서 본 뒤마의 삶… 위기가 기회로 반전되는 짜릿한 전율 느껴져

피는 못 속이나 보다. 그의 문학적 재능은 사생아로 태어난 아들로 이어진다. '춘희'의 작가로 잘 알려진 뒤마 2세가 바로 그다. 아버지의 무책임한 사랑놀이 때문에 불우한 시절을 보내야 했던 아들은 결혼의 신성함을 강조하는 작품을 쓰게 된다. '사생아(1858)', 자신의 아버지 성격을 나름대로 해석해 극화한 '방탕한 아버지(1859)'의 희곡을 남긴다.

경영학의 경쟁전략 관점에서 본 뒤마의 삶과 작품세계는 자못 교훈적이다. 경쟁우위 요소가 듬뿍 담겨있다. 고난이 성과를 연출한다. 개인적 쪼들림이 사회적 유익으로 거듭난다. 작가로서의 입지가 굳혀질수록 그의 인생 후반부 사생활은 황폐화한다. 사치로 채권자들의 빚 독촉에 시달린다. 채무상환을 위해 갈수록 더 많은 글을 써야 했다. 그 덕분에 250편이 넘는 방대한 명작들이 후세에 전해진다.

역경의 소재로 역작을 생산한다. 뒤마의 부친, 알렉스 뒤마는 1762년 설탕 무역으로 유명했던 프랑스 식민지 생도맹그에서 태어났다. 어머니는 흑인 노예였다. 사회에서 인정받지 못하는 계급으로 태어난 그는 아버지의 성을 거부하고 어머니의 성인 '뒤마'로 바꿨다. 프랑스군에 입대, 나폴레옹 군의 장군 지위에까지 오른다. 끝내는 나폴레옹에게 버림받는다. 몽테크리스토 백작에서 복수의 코드는 아버지가 모티브가 되었다.

창의성이 특출하다. 그의 작품에는 모든 극적 요소들이 완벽하게 장착된다. 누명, 배신, 고통, 반전, 부활, 복수로 이어지는 플롯이 획기적이다. 복수를 끝내고 쿨하게 떠나는 마무리 구성은 신선함의 극치다. 그만의 차별화된 플롯은 이후 대중문학의 기본 틀로 자리매김한다. 수없는 모방과 벤치마킹 대상이 된다. 지금도 인기 드라마의 상당수가 뒤마의 틀을 벗어나지 못한다.

특출한 창의성, 발군의 고객 친화, 약점의 강점화 등… 경쟁우위 요소 '듬뿍'

고객 지향적이다. 발군의 대중성 발휘가 푸대접을 부른다. 주류 문단은 흥미진진한 뒤마의 작품에 거부감을 표한다. 뒤마를 '진지함이 결여된 대중작가'로 비아냥댄다. 이단아 취급한다. 프랑스에 공헌한 위인들이 묻히는 국립묘지 팡테옹에 2002년에야 안장된다. 그가 죽은 지 130년이 지나서다. 안장식에 참석한 자크 시라크 대통령의 기념사가 의미심장하다. "뒤마와 함께 우리의 대중적 추억과 집합적 상상력이 팡테옹에 입장하는 날"이라고.

시련이 승리를 연출한다. 혼혈로 외모가 검었던 그로서는 프랑스의 주류사회 편입이 힘들었다. 인종차별에 뒤마는 분노했다. "그렇소, 내 아비는 물라토요. 조부는 검둥이였고, 증조부는 원숭이였소." 절규를 자신의 작품에 담아 분풀이한다. 주류에 편입되지 못할 바에는 차라리 내 멋대로 글을 쓰겠다는 오기를 부렸는지 모른다.

품질이 돋보인다. 작품에 깊이와 의미가 살아 숨 쉰다. "인간의 지혜 속에 숨겨져 있는 신비로운 광맥을 파내려면 불행이라는 게 필요한 거야. 화약을 폭발시키는 데는 압력이라는 게 필요하니까.", "이 세상에는 행복도 불행도 없다. 오직 하나의 상태와 다른 상태의 비교만 있을 뿐이다. 가장 큰 불행을 경험한 자만이 가장 큰 행복을 느낄 수 있다." 손에 땀을 쥐게 하는 발 빠른 문장, 인간사 단면을 생생하게 보여주는 캐릭터, 빈틈없는 스토리 구성 기술이 눈부시다. 어느 하나 버릴 게 없다.

코로나와 사투를 벌이는 힘든 현실이다. 전국적 확산으로 공포와 불안이 여전하다. 하도 답답하다 보니 힘겨운 일상을 곱씹어보며 희망을 불어넣는 생각을 나누고 싶어 뒤마의 생애를 들춰내 경쟁력을 조명해보았다. 바이러스를 멋지게 단죄하고 희망찬 미래로 나아가는 '몬테크리스토 코리아'의 염원을 담아보려 했다. 의욕만 앞섰지, 사설이 길어지고 말았다.

2020년 3월 15일_ 확진환자 8,236 격리해제 1,137

말로는 전시(戰時)상황, 행동은 전시(展示)추경

시나리오별 대책 마련하고, 강력한 리더십 발휘할 때… '긴 호흡' 필요

코로나19 사태가 '준(準) 전시상황'으로 규정되었다. 여당과 정부, 청와대가 모여 내린 진단이다. 방역 대응책을 논의했으나 선언적 수준에 머물렀다. "상황이 엄중한 만큼 코로나19 사태를 조기에 극복하고 그에 따른 경제적, 사회적 상처를 최소화하도록 최선을 다하겠다."라는 입장 표명의 수준이다. 딱히 손에 잡히는 게 없다.

경제가 셧다운 조짐을 보인다. 세계보건기구(WHO)가 코로나19에 대해 팬데믹을 선언하면서 국내외 금융시장이 요동친다. 아시아 유럽 북미로 시간대를 바꿔가며 전 세계 주가지수가 급락한다. 실물경제의 타격도 막심하다. 청와대에서 경제·금융 상황 특별 점검 회의가 소집되었다. 문재인 대통령은 정부에 과거에 하지 않았던 전례 없는 대책을 주문했다. 특단의 대책을 지시한 것이다.

대통령의 표현대로 전혀 새로운 경제 위기를 맞고 있다. 이번 위기의 기저에는 예전과 다른 공포와 불안감이 위치한다. 미국 연방준비제도(Fed)가 통상보다 큰 폭의 금리 인하, '빅 컷'으로 공포심에 불을 댕긴 측면이 없지 않다. 근본적으로 금융시장의 요동은 코로나19 팬데믹이 세계 경제에 선례가 없고, 대응하기 힘든 도전이라는 사실을 반영한다.

고전적 해법이 통하지 않는다. 2008년 글로벌 위기는 금융 문제가 본질이었다. 자산시장 버블과 모럴 해저드에서 비롯되었다. 패닉에 빠진 시장에 빠르게 유동성을 공급한 연준의 조치가 먹힐 수 있었다. 지금은 다르다. 통화정책을 조정한다고 방역 조치의 일환으로 멈춰선 공장이 다시 돌아갈 리 없다. 금리를 내린다고 소비자 심리가 돌아올 리 만무하다. 사회적 거리두기에 나선 소비자의 선호는 지급 능력이 아니라 건강과 안전에 있다.

코로나 팬데믹, 전혀 새로운 위기… 금융·재정정책 등 고전적 해법 잘 안 먹혀

재정정책도 한계가 있다. 코로나 추가경정예산의 핵심은 2조 원가량의 소비 쿠폰이다. 바이러스 위험이 여전한 상황에서 쿠폰을 나눠준다고 식당이나 전통시장이 살아나겠는가. 재정정책과 통화정책이 불필요하다는 얘기가 아니다. 코로나 사태로 치명상을 입은 소상공인과 중소기업에 대한 긴급 지원은 당연하고 시급하다. 다만 사태의 조기 극복을 위해서는 정부 정책의 가치 설정과 우선순위가 분명해야 한다는 사실이다.

전염병과 사투를 벌이는 위기 상황이다. 국난 극복을 위한 비상 행동이 필요하다. 전시상황에 걸맞은 신속과 효율이 요구된다. UC버클리대 경제학과 배리 아이켄그린 교수의 프로젝트 신디케이트 실린 기고는 문제의 핵심을 찌른다. "경제학자와 정책담당자는 감염병 학자와 보건 실무자가 취하는 조치가 '적합한 수단'이라는 것을 겸허히 받아들여야 한다."며 "정책 당국 간 협력과 방역 당국에 자율성을 부여, 투명성이 팬데믹 전선의 표어가 돼야 한다."고 주장한다.

논지는 두 가지다. 하나는 방역이 최선의 경제 대책이 되어야 한다는 점이다. 방역에 국가적 역량을 집중하고 국정운영의 핵심 가치로 자리매김해야 한다는 지적이다. 그러려면 경제정책도 방역의 일환이 되어야 한다. '방역 따로, 경제 따로'는 힘들다. 그럴만한 재정적·시간적 여유가 없다. 양쪽으로 힘이 분산되면 성과를 기대하기 어렵다. 자칫 둘 다 그르치는 최악의 선택이 될 수 있다.

나랏빚 증가세가 가파르다. 추경은 필요하나 재정 만능은 경계해야 한다. 방역 예산은 충분히 확보하되 여기에 선심성 사업이 끼어들면 안 된다. 예산이 코로나19로 피해를 본 업종과 계층에 집중적으로 흘러가야 한다. 국채발행으로 충당되는 추경인 만큼 적재적소에 쓰여야 한다. 나랏빚은 특이한 상환구조를 갖는다. 일반 채무는 차입자와 상환자가 동일하나 국채는 상이하다. 돈은 현세대가 빌리고 상환은 차세대가 하게 된다. 빚의 대물림이다.

비상시국에는 비상 대처… 방역 예산 충분히 확보하되, 선심성 사업 끼면 안 돼

내 돈 아니라고, 내가 앞 갚는다고 증액을 주장하면 안 된다. 지역 상품권 발행이나 자치단체장들이 주문하는 재난 긴급생활비, 재난 기본소득은 다 빚내서 줘야 할 돈이다. 갚을 세대의 동의도 없이 빌려 쓰는 나랏빚은 긴급 용도에 한정하고 금액도 최소화되어야 한다. 후세에 자산은 못 물려줄지언정 부채를 떠넘기는 것은 도리가 아니다. 추경은 응급상황에서 비상약으로 처방되어야지 보약처럼 장복하다 큰일 난다. 약이 아니라 독이 된다.

또 다른 시사점은 방역의 자율성이다. 사태 초기부터 비상 체제를 가동하고 방역 당국이 재량권을 행사할 수 있었다면 지금보다 결과가 나았을 수 있다. 후회한들 무슨 소용이랴. 앞으로나 잘하면 된다. 코로나바이러스 사태가 진정될 때까지 질병관리본부장이 전권을 갖고 '방역 대통령' 구실을 해야 한다. 정부 부처는 소관 정책으로 뒷받침하는 형식이 바람직하다.

경제 위기 앞에서 마스크 대책에 허둥대는 경제부총리나, 마스크 5부제 보완조치나 발표하는 기획재정부 차관의 모습은 좋아 보이지 않는다. 경제사령탑의 역할이 못 된다. 기축통화 국가가 아닌 우리로서는 외환 문제도 신경 써야 한다. 외환보유고가 넉넉하다고 안심할 상황이 아니다. 경제 상황이 악화되면 외환 유출이 순식간에 벌어진다. 미 달러와의 스와프 체결 등의 안전판 마련이 긴요하다.

비상시국에는 비상 대처가 유효하다. 위기관리 체제로의 국정 대전환이 이루어져야 한다. 시나리오별 종합대책을 마련되고 강력한 지도력이 발휘되어야 한다. 미 재무장관을 지낸 래리 서머스 하버드대 교수는 코로나19 사태가 금세기 가장 심각한 위기일 수 있음을 경고한다. 그럴 리 없고 그래서도 안 되겠지만, 지금이 위기의 시작일 수 있다는 마음가짐으로 긴장의 끈을 놓지 말아야 한다. 긴 호흡이 필요하다.

2020년 3월 17일_ 확진환자 8,413 격리해제 1,540

마스크 대란, 지금 한국은 고작 14세기 중세 유럽 수준

공급 확대 말고는 뾰족수 없어… 비교 우위 확보되면 유망 비즈니스화 가능

14세기 이후 중세 유럽은 말 그대로 암흑기였다. 백년전쟁에 시달린 데다 전염병까지 창궐했다. 1340년대 페스트가 유럽 대륙을 휩쓸었다. 1347년부터 4년간 유럽 인구의 3분의 1가량이 사망했다. 도시 지역은 인구의 절반이 줄었다. 피렌체의 경우 11만 명의 인구가 4만5천 명으로 급감했다. 비참한 상황은 페스트로 아버지를 여읜 이탈리아 작가 보카치오의 단편소설집 데카메론에 구구절절 녹아있다.

페스트는 공포였다. 감염되면 고열이 치솟고 피를 토하며 호흡곤란을 일으켰고 정신을 잃었다. 발병 후 24시간이 못가 숨졌다. 죽기 직전에 환자 피부가 흑색으로 변한다 해서 흑사병이라 불렸다. 환자를 격리하지 않은 채 성당에 모여 미사를 드리는 바람에 전염이 컸다. 성직자 희생이 많았다. 전염병의 이름은 고사하고 원인조차 몰랐다.

1330년대 초 중국에서 시작된 페스트는 아시아 지역으로 퍼졌다. 1340년대 초에는 흑해와 지중해에 도달했다. 1340년대 후반에 이르러 유럽 내륙과 서아시아, 북아프리카에까지 확산되었다. 발병 지역은 하나같이 엄청난 피해를 보았다. 특히 유럽과 몽골제국에 치명적 타격을 안겼다. 중국의 어느 성은 인구의 90%를 잃었다. 가공할 만한 파괴력이었다.

페스트가 재앙으로 이어진 큰 원인은 치료 수단 부재에 있었다. 당시 유럽인은 영양 상태까지 엉망이었다. 인구가 급증했으나 흉작으로 식량 사정이 열악했다. 병에 대한 저항력이 약했다. 굶주린 상태에서 페스트가 번지면서 피해가 막심했다. 19세기 말 파스퇴르에 의해 페스트균이 발견되기까지 공포에 떨어야 했다.

유럽 대륙 휩쓴 페스트, 유대인은 비켜 가… 청결 강조하는 율법과 전통 덕분

책임이 유대인에게 돌아갔다. 애꿎은 희생양이 되었다. 그도 그럴 것이 페스트가 유대인을 비켜 갔다. 청결을 강조하는 유대인의 율법과 전통 때문이었다. 외출했다 돌아오면 옷과 신발에 묻은 먼지를 떨었다. 기도 전에는 온몸을 닦았다. 의심스러운 고기나 음식은 입에 대지 않았다. 전염병 환자가 생기면 엄격히 격리했다. 잘 씻는 습관 하나로 전염병의 마수에서 벗어날 수 있었던 것이다.

우리의 위생 상태가 유대인만 못할 리 없다. 정갈함이 몸에 밴 민족이다. 예로부터 조상들은 흰옷을 즐겨 입었다. 이른 새벽 우물에서 떠온 정화수를 장독대에 올리고 천지신명께 빌며 하루를 시작했다. 국가적 청결 능력은 그만 못한 듯하다. 코로나바이러스에 대응하는 정책을 보면 중세나 다름없어 보인다. 방역의 기초용품인 마스크 하나 제대로 공급하지 못하는 현실이 이를 방증한다.

마스크 부족 사태를 두고 대통령이 국민 앞에 고개를 숙였다. 지난달 4당 국회 영수 회담 때에 이어 벌써 두 번째다. 식품의약품안전처를 중심으로 관계 부처들이 긴밀히 협력, 조기 해결할 것을 지시했다. 지휘 체계의 난맥이 드러난다. 마스크 공급에 문제가 없다던 정부가 돌연 재사용을 권장한다. 일반 국민에게 의료진이 쓰는 보건용 마스크를 쓰라 해 놓고, 지금 와서 면(綿) 마스크를 써도 괜찮다고 한다. 어쩌란 말인가.

정부가 마스크 수출을 줄인다. 조달청이 제조업체에서 마스크를 직접 사들여 우체국과 농협, 약국 등에서 파는 공적 판매를 늘린다. 1인당 마스크 구매량을 일주일에 2개로 제한한다. 출생연도 끝자리를 기준으로 요일별로 마스크를 구매토록 하는 '마스크 5부제'가 시행된다. '배급제'다. 수급 안정화 대책이라기보다 수급 불안정 대책으로 불릴 만하다. 수요만 짓누르는 부동산 정책과 어찌 그리 똑같은지.

유통체계 손 보는 정도로는 품귀 못 막아… 증설-창업으로 생산능력 키워야

중복구매와 줄서기를 막기 위해 약국에서 의약품안전사용서비스(DUR) 정보를 공유한다. 우체국 등에서도 중복구매 확인 시스템이 구동된다. 정부 설명이 그럴싸하다. 다중구매를 막고 최대한 많은 사람이 공평하게 살 수 있게 하는 조치라 한다. 그래 봐야 유통체계를 손보는 정도의 임시방편에 불과하다. 핵심은 못 짚고 변죽만 울린다는 비난이 거셀 듯싶다.

그러잖아도 먹고살기 분주한 서민들이 더 바빠지게 생겼다. 마스크를 사기 위해 만사 제쳐 두고 아침부터 식구대로 줄을 서야 할 판이다. 경제부총리의 말마따나, 국내 경제활동인구 2,800만 명이 하루에 한 장씩 마스크를 쓴다고 가정할 때 현 생산능력으로는 원천적으로 감당할 수 없다. 정책은 수렁에 빠진 헛바퀴만 돌고 있다. 마스크 한 장으로 3일을 버티라는 얘기다. 마스크 확보에 목매야 하는 처지가 부끄럽고 초라하다.

결론은 공급이다. 공급량을 늘리는 게 근원적 해법이다. 기존 업체의 시설을 늘리고 신규 창업을 촉진해야 마땅하다. 차제에 국내는 물론 해외 수요까지 내다보는 큰 안목이 요구된다. 연구개발(R&D)을 통한 차별화된 제품 생산으로 글로벌 시장을 선점하는 계기로 삼아야 한다. 위기는 기회를 동반한다. 코로나 사태가 진정되어도 또 다른 전염병들이 출현할 소지가 있다. 미세먼지 등으로 마스크에 대한 수요는 꾸준할 것으로 전망된다.

중세 유럽의 페스트와 코로나19는 유사점이 많다. 중국에서 발원하여 지구촌 곳곳으로 퍼진 점, 발병 원인을 모르고 치료제가 없는 점, 특정 지역에 피해가 집중된 점이 흡사하다. 대응 미숙으로 피해를 키운 것도 닮은 꼴이다. 인류는 수많은 전염병을 겪고도 무방비에 노출되는 상투적 무능을 반복해 왔다. 더 이상의 실수는 금물이다. 비교우위만 확보되면 마스크 산업도 유망 비즈니스 반열에 오를 수 있다. 과거를 딛고 미래를 여는 지혜를 짜내야 한다. 우리 대한민국이 가장 먼저.

2020년 3월 24일_ 확진환자 9,137 격리해제 3,730

한미 통화 스와프, 내친김에 '한일 스와프'까지

외환시장 안정 위한 한일 통화 스와프… 양국 관계 개선의 단초 되면 금상첨화

고교 시절 개인사다. 유도(柔道)가 정규 과목에 있었다. 유도 수업이 있는 날에는 가방에 도복까지 얹어 등교했다. 여름철에는 도복이 땀에 절어 쉰내가 진동했다. 겨울철에는 맨발에 얇은 도복만 걸치고 학교 밖 도장까지 떨며 가야 했다. 그런 고역이 없었다. 지금은 아름다운 추억이다. 낙법, 업어치기, 메치기, 굳히기의 기술은 잊은 지 오래지만, 그때 선생님께서 일러주신 대련 방법은 지금도 기억에 선명하다.

시합할 때 서로 일정한 거리를 두고 마주 선다. 서로 고개를 숙여 정중하게 인사를 나눈다. 그러고 나서 양팔을 머리 위로 번쩍 치켜올리며 우렁차게 기합을 넣는다. 이때 상대방의 눈을 매섭게 노려봐야 한다. 선수를 쳐 상대의 기를 꺾으려는 의도에서다. 초반기 싸움에서 밀리면 이기기 어렵기 때문이다. '선제 대응'의 필요성은 사회생활을 하면서도 공감이 갈 때가 참 많았다.

선제적 조치는 정책에서도 효과를 발휘한다. 경제정책에서 널리 애용된다. 가령 선제적 통화관리는 인플레이션 우려가 있으면 중앙은행이 지급준비율 상향, 공개시장조작, 금리 인상 등을 통해 시중에 풀려 있는 통화를 흡수, 예상되는 물가상승을 예방하는 조치다. 대표적인 경기조절대책 중의 하나다. 중앙은행이 선제적 통화관리에 나서면 실물경제에는 일정한

시차를 두고 반영된다.

1990년대 초반 미국의 경기가 고성장을 지속했던 것도 선제적 통화관리에 힘입은 바 컸다. 당시 경기가 과열 조짐을 보이자 중앙은행인 연방준비제도이사회(Fed)가 선제적으로 통화관리에 적절히 나서 물가상승 없는 장기간 성장을 이끌어냈다. 과열 경기 조절에는 예산을 줄이는 재정 긴축과 더불어 선제적 통화관리가 위력을 떨치게 된다.

'기선잡기' 선제 대응은 정책에도 유용… 통화 스와프는 위기 극복에 큰 도움

선제적 정책의 성공 사례는 우리에게도 있다. 한국은행이 미국 연준과 600억 달러 규모의 양자 간 통화 스와프 계약을 체결했다. 신종 코로나바이러스 감염증 확산 여파로 원화 가치가 급락하는 등 외환시장이 출렁이는 가운데 전격적으로 이루어졌다. 전광석화처럼 눈 깜짝할 사이에 일어났다. 계약 기간은 6개월이나, 이후 상황에 따라 연장될 가능성도 있다.

정부가 국내외 은행들의 선물환 포지션을 확대하는 '컨틴전시 플랜'을 발표했으나 역부족인 상황이었다. 이름값을 못 했다. 외국인들이 국내 시장에서 빠른 속도로 이탈하고, 글로벌 주가 폭락에 따라 달러 수요가 급증하고 있었다. 그러던 차에 한은은 이번 한미 통화스와프 계약을 통해 조달하는 미 달러화를 국내 시장에 곧바로 공급할 수 있게 되었다.

한미 간 통화 스와프 계약은 이번이 처음은 아니다. 두 번째다. 2008년 10월 300억 달러 규모의 통화스와프 계약이 있었다. 당시 계약은 글로벌 금융위기 영향으로 국내 외환시장에서 달러 유동성 위기 우려가 고조되면서 체결되었다. 2009년 4월까지 6개월간 한시적 적용 예정이었으나, 두 차례 더 연장되어 2010년 2월 종료되었다. 당시 달러 유동성에 대한 불안

심리가 완화되고 급등세였던 원·달러 환율이 안정을 되찾는 등 외환시장 안정에 기여가 컸다.

통화 스와프는 말 그대로 서로 다른 통화 간의 맞바꿈이다. 미리 약정된 환율에 따라 일정한 시점에 상호 교환하는 외환 거래다. 상대국 중앙은행에 일종의 마이너스 통장을 개설하는 개념으로 이해될 수 있다. 미국과 체결하면 달러를 더 쌓는 효과를 얻게 된다. 금융 불안의 당장 급한 불을 끄고 금융시장 안정을 기할 수 있게 된 점에서 의미가 크다.

4천억 달러 외환보유액, 많지 않은 금액… 국제통화기금 권고 수준에도 미달

연준은 캐나다·영국·유럽(ECB)·일본·스위스 등 5개국 중앙은행과 상설 통화 스와프 계약을 맺고 있다. 최근 글로벌 달러 자금시장 경색이 심각하다고 판단, 한국을 포함한 9개국과 추가로 스와프 계약을 맺게 된 것이다. 한국·호주·브라질·멕시코·싱가포르·스웨덴 중앙은행과는 600억 달러, 덴마크·노르웨이·뉴질랜드 중앙은행과는 300억 달러 규모로 체결되었다.

자화자찬 같지만, 코로나19 대응 과정에서 발휘된 대한민국의 저력은 대단하다. 투철한 사명감으로 무장한 의료인의 사투, 선진화된 의료보험체계의 뒷받침, 방역 당국의 탁월한 행정 능력을 세계가 부러워한다. 여기에 이번 한미 통화 스와프를 통해 보여준 정부의 선제적 리더십 또한 자랑할 만하다. 변동성이 큰 외환시장의 분위기를 일거에 반전시키는 쾌거를 이룬 셈이다. 경제 위기 극복에 분기점이 될 것으로 기대된다.

여기서 그칠 수 없다. 내친김에 더 나가야 한다. 외환시장 안정판 마련을 위해서는 한일 통화 스와프 재개가 긴요하다. 일본과의 통화 스와프는 미국보다 역사가 오래되고 규모도 컸다. 2001년 7월 20억 달러 규모로 처음 맺은 뒤 2008년 금융위기 당시 300억 달러로 늘었다. 2011년에는 700억 달러까지 확대되었다. 2012년 8월 이명박 전 대통령의 독도 방문과 일왕의 사과 요구 발언으로 한일관계가 악화되면서 그해 10월 만기 이후 연장되지 않았다.

2016년 브렉시트와 미국 금리 인상으로 금융시장 불확실성이 커지자 한국이 일본에 통화 스와프를 제안했다. 일본은 부산 일본영사관 앞 위안부 소녀상 설치를 문제 삼아 협상을 중단했다. 4,000억 달러 정도의 외환보유액이 많은 게 아니다. 국제통화기금(IMF)과 국제결제은행(BIS)의 권고 수준에도 못 미친다. 일본의 수출규제 이후 악화된 한일관계의 걸림돌을 넘어서야 한다. 통화 스와프가 양국 간 관계 개선의 실마리까지 된다면 이만한 전화위복과 금상첨화가 없다.

2020년 3월 25일_ 확진환자 9,241 격리해제 4,144

4월 위기설, 과감한 금융공급과 양적 완화가 묘약

위기 해법은 결국 '돈 풀기'… 뇌경색엔 '아스피린', 신용경색엔 '현금 스프레이'

뇌에 혈액을 공급하는 혈관이 막혀 뇌 조직에 피가 가지 않는 증상을 뇌경색이라 부른다. 심하면 사망에까지 이르는 무서운 병이다. 상당수의 뇌경색은 큰 동맥이 아닌 작은 가지 동맥에서 발생한다. 뇌 자기공명 영상장치(MRI)에서도 보이지 않을 정도로 작은 혈관들이 조금씩 막혀 꽤 오랜 시간이 지난 후에야 감지되는 경우가 많다. 이러한 뇌의 허혈성 변화를 막기 위해 널리 쓰이는 약의 하나가 아스피린이다. 앞으로 일어날 뇌경색을 예방하려는 목적이 크다.

뇌경색의 원리는 작금 경제에서 표출되고 있는 신용경색의 패턴과 흡사하다. 초기에는 잘 보이지 않을 정도에서 시작되나, 시간이 흐르면서 걷잡기 힘들 정도로 악화되는 프로세스가 다르지 않다. 이미 침체일로에 있던 우리 경제가 코로나19 사태로 맞아 어려움이 증폭되는 상황과 비슷하다. 실물경제가 얼어붙고 금융시장이 마비되면서 자본시장이 경색되는 양상을 드러내고 있다.

시장에 돈이 제대로 돌지 않으면서 기업들이 겪는 자금난이 상당히 심각하다. 돈 가뭄으로 정상적 경영이 힘들다. 신용경색이 발생하는 경우는 크게 두 가지다. 공급되는 자금의 절대량이 부족하거나, 자금의 통로가 막혀있을 때 일어난다. 그중에서도 돈의 통로가 막혀 생기는 후자의 경우는 치유가 쉽지 않다. 금융시장의 존립 근거인 '신용의 실종'에 기인하기 때문이다.

기업들이 아우성친다. 안 되는 장사도 장사지만, 그 전에 돈이 안 돌아 망하게 생겼다. 막혀있는 자금 흐름이 뚫리지 않으면 연쇄도산의 막다른 골목으로 내몰리게 된다. 자본시장만 하더라도 곳곳에서 경고음이 요란하게 울려대고 있다. 회사채 발행, 유상증자, 기업공개(IPO), 투자, 인수합병(M&A) 등 모든 영역에서 어려움이 가중되고 있다. 시장은 '개점휴업' 상태에 이르렀다.

신용경색은 뇌경색과 원리 동일… 초기에는 미세하나 시간 지나며 통제 불능

4월 위기설이 나돈다. 최근 신용등급 우량 기업들이 자금조달을 위해서 회사채 발행 수요 예측에 나섰으나 모두 목표 금액을 못 채웠다. 신용등급이나 기업의 체력과 상관없이 회사채 발행시장의 투자 수요가 크게 위축된 탓이다. 당장 4월에 대규모 사채의 만기가 예정돼 있어 기업의 자금 경색 우려가 커진다. 금융투자협회에 따르면 그 규모가 자그마치 6조 5,495억 원이다. 금투협이 통계를 발간한 1991년 이래 최대 규모다.

정부가 채권시장안정펀드 카드를 꺼내 들었다. 2008년 효과를 봤던 만큼 시장 안정에 도움이 될 것으로 보인다. 타이밍이 요체다. 단기자금시장의 경색을 해소하는 게 급선무다. 3월 말까지 단기자금 만기의 차환이 필요해 채권시장안정펀드보다 단기자금시장에 유동성 공급을 위한 조치가 다급하다. 올 상반기나 연말로 시기를 넓히면 우려는 더 커진다. 올해 중 만기 도래 회사채와 CP, 전자단기사채는 116조 원 규모에 달한다.

투자 심리도 엄동설한이다. 주식 유통시장이 무너지면서 투자 자체가 불가능한 구조적 위기를 맞고 있다. 금융시장 전반에 불확실성이 높아지고 있는 만큼 금융기관도 자금 집행에 소극적이다. 투자 집행을 검토하기보다 이미 투자한 자산의 부실을 막는데 고민해야 할 상황이다. 국내 투자시장에서 투자금 회수의 활로인 기업공개가 막히면서 자금을 대야 할 벤처캐피탈(VC)이나 프라이빗에쿼티(PE)의 활동에도 제약이 불가피하다.

정부, 100조 원 이상의 긴급자금 투입… 만시지탄이나 그나마 천만다행

각국 정부가 코로나 사태에 천문학적 규모의 현금을 살포하고 있다. 미국 연방준비위원회가 재빠르게 양적 완화를 발표했다. 미국 국채와 주택저당채권을 금리가 안정될 때까지 무제한 사들이고 회사채도 최대 3,000억 달러어치를 구매할 것을 밝혔다. 시장이 돈이 안 돌면 돈을 찍어서라도 돌리겠다는 의도다. 공화, 민주 양당 간 견해차로 상원에서 막혔으나 실행은 시간문제다. 적자 재정을 꺼려온 독일도 코로나19발 경제 침체에 대응코자 7,500억 유로 규모의 경기부양책을 내놓았다.

우리 정부는 굼뜨다. 상황 대처에 둔감한 편이다. 얼마 전까지도 신용경색 국면을 '국지적' 상황으로 진단했던 금융당국이다. 상황이 악화되고 다른 나라들이 돈 뿌리기에 나서자 그제야 나섰다. 코로나19 확산으로 위기에 빠진 경제에 100조 원 이상의 긴급자금을 투입하기로 했다. 대통령이 비상경제회의를 주재하고 비상금융조치를 대폭 확대했다. 지원 대상을 기존의 소상공인과 중소기업에서 주요 피해업종의 대기업까지로 늘렸다.

신용경색으로 혼돈에 빠진 회사채 시장의 안정을 도모하는 내용도 담았다. 자금시장에 도합 48조 원을 공급한다. 채권시장안정펀드를 20조 원 규모로 조성하여 회사채 시장의 수요를 살린다. 기업어음(CP) 등 단기자금

시장에도 7조 원을 공급한다. 프라이머리 채권담보부증권(P-CBO) 발행과 회사채 신속인수제를 통해 17조 8,000억 원을 공급한다. 10조 7,000억 원의 증권시장안정펀드를 조성, 증시 안전판도 마련한다. 만시지탄이나 그나마 천만다행이다.

전례 없는 위기 국면이다. 종전의 정책과 현행의 시스템만으로는 제어가 힘든 형국이다. 사후약방문이기는 하나 기업의 자금난을 덜어주고 금융시장과 자본시장의 신용경색을 완화하고 더 큰 사태로의 확산을 막는 처방이 긴요하다. 뇌경색 억제를 위한 아스피린처럼. 결국 돈이 해법이다. 지금으로서는 과감한 금융공급과 대규모 양적 완화를 통한 긴급 수혈 외에는 달리 방도가 없다. '현금 스프레이'만 한 묘약이 없어 보인다.

2020년 4월

2020년 4월 2일_ 확진환자 10,062 격리해제 6,021

꽉 막힌 소상공인 대출, '절차 간소화' 없이 안 뚫려

—

12조 원 긴급자금 책정에도 현장은 '돈 가뭄'… 지원 기간 단축이 현실적 묘책

소상공인 대출 창구가 심한 몸살을 앓고 있다. 코로나19 피해 기업의 대출 수요가 폭증하면서 긴 줄이 생겼다. 대기하는 과정에서 소상공인 사이에 폭언과 고성이 오가기 일쑤다. 대출 서류를 안내하는 창구 직원에게 폭력을 행사하는 일까지 벌어졌다. 크고 작은 분쟁이 끊이지 않는다. 보다 못한 정부가 나섰다. '대출 병목' 해소를 위해 '소상공인 금융지원 신속 집행 방안'을 마련했다. 4월부터 시행이 되었다.

대출 신청에 출생연도에 따른 '홀짝제'를 도입한다. '마스크 5부제'처럼 대출 수요를 분산, 소상공인들이 새벽부터 줄 서 돈 빌리는 불편을 줄이려는 취지다. 정부가 소상공인을 위해 12조 원의 긴급자금을 책정했으나, 대출 처리 지연으로 현장은 돈 가뭄이다. 전국 62곳의 소상공인시장진흥공단 지역센터를 통해서만 대출을 하다 보니 폭주하는 신청을 감당할 수 없었다.

대출 공급 창구도 넓힌다. 신용등급에 따라 1~3등급은 일반 시중은행, 1~6등급은 기업은행, 4등급 이하는 소진공에서 대출이 진행된다. 고신용 소상공인은 시중은행에서 수수료 없이 3,000만 원 이하까지 신용대출을 받을 수 있다. 은행이 소상공인에게 연리 1.5%로 대출하고 정부로부터 시중 금리와의 이자 차액을 보전받는 구조다.

1~6등급 소상공인은 기업은행에서 보증 대출을 받으면 된다. 음식, 숙박 업종은 은행이 보증기관의 위탁을 받아 보증 접수부터 심사까지 진행해 3,000만 원 한도로 대출한다. 도소매업과 제조업은 보증기관의 보증을 거쳐 1억 원까지 빌려준다. 소진공은 보증이 필요 없는 1,000만 원 긴급대출 업무만 맡는다. 지원기관의 임직원에 대해서는 고의나 중과실이 아니면 책임을 안 묻는다. 면책 규정을 적용해 적극적 업무 처리를 유도하기 위해서다.

대출 창구 분산, 위탁보증 운영, 홀짝제 시행… '대출 줄서기' 해소엔 역부족

부족한 인력과 예상을 넘는 소상공인 대출 수요는 서둘러 풀어야 할 과제다. 대출 창구 분산, 위탁보증 운영, 홀짝제 시행 등으로 대출 병목 현상이 다소는 완화될지 모르나 충분치는 못하다. 대출 줄서기 해소에는 한참 역부족이다.

당장 신용등급 확인 단계에서부터 혼잡이 빚어질 공산이 크다. 신용등급에 따라 대출기관이 달라지다 보니 소상공인은 자신의 정확한 신용등급을 알아야 헛걸음을 피할 수 있다. 신용등급은 기관별로 차이가 있어 실제 대출에 적용되는 등급은 해당 기관에서나 확인이 가능하다. 인터넷에 익숙한 젊은 사장들이야 각 기관의 홈페이지를 통해 확인할 수 있지만, 중장년 소상공인들은 여러 기관을 기웃거리며 발품을 팔아야 한다.

보증대출의 경우 '①상담 → ②서류신청 → ③현장실사 → ④보증심사 → ⑤보증서발급 → ⑥은행 대출'의 6단계로 진행된다. 평소에는 2주 내외의 시일이 소요되나, 신청이 폭주하면 하대명년이다. 정부가 대출 창구를 늘리고 보증기관 업무를 은행에 맡긴 이유도 여기에 있다. 이런 정도로 해결될 사안이 아니다. 대출 절차를 더욱 단순화시켜 지원 기간을 획기적으로 단축하는 합리적 묘책이 나와야 한다.

우선, 상담과 서류 신청 과정을 통합해야 한다. 상담하러 나올 때 서류를 미리 준비시켜 방문 횟수를 줄여야 한다. 현장실사는 생략할 필요가 있다. 취급자가 현장에 나가보는 주된 이유는 위장 사업자를 가려내고, 영업 활동이나 가동 여부를 체크하기 위해서다. 이는 인터넷으로 사업자등록을 조회, 휴폐업 여부를 확인하는 것으로 갈음할 수 있다. 현장 확인이 정 필요한 경우에는 퇴직금융인 등 외부 인력을 활용하면 된다.

접수 시 서류 검토, 피해 확인, 신용등급 조회 등… '간편 심사'가 효과적 대안

보증심사를 최소화해야 한다. 코로나로 피해를 본 소상공인의 신용평가는 어쩌면 실익이 없을 수 있다. 자금 사정이 어려운 기업을 구제하는 정책금융에서 신용도를 따지는 것 자체가 명분이 안 서는 구차한 일일 수 있다. 더는 물러설 곳도, 정부 말고는 의지할 곳도 없는 그들이다. 신청서 접수 시 제출서류를 검토하면서 피해 사실을 확인하고 신용등급을 조회하는 정도의 '간편 심사' 방식이 현실적 대안이 될 수 있다.

어차피 변변한 서류조차 없는 소상공인을 심층 심사한다 해도 시간만 늦어지지, 결과가 달라지기 어렵다. 앞에서 제시한 제안들만 실행에 옮겨도 평가의 신뢰성을 훼손치 않으면서 신속한 대출 지원이 가능해질 수 있다. 상담과 서류 신청의 과정이 통합되고, 현장실사와 보증심사가 생략되거나 간소화될 경우, 대출 절차가 ①상담·서류신청·보증심사·보증서발급 → ②은행 대출'의 2단계로 축소된다.

형평성 문제도 고려해봄 직하다. 정부가 코로나19로 인한 민생경제 쇼크 극복을 위해 소득 하위 70% 가구에 긴급재난지원금 지급을 결정했다. 4인 가족 기준 100만 원을 무상으로 지급한다. 사상 처음으로 광범위한 국민을 대상으로 하는 현금성 지원이다. 이런 마당에 유독 소상공인에게 그것도 유상의 대출 심사에 촘촘한 잣대를 들이댄다면 어느 누가 쉽게 수긍하겠는가.

제도 개선도 병행돼야 한다. 말로는 전시 체제를 들먹이면서 대응은 평시 체제 그대로다. 주 52시간 근무제부터 손봐야 한다. 오후 6시만 되면 지원기관의 컴퓨터 작동이 멈추는 현실에서 신속 지원은 꿈에 불과하다. 물리적으로 불가능하다. 수고하고 애쓰는 공공기관 임직원의 급여나 깎으려 말고, 되레 초과수당을 줘가며 총력전을 펼쳐야 할 때다. 면책보다 유인(誘因)이 낫다.

2020년 4월 6일_ 확진환자 10,331 격리해제 6,694

실업 대란, 일자리 정부에 거는 기대와 소망

코로나가 몰고 온 실업 광풍… 全 경제주체가 힘 보태고 고통 나눠야

우려가 현실이 되고 있다. 코로나19 후폭풍이 거세다. 대공황급 실업 쇼크가 휘몰아친다. 글로벌 경제가 멈춰서면서 전 세계가 실업 대란의 불안에 휩싸이고 있다. 미국 노동통계국은 3월 취업자 수가 70만 명 감소했다고 밝혔다. 금융위기 직후인 2009년 3월 이후 11년 만의 최대 감소 폭이다. 그나마 코로나 예방조치가 취해진 3월 중순 직전을 기준으로 작성된 통계라서 그 후 상황은 더 악화되었을 것이다.

미국의 3월 실업률이 4.4%로 치솟았다. 2017년 8월 이후 31개월 만의 최고치다. 2월 3.5%에서 껑충 뛰었다. 실업수당 청구 건수에 따르면, 3월 3~4주에 일자리를 잃은 사람이 1,000만 명에 육박한다. 2009년 금융위기 당시 6개월간의 신청 건수와 맞먹는다. 유럽 사정도 다르지 않다. 일자리가 급감하고 있다. 스페인의 신규 실업수당 청구는 3월에 80만 건을 기록, 역대 최고치를 경신했다.

최근 두 주 동안 영국의 통합수당, 즉 실업자나 급여가 최저 수준으로 떨어진 자에게 주는 수당의 신청자는 95만 명에 달했다. 이전 평균치보다 10배 많은 수치다. 프랑스에서는 같은 2주간 민간 취업자의 5분의 1에 달하는 400만 명이 실업수당을 신청했다. 우리라고 예외는 아니다. 고용노동부가 잠정 집계한 3월 1~19일 실업급여 신청자가 10만 3,000명에 달했다.

지난해 같은 기간에 비해 33% 늘었다.

기업이 근로자 해고하는 대신 휴업·휴직을 선택하면서 정부가 인건비 일부를 보조하는 고용유지지원금 신청이 폭등하고 있다. 신청 건수가 3만 6,000건을 넘었다. 매일 3,000건씩 접수된다. 작년 한 해의 신청 건수 1,514건보다도 2배 많은 신청이다. 생사의 갈림길에 선 기업들이 인력 감축에 나선 결과다. 연차 소진 강요로 시작되어 무급 휴직과 휴업을 거쳐 권고사직과 해고로 이어지고 있다.

글로벌 경제가 멈춰서며 전 세계가 실업 대란… 실업률 늘고 실업자 급증

항공·여행업계는 인력 구조조정을 시작했다. 자동차, 유통, 중공업, 조선 업종의 대기업도 인력 절감 카드를 꺼냈다. 경쟁력이 취약한 중소기업도 줄도산 위기에 내몰리자 종업원 해고에 나섰다. 매출이 줄고 일감이 없어지면서 인원 감축은 선택이 아닌 필수가 되었다. 상당수 기업이 정부 지원 없이는 종업원 봉급도 못 줄 지경에 이르렀다.

기업이 고용유지지원금에 목매는 이유다. 중소기업중앙회가 지원금 한도의 상향을 건의했다. 하루 6만6,000원, 월 198만 원의 한도를 한시적으로나마 250만 원까지 올려 줄 것을 희망한다. 코로나 사태 이후 매출이 뚝 끊긴 전시 장치, 학교 급식, 행사 대행, 사진 앨범 제작 등의 업종을 특별지원 대상에 포함시켜 줄 것을 요구한다.

각국은 고용 안전망 구축에 부산하다. 미국 정부는 실업수당을 주 400달러에서 1,000달러로 올리고 관련 예산으로 2,500억 달러를 책정했다. 실직해도 생계유지에 충분한 월 4,000달러 이상을 받도록 방화벽을 쌓았다. 독일도 재빠르다. 고용유지를 위해 근로시간을 단축하는 기업에 대해 정부가 임금 감소분을 메워주고 사회보험료도 면제해준다. 호주 정부는 일자리를 잃은 600만 명의 생계 지원에 우리 돈으로 100조 원 규모를 투입한다.

우리 정부의 실업 지원은 빈약해 보인다. '가급적 고용을 유지하라.'는 지도 수준에 머물고 있다. 고용유지지원금 예산을 5,000억 원으로 늘리고, 코로나19 충격이 큰 여행업, 관광숙박업, 관광운송업, 공연업 등을 특별고용위기업종으로 지정하는 정도가 고작인 현실이다. 이런 와중에 경총 등 경영계는 해고 요건 완화를 주장하는 등 노동자들을 고용절벽으로 등 떠밀고 있다.

일자리 상실만 한 고통 없어… 고용유지에서 고용안정으로 정책 대전환 필요

일자리 상실만 한 고통도 없다. 서민에게 일자리는 목숨이나 진배없다. 일자리를 잃으면 인간다운 생활은커녕 자신과 가족의 생계조차 부지하기 어렵다. IMF 사태나 외환위기 당시 겪었던 실업의 아픔은 기억에 떠올리기조차 싫다. 그때보다 몇 배나 더할 거라는 코로나19다. 이로 인한 실업대란을 막아내지 못하면 상상을 초월하는 고통을 감내해야 한다. 생각만 해도 끔찍하다.

상황이 엄중한 만큼 특단의 대책이 긴요하다. 해법 찾기가 문제다. 우리 경제는 코로나19 사태가 본격화되기 전부터 실업률 등 고용지표가 악화되는 기저질환을 앓아왔다. 장기 누적된 구조적 사안의 치유가 쉬울 리 없다. 코로나 사태가 종식되어도 저절로 해결될 사안이 아니다. 고용유지 위주의 대책에서 고용안정 중심의 정책으로 대전환을 서둘러야 한다. 결국 재원 확보가 관건이다. 재정 투입을 늘려 대규모 해고부터 막고 줄여야 한다.

어찌 보면 '재난 기본소득'이 급한 게 아니었다. 살림살이 팍팍한 국민으로서는 없는 것보다 나을 수 있다. 그래 봐야 잠시 용돈 수준이다. 수혜범위를 놓고 공연한 국민 갈등만 빚어지고 있다. 혈세로도 모자라 국채까지 발행하며 힘들게 마련되는 재원을 차라리 실업 대책에 썼으면 하는 아쉬움이 남는다. 기왕지사 그렇게 결정된 바에야 이번 한 번으로 그치는 게 좋을성싶다.

일자리 정부를 표방한 문재인 정부에 대한 국민적 기대가 여전하다. 코로나19 광풍이 몰고 온 이번의 대량 실업 사태만큼은 꼭 선방해주기를 바라는 마음 간절하다. 기업과 국민 등 모든 경제주체도 힘을 보태고 고통의 짐을 나눠서 져야 한다. 위기일수록 어려운 이들을 돕는 선한 의지를 작동시켜 실직 없는 훈훈한 경제를 만들어야 한다. 늘 하는 얘기대로 하늘은 스스로 돕는 자를 돕는다.

2020년 4월 9일_ 확진환자 10,450 격리해제 7,117

코로나 잡으려다 경제 그르치는 '교각살우' 꼴 날라

코로나 진압과 재정 건전성 확보… 어느 하나도 포기할 수 없는 필수 과제

살다 보니 별일도 다 본다. 나라 안팎이 온통 '퍼주기 경쟁'이다. 가만히 있는데도 서로 돈을 거저 주겠다고 난리다. 코로나19 사태와 관련한 긴급재난지원금을 둘러싸고 '주자', '풀자' 열풍이다. 정치권이 선별적 지원 대신 무차별 지원으로 돌연 태도를 바꿨다. 지원금 대상을 소득 하위 70%에서 전(全) 국민으로 넓히고, 신속 지급을 채근하는 속도전에 나섰다.

금액 경쟁도 치열하다. '누가 누가 더 주나!' 어린애들 시합하듯 한다. 가관이다. 더불어민주당은 4인 가구 기준 100만 원을 전 국민에게 지급하겠다는 구상이다. 모든 국민에게 긴급재난지원금을 지급할 때 앞서 정부가 밝힌 9조 원에서 4조 원 정도가 추가된 13조 원 규모의 재원이 필요하다고 본다. 몇조 원 정도는 돈으로도 안 보이는 모양이다.

미래통합당은 한술 더 뜬다. 1인당 50만 원 지급을 주장한다. 4인 가족의 최저생계비가 월 185만 원인 바 최소한 월 최저생계비 정도는 필요하다는 주장이다. 4인 가구 기준 200만 원은 지급돼야 한다고 본다. 민생당은 모든 가구에 대해 1인당 50만 원, 4인 가구 기준 200만 원의 현금 지급을 약속한다. 정의당은 이달에 이주민을 포함해 전 국민에게 1인당 100만 원을 지급해야 한다는 설명이다. 4인 가구 기준 400만 원이다. 제 돈 아니라고 다들 생색내기 바쁘다.

총선을 앞둔 '포퓰리즘'이라는 비판이 나온다. 얼굴 두꺼운 정치권은 앞다퉈 선 긋기 바쁘다. 긴급재난지원금의 성격을 두고 나름 그럴듯한 명분을 내세운다. 여당은 "복지정책이 아닌 긴급 재난 대책"으로, 야당은 "미증유의 한계상황에 대한 비상 응급조치"라는 포장이다. 구차하다. 누가 정치인 아니랄까 봐 잘도 둘러댄다. 선거 끝나고 나서 딴소리나 안 했으면 좋겠다.

'퍼주기 천국'… 재난지원금 놓고 애들 시합하듯 '누가 누가 더 주나!' 경쟁

지자체는 잽싸다. 선(先)조치 행렬이다. 경기도가 선두다. 도민 모두에게 10만 원의 재난 기본소득을 풀기로 선수를 쳤다. 지급 대상을 선별치 않고 모두에게 지급하는 것은 전국 17개 광역단체 중 처음이다. 서울시도 나섰다. 중위소득 100% 이하 약 118만 가구에 최대 50만 원 지급을 계획한다. 전주, 광명, 이천, 여주, 김포, 양평, 군포, 의왕, 안양, 화성, 포천, 과천 등도 재난 기본소득 지급을 발표했다. 섣달 큰애기 개밥 퍼주듯 하려 한다.

코로나19 피해를 겪는 다른 나라들도 특단의 조치에 나섰다. 미국의 슈퍼 경기부양책의 핵심은 재난 수당이다. 성인 1인당 1,200달러씩 지급된다. 부부에게는 합산해 2,400달러가 나간다. 아동 1명당 500달러가 추가된다. 연 소득이 7만 5,000달러를 넘어가는 개인, 합산 연 소득이 15만 달러를 넘어가는 부부에게는 적은 돈이 지급된다. 개인소득 9만 9,000달러, 부부 합산소득 19만 8,000달러 이상이면 아예 지급 대상에서 제외된다.

홍콩에서는 6월부터 모든 영주권자에게 1만 홍콩달러, 우리 돈으로 약 155만 원을 지급한다. 대만은 피해업종 종사자에게 경기부양 바우처로 404

억 대만달러, 약 1조 6,700억 원을, 호주도 직업훈련생 12만 명에게 13억 호주달러, 약 1조 1,000억 원, 연금·실업급여 수급자 650만 명에게 1인당 750 호주달러, 약 58만 원을 지원한다. 일본도 현금 지급을 검토 중이다.

'주자', '풀자' 흥행의 후속편은 '죽자'가 될 공산이 크다. 돈 풀기의 부작용은 벌써 나타나기 시작했다. 일부 신흥국에서 '디폴트 경고음'이 울리고 있다. 각국이 코로나발(發) 경제위기 극복을 위해 돈 풀기에 나선 가운데, 재정 건전성이 열악한 신흥국을 중심으로 신용도 하락과 국가 부도 위험이 커지고 있다. 1980년대 중남미 채무불이행 위기나 1990년대 동아시아 외환위기 사태의 재현이 우려된다.

신흥국 '디폴트 경고음'… 재정 건전성 고려 없는 부양책, 국가채무위험 부추겨

지난달 이후 남미와 아프리카, 아시아 주요 신흥국 신용부도스와프(CDS) 프리미엄이 큰 폭으로 상승했다. CDS 프리미엄이란 국가나 기업이 발행한 채권이 상환되지 못할 때를 대비한 보험료 성격의 수수료로, 높을수록 부도, 즉 디폴트 위험이 크다는 것을 뜻한다. 남아프리카공화국의 CDS 프리미엄은 한 달 새 2배 이상 뛰었다. 같은 기간 터키, 브라질, 멕시코, 콜롬비아, 인도, 인도네시아 등도 이 수치가 크게 올랐다.

신흥국도 선진국처럼 코로나19 충격 극복을 위해 재정 확대와 유동성 공급 등 대규모 부양책을 펼쳤다. 남아공은 무제한 국채 매입에 나섰다. 브라질은 280조 원 규모의 양적 완화 대책을 내놨다. 터키도 지난달 20조 원의 부양책을 마련했다. 재정 건전성을 고려하지 않은 무리한 부양책이 부메랑이 되어 국가채무 위기 위험을 키운 셈이다. 약이 독이 되고 말았다.

신흥국의 예를 들었으나 남 얘기가 아니다. 강 건너 불로 보면 안 된다.

우리라고 예외일 수 없다. 아직은 한국의 재정 건전성이 상대적으로 양호하고 대외 신용도가 안정적 수준에 있다. CDS 프리미엄도 낮은 편이다. 영국, 일본 등 선진국과 비슷하다. 한국이 높은 국가 신용등급을 유지하는 것은 국가채무 비율이 높지 않아 빚 갚을 여력이 충분하다고 보기 때문이다.

지금처럼 국가채무가 늘어나다 보면 평가가 달라질 수 있다. 언제든 부정적 시그널로 바뀔 수 있다. 신용등급 하락과 CDS 프리미엄 상승 등 대외 신용도 추락과 통화가치 하락으로 번질 수 있다. 외국 자본이 이탈하고 자금조달 비용이 커지면서 채무부담 가중으로 디폴트 위험이 커질 수 있다. 코로나19 진압과 재정 건전성 확보는 택일적 경쟁 관계가 아니니다. 어느 하나도 포기할 수 없는 필수 과제다. 전염병 잡으려다 경제 그르치는 교각살우(矯角殺牛) 꼴 나면 안 된다.

2020년 4월 16일_ 확진환자 10,635 격리해제 7,829

애프터 코로나 시대, 한국 경제 새판 짜야

반전은 창의적 인재의 몫… '한강의 기적'도 위기를 기회로 삼은 수고의 삯

코로나19는 무적이다. 겨룰 상대가 없다. 무소불위의 현대 문명도 미세 바이러스 앞에 무릎을 꿇었다. 역병이 무서운 건 알았으나 신종 코로나 감염증의 괴력이 이 정도까지인 줄은 몰랐다. 평온의 일상이 죽음의 공포로 돌변한다. 선진국과 후진국, 동양과 서양, 부자와 빈자를 가리지 않고 인류를 사지로 내몰고 있다.

난리도 이런 난리가 없다. 세계화 네트워크가 통째로 단절되고, 삶의 여건이 한꺼번에 마비된다. 각국이 앞다퉈 국경을 폐쇄하고 도시를 봉쇄한다. 인간은 사회적 거리두기의 대상물에 불과하다. 모임과 접촉이 금지하는 비대면(untact)의 질서가 한껏 득세하고 있다.

아직까지는 백신과 치료제의 개발이 요원한 가운데 피해의 범위와 규모가 줄어들 줄 모른다. 지구촌 곳곳에서 코로나 확진자와 사망자 수가 늘어난다. 지난 1월 9일 중국 우한에서 첫 사망자가 나온 지 3개월이 지났는데도 수그러들 기색조차 안 보인다. 재난이 언제까지 어떻게 이어질지, 얼마나 많은 희생자가 더 나올지 오리무중이다. 답답함에 속만 타들어 간다.

불행 중 다행인 것은 근자에 이르러 우리의 코로나 사태가 진정 기미를 보이는 점이다. 피해가 확산 일로에 있는 미국, 유럽, 일본 등과 극명한 대조를 이룬다. 신규 확진자 감소세가 확연하다. 일시적 현상일 수 있다. 입이 방정이라고 선부른 장담으로 낭패를 볼 수 있다. 하지만 이 정도 상황에 이른 것만도 천만다행이다. 크게 감사할 일이다.

현대 문명도 바이러스 앞에 무력… 인류를 사지로, 경제를 침체로 내몰아

이 와중에 위로받을 일도 있다. 한국식 방역 모델을 세계가 부러워한다. 방역 당국의 효율적 대처, 의료진의 헌신, 촘촘한 정보망, 성숙한 시민 의식을 두고 칭송이 자자하다. 국민건강보험제도와 요양보호 체계 또한 벤치마킹 대상이다. 특히 고(高) 인구밀도, 고(高) 접촉 문화, 고(高) 도시 집중 등 바이러스 취약 환경에서의 극복 경험과 노하우를 배우고 싶어 한다.

진짜 위기는 경제다. 병으로보다 굶어서 죽을 판이다. 방역에서 경제 살리기로 무게중심 이동을 고민해야 하는 이유다. 한국 경제는 이미 기초체력이 약화되어 있던 차에 코로나 쇼크가 겹치면서 침체가 더 커진 상태다. 산업의 취약 고리인 자영업자와 소상공인이 무너지고 있다. 경쟁력이 취약한 중소기업은 줄도산 위기에 내몰려있다. 경영 악화를 견디지 못한 대기업까지 정부의 도움을 청하고 있다.

고용은 절벽이다. 대량 실업이 본격화되면서 국민의 삶이 피폐해지고 있다. 일자리를 잃은 근로자의 실업급여 대기 행렬이 길어지고, 기업의 일자리안정자금과 고용유지지원금 신청이 폭발적이다. 정부 지원책이 쏟아지나 조족지혈이다. 비상경제회의가 며칠 걸러 열리면서 각종의 강도 높은 지원책을 쏟아내나 중과부적이다. 지금까지 나온 코로나 지원책만도 150조 원에 이른다. 납부유예나 만기 연장 등 간접지원 효과는 349조 원으로 추산된다.

재원 마련이 시급하다. 앞서 1차 추가경정예산이 확정되기도 전에 2차 추경의 필요성이 제기되어 진행 중이다. 벌써부터 3차, 4차 추경까지 거론되는 상황이다. 이런 추세라면 앞으로 몇 차례나 더 코로나 추경이 편성될지 가늠조차 어렵다. 4월 총선으로 새롭게 구성되는 21대 국회는 추경예산 심의하다 올 한해 다 보내게 생겼다.

'방역에서 경제로' 무게중심 이동… 경제 위치를 재설정하는 중장기 전략 시급

AC(After Corona)시대의 달라진 경제 환경에 맞춰 새판을 짜야 한다. 한국 경제의 위치를 재설정하는 중장기 전략 수립을 서둘러야 한다. 국내적으로는 한계기업에 대한 구조조정, 소상공인 회생, 실업 대책과 가계부채 해결이 급선무로 꼽힌다. 소득주도 성장, 최저임금제, 주 52시간제도 등 기존 정책에 대한 재검토도 마다하면 안 된다. 전가지보(傳家之寶)의 정책은 없다.

전경련 산하 한국경제연구원의 연구 결과가 섬뜩하다. 우리나라가 1930년대 대공황 시기의 미국 정책과 유사한 패턴을 밟고 있음을 우려한다. 미국은 대공황 초기인 1933년 국가산업진흥법을 제정, 최저임금제 도입, 노동시간 단축, 생산량 제한 등의 반시장적 정책을 시행했다. 그 바람에 경제 위기가 심화되고 위기로부터의 회복 시간도 늦어졌다는 분석이다. 고깝게 들을 일이 아니다. 바른말은 귀에 거슬린다.

대외적 과제는 더 무겁다. 경제의 버팀목인 수출을 살려내야 한다. 중국에 대한 높은 무역의존도부터 낮춰나가야 한다. 기술집약적 중간재와 자본재, 고부가가치의 소비재, 서비스 중심으로 수출 품목을 다양화해야 한다. 신흥국의 생산비용 상승, 4차 산업혁명 기술 활용, 해외생산기지 본국 이전(reshoring) 등으로 해외 생산을 줄이는 선진국의 움직임에도 대응해야 한다.

부가가치 창출의 주력 산업이 제조업에서 서비스업으로 재편되는 추세에 부응, 첨단기술 기반의 제조업과 서비스 융합을 통한 수출 확대가 바람직하다. 그러잖아도 주요국 대비 서비스의 부가가치 창출력이 낮아 서비스 경쟁력이 취약하다는 평가를 받아온 한국 경제다. 유망 생산기지로 떠오른 아세안 시장에서 공급망을 선점·확대하고, 중국 시장을 공략했던 범용 중간재 수출을 여타 시장으로 다변화하는 노력이 긴요하다.

부단한 연구개발(R&D)은 기본이다. 핵심 소재와 부품을 국산화·고급화하고, 기업 간 협업 생태계 구축을 강화해야 한다. 모든 게 쉽지 않은 일이나 못할 것도 없다. 반전은 창의적 안목으로 미래를 보는 자의 몫이다. 한강의 기적도 위기를 기회로 삼은 수고의 삯이었다. 전화위복은 반복된다. 문재인 대통령이 각국 정상들로부터 '방역 모델' 수출과 함께 '경제회복 프로그램' 전수를 간청하는 전화 받기에 더 바빠졌으면 좋겠다.

2020년 4월 20일_ 확진환자 10,683 격리해제 8,213

농부를 농사(農士)로 부르는 날, 한국 농업 부활

미래 농업은 핵심 유망 산업… 고도의 지식과 노하우 구비한 전문가 영역

농업은 한국 경제의 아픈 손가락이다. 당면 현실이 자못 절박하다. 통계청이 발표한 '2019년 농림어업조사 결과'는 이를 다시금 확인케 한다. 국내 농가 수 100만 가구 붕괴가 임박했다. 정확히 말하면, 지난해 12월 기준 100만 7,000가구로 조사되었다. 전년 대비 1만 4,000가구가 감소했다. 농가 인구는 7만 명이 줄어든 224만 5,000명이다.

고령화에 따른 농업 포기와 전업 등으로 농업 종사자들이 자꾸 계속하여 줄고 있다. 국가통계포털을 보면 관련 통계를 시작한 1970년 248만여 가구 이후 최저치다. 1980년 215만 5,000여 가구와 비교해 40년 새 반 토막이다. 정부가 청년 농업인의 정착을 꾸준히 지원해왔으나 효과를 못 거두고 있다. 청장년층 비중은 도리어 줄어들고 있다.

나이별 농가인구 분포는 심각하다. 70세 이상이 33.5%, 60대가 27.1%로 그중 많다. 70세 이상과 60대는 전년 대비 각각 7.7%, 2.0% 증가했지만, 나머지 연령대는 모두 감소하고 있다. 50대는 30.2% 줄고, 40대 -13.7%, 30대 -10.3% 등 순으로 감소 폭이 크다. 농가 경영주 평균 연령은 68.2세에 이른다. 한해 전보다 0.5세 높아졌다. 65세 이상 농가 고령 인구 비율은 46.6%로 우리나라의 고령 인구 비율 14.9%의 3배를 웃돈다.

경영주의 농업 경력은 길다. 20년 이상 경영주 비율이 74.8%를 차지한다. 농가 평균 가구원 수는 2.2명에 불과하다. 경영 형태별로는 벼농사가 39.1%로 주류를 이루고, 채소·산나물 22.8%, 과수 16.9% 순이다. 과수재배 농가는 떫은 감, 가축사육 농가는 한우가 가장 많다. 농축산물 판매금액은 전체 농가의 65.3%가 1,000만 원에도 못 미친다. 사료를 제외한 곡물자급률은 2018년 기준 21.7%에 불과하다. 세계 평균 곡물 자급률 101%와 비교조차 민망하다.

농업은 경제의 '아픈 손가락'… 한국 농업의 초라한 자화상, '심각' 단계

한국 농업의 초라한 자화상이 서글프다. 어디서부터 문제를 찾아 어떻게 해결해야 할지 난감하다. 더는 방치하기 힘든 '심각' 단계다. 농업을 보는 시각부터 잘못돼 있다. 정부 도움 없이는 생존 불가능한 한계산업의 인식이 팽배하다. 정부가 수입을 막아 주고 보조금을 지급하고 수매가를 높여 농가소득을 보전해주는 것 말고는 달리 방법이 없다고 본다. 보호의 대상이지 육성의 대상은 아니라는 것이다.

정부가 평소 농업을 6차 산업으로 잔뜩 추켜세우나, 정작 산업정책에는 매번 빠져 있다. 6차 산업이란 1차 산업인 농림수산업, 2차 산업인 제조·가공업, 3차 산업인 유통·서비스업을 복합한 산업을 뜻한다. 1990년 중반 일본의 농업경제학자인 이마무라 나라오미(今村奈良臣)가 처음 주창한 개념이다. 농산물 생산만 하던 농가가 상품을 가공하고 체험프로그램 등 서비스업으로 확대시켜 고부가가치를 생성하기 위한 것이다.

농업 부문이 어렵다고 돕는 것은 좋으나 오랜 기간 그러다 보니 경쟁력 저하 요인으로 작용한 측면이 크다. 한국 농업의 근본적 병인은 규모의 영세성에서 찾을 수 있다. 다수의 농민이 좁은 농토에서 소량 생산하는 후진적 구조가 발단이다. 국내 농가당 평균 경작 면적이 1.11ha에 불과하다. 1ha 미만의 농가가 70.0%에 이른다. 이런 상황에서 무슨 식량 자급과 경쟁력을 운위하겠는가.

'규모의 경제'가 그나마 답일 수 있다. 대규모 전업농 육성으로 활로를 찾아야 한다. 농가당 경작 면적을 늘려 생산비 절감과 수익성 향상을 기해야 한다. 헌법에 정한 경자유전의 원칙에 따라 부재지주와 미경작자 소유 농지를 경작자에게 집중시킬 필요가 있다. 농지 판매자에게 양도소득세를 감면하고 구매자에게 장기저리의 금융을 지원해야 한다. 농지소유자가 조합원이 되는 협동조합 등의 집단 영농방식도 고려의 대상이다.

한국 농업의 병인(病因), '영세성'… 규모의 경제와 전문성 강화로 활로 모색할 때

전문성 강화도 긴요하다. 전문화 경영의 이점을 살리는 정책적·제도적 수단이 망라되어야 한다. 대규모 시설 투자, 선진적 품질관리, 혁신적 영농 기술 개발 등에 대한 체계적이고 지속적인 뒷받침이 뒤따라야 한다. 가공, 운송, 보관, 유통 등 연관 산업들과의 연계도 정부가 나서 도와야 한다. 대기업 등 관련 기업들의 협조 또한 필수적이다.

농업은 이제 전통산업이 아니다. 미래의 핵심 유망산업에 속한다. 세상이 변해도 먹지 않고 살 수 없다. 가격이 오른다고 소비를 줄이지도 못한다. 가격탄력성 때문이다. 농업에 4차 산업혁명 기술을 접목한 지능화된 영농으로 사업성 확보가 충분하다. 생산, 유통, 소비 과정에 걸쳐 생산성, 효율성, 품질 향상을 통해 고부가가치 창출이 가능하다. 비교우위의 경쟁력만 갖춰지면 수출 길은 절로 트인다. 청년층의 농촌 유입도 쉽게 성사될 수 있다.

농자천하지대본(天下之大本)은 구시대의 구호가 아니다. 뉴질랜드의 세계적 키위 브랜드 제스프리(zespri)를 보라. 화산재 모래가 섞인 토질에서 생산된 차별화된 제품으로 세계인의 입맛을 사로잡고 있다. 최근 코로나 사태로 어려움을 겪고 있으나, 네덜란드 화훼산업은 글로벌 시장에서 독점적 호황을 누려왔다. 동남아 시장을 달콤하게 물들이고 있는 국내 딸기 산업 또한 한국 농업의 성공 가능성을 확인시키는 전조라 할 수 있다.

미래 농업은 아무나 할 수도 없다. 고도의 지식과 노하우를 소유한 전문가의 영역으로 자리매김할 전망이다. 그때쯤 되면 농업 종사자를 농민, 농부 등으로 얕잡아 부르기 어려울 수 있다. 검사 판사 의사 회계사와 같이 '사(士)'자나, 목사 교사 대사처럼 사(師)자의 전문가 호칭을 붙여야 할지 모른다. '농사(農士, 農師)'의 경칭이 통용되는 호시절이 어서 속히 오기를 학수고대해본다.

2020년
5월

2020년 5월 4일_ 확진환자 10,804 격리해제 9,283

포스트 코로나, 신(新)고립주의 확산된다

선진 기업 '본국행', 한국 기업 '해외행'…리쇼어링, 애국심 아닌 생존 전략

코로나바이러스는 힘이 세다. 글로벌 분업구조를 뒤흔들고 있다. 무역·투자 상대국의 국경 봉쇄가 잇따르면서 '리쇼어링(reshoring)'이 강화되는 추세다. 리쇼어링은 해외에 나가 있는 자국 기업을 각종 세제 혜택과 규제 완화 등을 통해 본국으로 불러들이는 산업정책을 뜻한다. 싼 인건비나 판매시장을 찾아 해외로 생산기지를 옮기는 오프쇼어링(off-shoring)과 반대 개념이다.

리쇼어링을 해야 하는 이유는 크게 세 가지다. 우선 신흥국의 인건비가 빠르게 상승하고 있다. 또한 로봇, 인공지능 등이 인력을 대체할 수 있게 되면서 자국 내에서의 생산비용이 계속 하락하고 있다. 여기에 품질 저하, 기술 해외 유출, 긴 운송 시간 등 오프쇼어링의 역기능과 부작용마저 커지는 형국이다.

리쇼어링의 긍정적 요인이 적지 않다. 우선 일자리를 만들어낸다. 전국경제인연합회 산하 한국경제연구원의 발표 내용이 눈길을 끈다. 해외에 나가 있는 기업의 5%만 유턴해도 국내 일자리가 13만 개가 생긴다는 조사 결과다. 업종별 일자리 창출 세부 내역을 보면, 자동차 4만 3,000명, 전기·전자 3만 2,000명, 전기장비 1만 명, 1차 금속 1만 명, 화학 6,000명 등으로 추산된다. 다른 경제적 효과도 있다. 국내 생산액이 40조 원, 부가가치

유발액이 13조 1,000억 원에 이른다.

대한상공회의소가 2005~2015년 국내 제조업체의 해외 진출 현황조사 결과에 따르면, 이 기간 중 해외 고용인원이 53만 2,652명에서 162만 4,521명으로 100만 명 이상 늘었다. 해외에 진출한 국내 기업들이 연평균 10만 명씩 해외에서 일자리를 만들어낸 셈이다. 배가 아프고 속이 상한다.

우리나라도 해외 진출 기업의 귀환을 장려… 성과가 영 신통치 않아

각국 정부가 리쇼어링을 앞다퉈 추진했다. 자국 경제 활성화와 일자리 창출을 위해 까는 포석이다. 2008년 글로벌 금융위기 이후 미국이 먼저 시동을 걸었다. '리메이킹 아메리카(Remaking America)'의 기치를 앞세워 제조업 부흥책을 펼쳤다. 리쇼어링 정책의 일환으로 국내 복귀기업에 세제 감면, 생산설비 이전 비용 지원의 혜택을 마련했다. 법인세 최고 세율을 35%에서 21%로 낮추고 제반 인센티브를 제공했다.

성과가 나름 쏠쏠했다. 2010~2018년 중 중국에서 791개 기업, 멕시코에서 108개 기업 등 연평균 180여 개 기업이 미국으로 돌아왔다. 미국 리쇼어링 기업 고용 창출 현황에 따르면, 2014~2018년 5년 동안 총 2,411개 기업이 귀환, 26만 개의 일자리를 만들어냈다. 2017년에는 유턴 기업의 신규 창출 일자리가 미국 제조업 신규 고용의 55%를 점했다.

프랑스는 2009년 본국 생산 제품에 원산지를 표기하는 '메이드인 프랑스(MIF)'의 국가 브랜딩 정책을 발표했다. 2011년 오리진 프랑스 개런티 인증제도를, 2013년 '리쇼어링 5대 액션플랜'을 시행했다. 독일 정부는 유럽 내 가치사슬의 중심이 되기 위해 기존 기업들의 스마트공장 구축과 함께, 해외로 나갔던 기업의 공장을 국내로 복귀시키는 제조업 생태계 스마트쉐

어링을 추진 중이다. 일본도 리쇼어링에 적극적이다. 법인세 인하와 함께 도쿄·오사카 등 대도시로 돌아오는 기업들에 규제 감면 혜택과 연구개발비를 지원한다. 도요타, 혼다, 닛산 등 완성차업체와 캐논 같은 전자업체가 일본으로 공장을 옮겼다.

코로나 확산이 리쇼어링 호기… 기술력 기초한 시스템 구축과 정부 지원 긴요

한국도 가만있지 않았다. 2013년 '해외 진출기업의 국내 복귀 지원에 관한 법률'을 시행하고 해외 진출기업의 귀환을 장려했다. 2018년 개정된 '유턴 기업 종합지원대책'을 마련했다. 성과가 영 신통치 않다. 2014년부터 올해 3월까지 리쇼어링 기업은 72곳에 불과하다. 계획 번복과 폐업을 빼면 68개 사로 줄어든다. 대기업은 현대모비스 단 1곳이다. 중견기업도 2016년 1개 사, 2019년 4개 사, 2020년 2개 사 등 도합 7개 사뿐이다.

국경 봉쇄는 '포스트 코로나' 시대의 '뉴 노멀'로 위치할 전망이다. 국내외 방역 전문가들은 코로나의 재발 가능성과 새로운 전염병의 창궐을 입 모아 경고한다. 설계나 개발 기술이 넘쳐나도 제품 생산 공장이 없으면 위기 때 무용지물이 되고 만다. 코로나19 사태를 겪으며 통감하는 부분이다. 신(新)고립주의가 확산될 금후의 경제 환경에서 리쇼어링은 단순한 애국심의 표현이 아닌 기업의 필연적 생존 전략으로 점쳐진다.

'글로벌 가치사슬(GVC)'의 변화는 신흥국 경제에 뜻하지 않은 암초가 될 수 있다. 자국에서 기술개발부터 완성품까지 생산하는 선진국 중심의 '지역 가치사슬(RVC)' 부상은 한국과 같이 수출 의존도가 높은 나라에 결코 이롭지 않다. 새로운 경제 질서에 대응하는 기업의 시급한 결단이 필요하다. 코로나 팬데믹이 불러온 해외 사업장 가동 중단의 악재를 리쇼어링의 호재로 삼는 역발상이 유효하다.

자사의 사업이 리쇼어링에 적합한지부터 점검해야 한다. 인건비 상승을 고려한 자동화 수준, 생산거점의 국내 이전 시 요구되는 생산성 향상, '메이드인 코리아'의 가치 등을 면밀히 따져봐야 한다. 적합성이 인정되면 기술력과 생산성에 기초한 연구 개발과 스마트공장을 활용한 비용 절감을 병행하는 시스템을 마련, 국내행을 결행해야 한다.

정부 지원과 유인 제공이 필수 조건이다. 세제 개선, 금융 지원, 연구 개발, 노동 개혁, 규제 완화로 유턴 기업들의 사업기반 조성에 만전을 기해야 한다. '전어 굽는 냄새에 집 나간 며느리 돌아온다.'라는 속담이 있다. 힘겨워 떠났던 기업들이 즐거워 돌아오는데 무슨 일인들 못 하겠는가. 돈 되는 물고기(錢魚) 잡기가 쉬워지면(求易) 어부 집결은 시간문제다. '전어구이'는 기업이 더 좋아한다. 썰렁한 아재 개그로 들을까 그게 걱정이다.

2020년 5월 8일_ 확진환자 10,840 격리해제 9,568

'기준' 없앤 정부 지원, '공짜' 문화 위험천만

소명과 책임 따라붙는 나랏돈… 합리적 기준 세워 기업과 경제에 도움되게 쓰여야

긴급재난지원금 지급이 시작되었다. 지급 기준을 두고 말도 많고 탈도 많았다. 정치권이 아옹다옹 다투고, 정부가 갈팡질팡 헤맸다. 국민 갈등과 불만이 격심했다. 4인 가구 기준 100만 원으로 결말났다. 경과를 복기해보면 참으로 가관이다. 기획재정부는 애초 국민 50% 지급을 계획했다. 슬그머니 70%로 올렸다. 사람들은 물었다. "소득 하위 70%의 기준이 뭐냐?"고. 정부는 '본인 부담 건강보험료 기준'이라 답했다.

그러자 "재산은 많은데 소득이 적은 사람은 어떻게 하느냐?", "예전에는 소득이 높았는데 코로나19로 갑자기 어려워진 사람은 어떻게 되느냐?"는 질문을 쏟아냈다. 답변은 조삼모사였다. "특별히 고려하겠다." 하더니, 총선을 앞두고 '국민 100% 지급'으로 돌변했다. 결론 내는데 이래저래 한 달 이상 걸렸다. 말이 좋아 '긴급 지원금'이지 실상은 '늑장 지연금'이 되었다.

전 국민에 지급되다 보니 소득 몇 퍼센트니, 고액 재산가니 하는 번거로운 '기준'은 필요 없게 되었다. 그런데도 뒷맛이 개운치 않다. 2018년 9월 시행된 아동수당도 지급 기준을 둘러싼 논란이 컸다. 재산·소득 상위 10%는 지원치 않겠다며 대상을 골랐다. 선별에 든 행정비용이 1,626억 원에 달했다. 상위 10% 지급에 필요한 1,229억 원보다 많았다. 배보다 배꼽이 컸다. 지금은 소득·재산에 관계없이 '만 7세 미만의 모든 아동'에게 지급된다. 헛돈만 쓴 꼴이다.

지원금이라는 게 지원이 필요한 곳에 쓰여야 할진대. 기준 마련한답시고 비용·수익도 따져보지 않은 채 거액만 낭비하고 말았다. 장삼이사의 작은 머리로는 도무지 상상조차 안 된다. 굳이 따져보지 않아서 그렇지, 고임금의 국회의원과 정부 관료들이 기준 설정과 관련해 떼 지어 싸운 걸 비용으로 환산하면 재난지원금의 경우가 아동수당 때보다 더하면 더했지, 덜하지 않을 성싶다.

기준 마련에 한 달 이상 걸린 재난지원금… '긴급 지원금' 아닌 '늑장 지연금'

기준만큼 중요한 게 없다. 잘못 정하면 되는 일이 없고 될 일도 안 된다. 돈은 돈대로, 시간은 시간대로, 수고는 수고대로 허비된다. 여기에 이해당사자의 불만과 원성은 커지고 만다. 기준 잡는 법은 아마도 군사 문화에서 배워야 할 것 같다. 병력 집결 시 지휘관이 병사 한 명을 '기준'으로 지목하고 대열 방식을 주문하면 수많은 인원도 일사불란하게 정렬되지 않던가.

기준 부재는 정부 지원에 국한되지 않는다. 기업 경영에도 엄연하게 존재한다. 연구와 개발을 구분하는 기준이 모호해 생기는 비효율이 생각보다 심하다. 연구 개발의 정의가 '새로운 지식이나 원리를 탐색하고 해명해서 그 성과를 실용화하는 일'로 한데 뭉뚱그려 두루뭉술하게 내려지는 데 문제가 숨어있다.

'연구 개발' 용어가 주는 오해의 소지가 크다. 'R&D(Research and Development)'를 '연구와 개발'이 아닌 '연구 개발'로 편하게 번역함에 따른 결과일 수 있다. 일본과 중국도 그러했지만, 접속사 하나가 빠진 것치고는 지급 대가가 만만찮다. 연구와 개발 중 어느 하나만 잘못돼도 둘 다 실패에 이르는 비합리적 구조를 생성했다. 실패에 대한 원인 규명도 어렵게 만든다. 연구 쪽 흠결인지 개발 쪽 하자인지 명확히 가려내기 힘들다.

사실 연구와 개발은 무척 다르다. 상호 밀접한 관계지만 같은 업무는 아니다. 동질성보다 이질성이 많다. '연구'는 기초연구와 그의 응용을 의미하고, '개발'은 연구 성과를 상품화하는 것을 뜻한다. 연구 단계에서는 성능을 구현하고 재현성 확보를 목표로 한다. 개발 단계에서는 원가를 낮추고 작업 공정도 쉽게 해야 할 뿐만 아니라 경쟁자보다 먼저 사업화하는 일정 관리가 주요 목표가 된다.

'기준'은 힘들어도 세워야 하고, 세우면 지켜야… 편의주의는 더 큰 후유증 불러

연구 개발에 관한 생각도 사람마다 다르다. 과제의 성격과 수행 방법을 놓고 옥신각신하는 경우가 다반사다. 연구원은 '연구'라 생각하면서 고급 재료, 고가 설비를 쓰면서 성능 구현에만 집중하는 경향을 보인다. 경영진은 과제 초반부터 '개발'을 염두에 두고 원가나 일정에 초점을 맞춰 관리하는 성향을 나타낸다. 다툼과 엇박자가 늘어나는 실제적 이유다.

부서 역할과 책임 구분이 힘든 중소기업의 경우는 사정이 더 딱하다. 연구 개발, 생산, 영업 부서가 각기 기준에 대한 관점을 달리하면서 부서 간 갈등의 골이 깊어지기 쉽다. 생산 차질과 일정 지연에 따른 성과 부실로 이어지기 일쑤다. 중소기업의 기술개발 시도 건수가 기업당 2012년 5.70건에서 2018년 2.08건으로 줄고, 기술개발 사업화 성공률이 같은 기간 40.4%에서 20.9%로 급락한 것으로 파악된 중소기업기술 통계조사도 이와 무관치 않다.

모든 요소나 상황이 고려되고 만인이 공감하는 기준은 없다. 불완전한 기준을 강제하기도 어렵다. 힘들다고 기준 자체를 세우지 않거나 없애는 것은 더 큰 해악에 속한다. 그런 점에서 긴급재난지원금 지급은 벤치마킹 대상이 아닌 반면교사 감으로 평가될지 모른다. 기준은 힘들어도 세워야 하고 세우면 지켜야 한다. 그래야 기준의 가치가 제대로 발휘된다. 좋은 게 좋은 것이 아니다. 긴박을 틈탄 편의주의는 더 큰 후유증을 부른다.

올해 책정된 연구 개발 예산이 24조 2,000억 원에 이른다. 일부 기업과 대학, 연구소에 배분된다. 전 국민에 지급되는 재난지원금보다 2배나 많다. 연구 개발의 당위성과 국민경제적 기대가 지대함을 말해준다. 나랏돈은 공짜가 아니다. 먼저 본 사람이 임자인 눈먼 돈도 아니다. 중차대한 소명이 부여되고 막중한 책임이 따라붙는 엄연한 공적 자금이다. 합리적 기준을 세워 국민 살림살이와 기업 경영, 나라 경제에 공헌하는 본연의 책무를 다함이 지극히 마땅하다.

2020년 5월 13일_ 확진환자 10,991 격리해제 9,762

'정은경식 리더십', 보편적 공적 질서로 발전시켜야

공직의 표상된 정은경… 시스템으로 체계화시켜 선진 행정의 디딤돌 삼아야

위기가 영웅을 만드나 보다. 얼마 전 미국의 일간 월스트리트저널(WSJ)이 코로나19와의 전쟁에서 맹활약 중인 세계 각국의 영웅들을 소개했다. 한국의 정은경 질병관리본부장을 가장 비중 있게 다뤘다. 우한 폐렴 발생 후 첫 브리핑 당시의 모습과 최근의 초췌한 모습을 비교까지 해가며 영웅 중의 영웅이라 칭했다. '정은경 보유국'의 자긍심을 한껏 느끼게 했다.

미국에도 정은경이 있다. 데버라 벅스 백악관 코로나19 태스크포스 조정관이다. 벅스는 과학적 근거에 기초한 설명, 단호하면서도 부드러운 화법, 차분한 태도로 호평을 받는다. 단정한 금발 머리에 깔끔한 원피스나 블라우스, 형형색색 꽃이 어우러진 하늘빛 스카프나 흰색 스카프를 가볍게 묶거나 어깨에 걸친다. 남색 금장 더블 재킷에 빨간 스카프를 목에 둘러 포인트를 주기도 있다. 원색 원피스에 화사한 스카프를 매치시켜 눈길을 끌 때도 있다.

'스카프 닥터'란 별명이 그래서 생겼다. 이런 모습에 미 국민은 비난 대신 애정을 선사한다. 워싱턴포스트(WP)는 코로나의 심각 상황에서의 화사한 옷차림을 희망의 메시지로 표현했다. "지금 사태가 심각한 수준이고 해결이 쉽지 않겠지만, 여전히 우리는 한 명의 인간이며 스스로를 잘 돌봐야 한다는 메시지를 던진다." 문화적 차이를 감안해도 수긍이 쉽지 않다. 아마도 수수한 근무복 차림의 정 본부장과 대비되어서 일 것이다.

둘의 옷차림은 달라도 전문성은 공통점이다. 면역학자 출신인 벅스는 군 의학센터에서 인체면역결핍바이러스(HIV) 확산 방지를 연구하다 2005년 미국 질병관리본부(CDC)로 자리를 옮긴 전염병 전문가이다. 2014년 버락 오바마 대통령의 지명으로 국무부에서 '에이즈 퇴치를 위한 대통령의 긴급계획(PEPFAR)' 업무를 수행했다. 지난 2월 코로나19 TF 조정관으로 발탁되었다. 마치 정 본부장의 이력을 보는 듯하다.

민방위복 정은경, '스카프 닥터' 데버라 벅스… 옷차림은 달라도 전문성은 공통점

정은경은 어느새 대한민국 공직의 표상(表象)이 되었다. 실제로 '정은경식 리더십'이 주는 의미가 작지 않다. 많은 시사점을 던진다. 우선 두터운 전문성이 시선을 끈다. 원래도 전문가이나 다양한 경험과 수많은 사례를 접하면서 전문성의 무게가 더해진 듯하다. 과학으로 싸워야 하는 바이러스와의 전쟁에서 영웅은 목소리 크기나 직급 높낮이가 아닌 차별화된 전문성으로 탄생됨을 새삼 실감케 한다.

최선을 다하는 모습이 신뢰를 낳는다. 이토록 후한 점수를 받은 공직자를 일찍이 본 적이 없다. 문재인 대통령의 신뢰도 각별하다. 2015년 5월 메르스 사태 당시 새정치민주연합의 대표 자격으로 질병관리본부를 방문했을 때 예방센터장이었던 정 센터장의 브리핑이 돋보였다고 한다. 문 대통령은 취임 첫해인 2017년 7월 그녀를 질본 본부장으로 임명했다. 지금도 그때의 기용을 자랑스러워한다고 한다. 당연히 그럴 만하다.

어려운 일을 쉽게 해낸다. 조급해하거나 서두르는 법이 없다. 난해한 전문 용어도 일상의 언어로 잘도 풀어낸다. 디테일에서도 막힘이 없다. 표정

변화 없이 거침없이 답한다. 노란 민방위복 차림새가 되레 친근감을 더한다. "손질할 시간이 아까워 머리를 짧게 깎았다.", "한 시간 이상은 잔다." 말만 들어도 고맙고 눈물이 날 지경이다. 일 잘하는 사람이 말도 예쁘게 한다.

솔직함이 압권이다. 성심성의껏 답하면서도 모르는 것은 모른다고 말할 줄 안다. 자주 있는 일은 아니지만. "죄송합니다. 그 상황은 저희가 아직 확인하지 못했습니다.", "관계기관에 이야기해서 파악되는 대로 문자를 통해 알려드리겠습니다." 그러고 나면 저녁 늦게라도 일일이 답을 보낸다. 이 땅의 모든 공직자가 이런 자세로 일해주기를 바란다면 과도한 기대일까.

모든 공직자가 전문성으로 무장… 최선 다해, 솔직·겸손하게, 투명·소신 행정 펴야

소신이 뚜렷하다. 자기 확신이 강하다. 외부의 압력과 간섭에 굴하지 않는 모습이 의연하다. 주변 눈치를 살피지 않는 곧은 자세에 믿음이 간다. 마스크 대란 당시, '면 마스크도 괜찮다.', '면 마스크라도 활용하자.'는 내용의 브리핑을 정 본부장에게 요청했다가 단호히 거절당했다는 일화는 이미 세간에 널리 알려진 바다.

투명한 정보 공개가 돋보인다. 10여 분의 브리핑과 50분 질의응답. 3개월여 동안 바이러스와의 전쟁 실상을 알리기 위해 하루에 두 번씩 브리핑에 나섰다. 주말도 예외가 아니었다. 평일에는 마스크 수급 상황을 궁금해하는 국민을 위해 식품의약품안전처의 브리핑까지 도맡았다. 언론 기자뿐 아니라 일반인도 포털 등에 링크된 e-브리핑을 통해 확인할 수 있는 사실이다.

겸손의 센스까지 있다. 총리 주재의 중앙재난안전대책본부가 구성되어 코로나19 대응에 여러 부처가 참여하고, 각 지자체와의 협력도 진행됨을 내세우며 자신의 역할을 가린다. 또 보건의료인들과 각 분야에서의 민관 협력과 사회적 연대를 통해 대응이 이루어진다며 자세를 낮춘다. 개인에 대한 찬사를 조직으로 바꿔놓고 국가와 의료인, 사회적 거리두기에 참여하는 국민에게 공을 돌린다.

현상에 대한 반응이 중요하다. 성공 방역의 토대가 된 '정은경식 리더십'을 가볍게 보면 곤란하다. '스타 탄생'의 이벤트 정도로 과소평가하는 우를 범해서면 안 된다. 행정의 통념을 깨뜨린 인적 역량과 덕목을 보편적 공적 질서로 발전시켜야 한다. 시스템으로 체계화시켜 선진 행정 구현의 디딤돌로 삼아야 한다. 얼치기 전문가들이 판치는 요즘 세상, 진짜 영웅은 귀하디귀하다.

2020년 5월 19일_ 확진환자 11,110 격리해제 10,066

재난지원금, 자발 가장한 강제 기부는 안 하느니만 못해

전 국민 지급으로 결정한 이상 기부 강요는 금물… 국민을 "시험 들게 말라"

재난은 늘 끔찍하다. 얼마 전 이천 물류창고 신축공사 현장에서 대형 참사가 발생했다. 38명이 숨지고 10명이 다쳤다. 사고 현장이 온통 잿더미로 변했다. 원인 규명이 쉽지 않다. 합동 감식이 진행 중이다. 지금까지 알려진 바로는 우레탄폼 작업 중에 발생한 유증기(油蒸氣)가 불씨를 만나 폭발한 것으로 보인다. 우레탄폼 작업과 승강기 설치를 위한 용접 작업을 함께 한 게 직접적 원인으로 추정된다.

우레탄을 주입하는 과정에서 성분이 분해되면서 화학 반응이 일어난다. 온도가 200도까지 오르며 유증기가 발생한다. 이때 기체가 작은 불꽃이라도 접하게 되면 폭발과 화재를 일으킨다. 이번 사고에서 인명 피해가 유독 심했던 데는 화상에 의한 것보다 가스 흡입 요인이 더 컸다는 분석이다. 우레탄폼에서 발생한 가스는 조금만 마셔도 의식을 잃고 만다.

이런 일을 늘 해오던 작업자들이 위험성을 모를 리 없다. 어째서 그런 작업을 무리하게 강행했는지 이해가 어렵다. 경위를 살펴보면 놀랄 일이 한둘이 아니다. 안전교육이 없었다. 안전관리도 소홀하기 짝이 없었다. 유증기를 내보낼 환기 장치가 없었는데도 공사 중단 조치를 내리지 않은 관계 당국의 책임도 가벼워 보이지 않는다.

공기 단축을 위해 여러 작업을 동시에 한 것이 화근을 불렀다. 유증기 발생으로 불꽃이 튈 수 있는 우레탄폼 작업은 다른 작업과 함께해서는 안 되었다. 이런 작업 수칙은 지켜지지 않았다. 약정된 기일 안에 공사를 끝내지 못하면 물게 되는 '지체 보상금'이 실제적 원인일 수 있다. 이번 공사만 하더라도 하루 지연될 때마다 총 공사금액의 0.3%, 1억 8천여만 원을 내야 했다. 무리인 줄 뻔히 알면서 전기와 도장, 설비 장착 등 여러 작업을 병행했던 것이다.

위험 작업 동시 강행이 화근… '공기'와 '안전' 함께 강조하면, 급한 공기에 집중

'공기 단축'은 공사 진행 과정에서 최우선시되는 과업이다. 현장에 걸려 있는 플래카드에 빠지지 않는 단골 표제어다. 작업자 안전모에는 으레 '안전제일'의 문구가 표시되어 있다. 안전을 제일로 한다면서 공기 단축을 강조한다. 모순된 행동이다. 공기를 단축하려면 안전은 뒷전으로 밀릴 수밖에 없다. '공기'와 '안전'을 함께 강조하면 당장 급한 공기에 집중하게 마련이다. 참혹한 결말은 이번 사고로도 여실히 입증되었다.

일상에서도 모순된 메시지가 함께 전달되는 경우가 흔하다. 이를테면 '변화'의 중요성을 강조하며 '초지일관'을 요구한다. '과감히 도전하라' 해놓고, 결과가 안 좋으면 '신중치 못함'을 나무란다. '창의성 발휘'를 독려하며, '원리원칙 준수'를 금과옥조처럼 내세우는 풍조가 여전하다. 창의성은 기존의 사고와 규범, 질서의 탈피에서 비롯된다는 사실을 과연 알고나 있는지….

복수의 메시지가 주는 혼란이 크다. 전달받는 처지에서는 난감하게 마련이다. 결과에 따라 과정이 평가된다면 신이 아니고서야 어느 누가 합당한 선택을 할 수 있겠는가. 운이 좋아 일이 잘 풀리면 별일이 없겠으나, 그렇지 못하면 질책과 처벌을 피하기 어렵다. 여러 메시지가 함께 전달될 때 우선순위를 명확히 하는 게 맞다. 그래야 일 처리가 원활하고 효과가 높아진다.

코로나19 긴급재난지원금이 주는 혼란 또한 작지 않다. 지원금을 '소비'할지 '기부'할지 다들 생각이 많다. 진정한 정책 목표와 취지가 어느 쪽인지 궁금해한다. 받자니 눈치가 보이고, 기부하자니 아까운 생각이 든다. 문재인 대통령이 1호 기부자가 되었다. 관가와 재계, 금융권으로 기부 바람이 확산되고 있다. 바람직한 현상이나 마냥 좋아하기 힘들다. 기부에 동참치 않는 입장에서는 받을 걸 받으면서도 왠지 꺼림칙한 게 사실이다.

'기부는 자발적으로'… 정부가 재난지원금 취지 소상히 밝혀, 국민 혼란 없애야

재난지원금을 두고 기업의 고민이 커 보인다. 대기업은 기부 행렬에 속속 동참하나, 그러지 못하는 기업은 고민이 된다. 기업 경영자는 솔직히 신경이 쓰인다. 기부금을 덜렁 받았다가 혹시라도 정부의 눈 밖에 날까 걱정이 앞선다. 기부 행적이 기록으로 남는 게 영 마음에 걸린다. 권위주의 정부 시절 외제차만 타도 세무조사를 받던 망령이 뜬금없이 되살아난다. 자라 보고 놀란 가슴 솥뚜껑 보고 놀라는 격이다.

가정에서도 기부를 둘러싼 부부싸움이 잦다고 들린다. 기부하자는 쪽은 "우리는 그래도 먹고살 만하니 받지 않는 게 좋겠다."라는 의견을 낸다. 기부를 반대하는 쪽은 "지역경제를 도우려는 정책 취지에 맞춰 받아쓰는 게 맞다."라는 주장을 편다. 양쪽 주장 모두 나름대로 일리가 있다. 다 좋자고 하는 일이 싸움으로까지 번지는 현실이다. 실로 아이러니다.

논쟁에 청와대까지 가세했다. "기부는 돈 있는 사람이 아니라, 마음이 있는 사람이 하는 것"이라는 대변인 설명이 있었다. '관제 기부'라는 일각의 비판에 대해 자발적 기부자를 모욕하는 행위라는 정부 관계자의 발언도 있었다. 재난지원금 지급에 따른 재정 부담을 이해 못 하는 바 아니다. 다만 어차피 전 국민 지급으로 결정된 이상 자발을 가장한 강제성 기부는 차라리 안 하느니만 못하다.

공직자, 기업인, 지도층이라 해서 내키지 않는 기부를 강요받아선 안 된다. 기부에 참여치 않는다고 하여 심적 부담을 느끼는 일도 없어야 한다. 사람마다 생각과 형편이 다른 법. 개개인의 선택이 선악의 이분법으로 재단되면 안 된다. 억지로 먹는 밥이 체하기 쉽다. 이쯤 해서 정부가 재난지원금의 취지를 소상히 밝히는 것도 좋을성싶다. 국민이 시험에 들지 않게 하는 것도 정부가 져야 할 책무에 속한다.

2020년 5월 24일_ 확진환자 11,206 격리해제 10,226

회계 '싹' 바꿔, 투명성 '쑥' 올리자

회계 신뢰 없으면 경제 기반 상실… 회계 후진성, 코리아 디스카운트 원인

회계 부정이 또 논란이다. 잊을만하면 터지곤 한다. 근치가 잘 안 되는 고질병이다. 이번에는 일본군 위안부 피해자 이용수 할머니의 회견이 있고 나서 정의기억연대의 회계 부정이 도마 위에 올랐다. 의혹이 눈덩이처럼 불어나고 있다. 정의연 자체의 회계 오류를 넘어 윤미향 전 이사장과 가족, 주변인의 비리로까지 의심이 확산되는 양상이다.

정의연 회계 논란은 쟁점이 여러 갈래다. 기부금 등의 지출 내역의 부실 기재, 개인 계좌로 기부금 모집, 국고보조금의 기재 누락 등이다. 국세청 홈페이지에 공시한 '기부 금품의 모집 및 지출명세서'에 개별 지출의 수혜 인원을 99명, 999명, 9,999명 식으로 불성실하게 적었다. 50개 지급처에 지출한 모금사업 비용 3,300여만 원을 한 곳의 주점에서 쓴 것처럼 기재했다. 2016~2019년 국고보조금 13억 4,000여만 원 중 8억여 원을 공시에서 빠뜨린 것 등이다.

부실 회계가 어디 정의연만의 일이랴. 비영리조직 회계는 그간 관리 사각지대로 방치돼 왔다. 일부이긴 하나 사립유치원, 사립학교, 종교단체, 공동주택의 회계 관리가 투명하게 관리되지 못한 측면이 있다. 시민단체 등 공익법인 또한 부실 회계의 지적에서 자유롭지 못하다. 행정안전부의 '2019년 비영리 민간단체 공익활동 지원사업 평가보고서'에 따르면, 지난해 220개 시민단체 중 사업·회계 분야 종합평가에서 '우수'등급 평가 단체는 35곳에 불과했다.

오랜 기간 말도 많고 탈도 많던 기업 회계는 자리가 잡혀가는 모양새다. 2017년 개정된 신(新)외감법, 즉 주식회사 등의 외부감사에 관한 법률에 따른 것이다. 올해부터 상장사에 '6+3룰'이 적용된다. 기업이 6년간 감사인을 자율 선임하면 이후 3년간은 금융당국이 강제 지정하는 제도다. 기업과 감사인과의 유착을 막아 회계 투명성을 높이려는 시도다.

회계 부정, '고질병'··· 기업 회계는 자리잡혔으나 비영리조직 회계는 사각지대

회계 논란의 책임은 부정행위를 저지른 당사자에 있다. 정의연도 제기된 일련의 혐의가 사실로 밝혀질 경우 관련자에게 응분의 책임을 물어야 한다. 여기에 사태가 이 지경에 이르도록 이를 방조한 주체들의 잘못도 그냥 넘어가기 어렵다. 원만한 사태 해결과 올바른 대안 마련을 위해서라도 그들의 역할과 책임을 분명하게 짚어볼 필요가 있다.

주무 관청의 책임이 가볍지 않다. 공익법인의 결산 내역을 공개만 요구했지 제대로 된 관리 감독이 없었다. 나 몰라라 했다. 사전 예방은 없었고 사후 제재만 있었다. 꼭 일이 터지고 나서야 부산을 떨었다. 매번 관계자 처벌과 재발 방지 약속의 사후약방문으로 적당히 때워 넘겼다. 정의연에 사단법인 등록을 허가한 국가인권위원회 역시 여태껏 관리 감독의 책임을 진 적이 없다. 이번에도 사태 발생에 대한 유감 표명이나 해명조차 없다.

국세청은 직무 태만이다. 시민단체의 지출명세서 등 재무제표를 공시만 하게 하고 내용은 들여다보지도 않는다. 통상 국세청은 매년 7월 공익법인 결산 내역을 검토해 회계처리에 문제가 있는 곳에 재공시 등을 요청한다. 이에 응하지 않으면 법인 총자산의 0.5%를 가산세로 물릴 수 있다. 정의연의 지출명세서에 대해서도 국세청은 아무런 조치가 없었다. 문제가 불거지자 그제야 "결산서류 수정 공시 명령을 내리겠다."라고 밝혔다.

국가보조금 사후관리가 허술하기 짝이 없다. 정의연과 정대협만 하더라도 여성가족부, 교육부, 서울시로부터 2016년부터 지난해까지 13억 4,308만 원의 국고보조금을 받았다. 올해도 6억 2,200만 원이 예정돼 있다. 나랏돈이 어디에 어떻게 쓰이는지를 확인하는 작업에 소홀하다. 제 역할을 못 하기는 언론도 다를 바 없다. 문제의 쟁점화에는 능하면서 실상 파악과 대안 제시에는 관심이 덜하다.

공공성 강화로 불투명 회계관행 근절… '공익법인 외부감사 공영제' 도입

공공성을 한층 더 강화해서라도 불투명한 회계 관행을 이참에 확실하게 뿌리 뽑아야 한다. 이게 말처럼 쉽지 않은 게 고민이다. 일반 기업처럼 외부감사를 의무화하면 간단할 것이나 그러려면 넘어야 할 산이 많다. 통합 법제화가 효율적일 수 있으나 이 또한 추진에 어려움이 크다. 공익법인의 성격이 다양하고 주관하는 정부 부처가 제각각인 때문이다.

후원금으로 살림을 꾸리는 공익법인으로서는 감사 비용이 가장 큰 걸림돌이다. 적게는 수백만 원에서, 많게는 수천만 원이 소요된다. 현재는 회계법인으로부터 외부감사를 받아야 하는 공익법인의 범위는 연간 총수입이 50억 원 이상 또는 연간 기부금 20억 원 이상을 받는 공익법인(종교·학교 법인 제외)에 한하고 있다.

해법으로 공익법인 외부감사 공영제가 거론된다. 공익 성격의 법인에 대해 정부나 지방자치단체가 외부감사인을 선임하고 재정에서 비용 부담을 보전하는 방안이다. 영국, 뉴질랜드 등에서 시행되는 제도다. 선진 제도를 두루 벤치마킹해 우리 실정에 맞는 제도적 장치를 마련하는 게 급선무다. 정의연 사태를 두고 변명과 질타에 몰두할 때가 아니다. 순간 모면의 시도나 공격을 위한 공격으로 허송세월했다가는 회계 부정의 악습은 영영 끊어내지 못한다.

한국의 회계 투명성 순위는 세계 꼴찌 수준이다. 스위스 국제경영개발원(IMD) 자료에 따르면 2019년 기준 63개국 중 61위다. 2017년 최하위, 2018년 62위에서 매년 한 단계씩 오른 게 그나마 이 정도다. 국내총생산(GDP) 기준 세계 10위의 경제력, 경제협력개발기구(OECD) 정회원국의 위상이 무색하기만 하다. 회계에 대한 신뢰가 없으면 경제의 존립 기반이 흔들리고 만다. 한국 회계의 후진성이 코리아 디스카운트의 원천적 병인(病因)임을 이제라도 알아차려야 한다.

2020년
6월

2020년 6월 3일_ 확진환자 11,629 격리해제 10,400

'전(全) 국민' 아닌, '전 취업자' 고용보험

선진 제도의 단순 벤치마킹 위험… 시간·비용 들어도 우리에 맞는 제도 창안해야

한라산 사려니숲길은 가볼 만하다. 사시사철 인파가 몰린다. 제주시 비자림로의 봉개동 구간에서 제주시 조천읍 교래리의 물찻오름을 지나 서귀포시 남원읍 한남리의 사려니오름까지 이어지는 숲길이다. 총 길이 15km, 숲길 전체의 평균 고도 550m이다. 전형적 온대성 산지대에 해당하는 숲길 양쪽을 따라 졸참나무, 서어나무, 때죽나무, 산딸나무, 편백나무, 삼나무 등 다양한 수종이 자라는 울창한 자연림이 넓게 펼쳐져 있다.

오소리와 제주족제비를 비롯한 포유류, 팔색조와 참매 등 조류, 쇠살모사를 비롯한 파충류 등 다양한 동물이 서식한다. 청정한 공기를 마시며 울창한 숲길을 걷노라면 피톤치드를 마음껏 느끼게 된다. 싱그러운 힐링의 시간을 보낼 수 있다. 2009년 7월 제주시가 기존의 관광 명소 이외에 제주시 일대의 대표적인 장소 31곳을 선정해 발표한 '제주시 숨은 비경 31' 중 하나이다.

숲길을 찾는 이는 많으나 완주하는 사람은 적다. 여행객의 바쁜 일상 때문인지 상당수가 붉은오름 정도까지만 잠시 걷다 내려온다. 가벼운 산책이나 사진 촬영 등으로 기분만 내는 데 그치고 만다. 출발지부터 목적지까지 걷는 방문객은 20% 정도라는 게 공원 관계자의 귀띔이다. 수박 겉핥기식으로 대충 들러보고 서둘러 자리를 뜨곤 한다.

관광은 그래도 될지 모르나, 정부 정책과 제도는 그러면 안 된다. 그러다 큰일 난다. 국가 경쟁력은 정책과 제도로 판가름이 난다. 대한민국이 코로나19 방역의 모범 국가로 평가되는 데 결정적 역할을 한 것이 전 국민 건강보험제도다. 코로나19 사태 초기에 대규모 조기 검사를 실시, 국민의 건강을 지키고 일상의 안정을 유지하는 데 크게 이바지했다.

수박 겉핥기식 둘러보기… 관광은 그래도 되나, 정책과 제도는 그러면 큰일

역대 정부의 공이 크다. 우리나라 건강보험제도는 1963년 의료보험법이 제정하고도 14년 동안 시행되지 못했다. 1977년 500인 이상 사업장의 근로자를 대상으로 하여 직장 의료보험제도를 처음 실시했다. 대기업 등 일부 계층 중심의 선별적 보험에 불과했다. 1989년 노태우 정부 들어 전 국민 의료보험이 도입되었다. 이어 2000년 김대중 정부 시절 수백 군데로 쪼개져 있던 건강보험조합을 통합하고 재원 문제를 마무리해 현재의 골격이 완성되었다.

이번에는 전 국민 고용보험이 추진된다. 문재인 대통령이 취임 3주년 특별연설에서 화두를 던졌다. "고용보험 적용을 획기적으로 확대하고, 국민취업지원제도를 시행해 우리의 고용 안전망 수준을 한 단계 높이겠다."라고 밝혔다. 저임금 비정규직 노동자들의 고용보험 가입을 조속히 추진하고, 특수고용노동자, 플랫폼 노동자, 프리랜서, 예술인 등 고용보험 사각지대를 빠르게 해소해 나갈 것을 천명했다.

고용보험은 실직자에게 실업급여를 지급하면서 재취업을 유도하고 직업훈련을 지원하는 제도이다. 1명 이상 근로자를 고용하는 사업체는 모두 가입해야 하며, 사업주와 근로자가 보험료를 반반씩 부담한다. 그런데도 고용보험 가입자 수는 1,378만 2천명으로 전체 경제활동인구 2,778만 9천명의 절반에도 못 미친다.

대통령 발표가 있고 나서 20대 국회가 즉각 화답했다. 고용보험 가입 대상을 문화예술인으로 확대하는 고용보험법 개정안을 통과시켰다. 특수고용노동자, 플랫폼 노동자, 프리랜서 등은 여전히 고용보험의 사각지대에 놓여있다. 자영업자도 고용보험 가입 대상이나 소득이 불안정하고 비용 부담을 이유로 가입을 꺼린다. 가입률이 저조하다. 고용보험에 가입한 자영업자 수는 2020년 3월 기준 2만 4,731명으로 전체 자영업자 553만 7,000명의 0.4%에 불과하다.

고용보험 확대 로드맵… 필요성과 당위성 인정되나, 재원 마련이 큰 걱정

정부는 올해 안에 고용보험법 개정을 통해 내년부터 특수형태근로종사자 63만 명도 고용보험을 적용받게 할 계획이다. 자영업자와 무급 가족 종사자 680만 명에 대해서는 2021년 소득 파악과 징수체계 개편 등의 검토를 거쳐 고용보험법 개정 의사를 밝히고 있다. 제도 밖의 노동자를 제도 안으로 편입시키려는 정부의 고용보험 로드맵에 반대할 자 많지 않다. 국민 대다수가 동의한다. 코로나 팬데믹 이후 실업난 가중을 고려하면 되레 늦은 감이 없지 않다.

고용보험의 확대에 따른 현실적 제약 또한 만만치 않다. 재원 마련이 중요 관건이다. 대규모 증세가 불가피하다. 코로나 사태로 고용보험 구조가 2조 원 이상의 적자가 예상된다. 결국 세금으로 해결해야 한다. 현재의 고용보험 상황이 이럴진대 실업 위험이 큰 대상을 포함할 경우 재정 지출은 늘어날 수밖에 없다. 여기에 세금을 기준으로 고용보험제도가 시행될 경우 자영업자 매출이 다 드러나는 것도 또 다른 부담 요인으로 떠오른다.

사소한 얘기로 들릴지 모르나 용어부터 바로잡아야 할 듯하다. '전 국민'의 표현을 쓰다 보니 은퇴해서 쉬고 있는 퇴직자까지도 보험에 가입하는 것으로 오해될 소지가 다분하다. 고용보험 대상을 현재의 임금노동자(employee)에서 전체 취업자(worker)로 확대 적용하는 의미를 살려 '전(全)취업자' 고용보험이라고 하는 게 정확한 정의일 수 있다.

급하다고 서두르면 안 된다. 선진 제도에 대한 단순 벤치마킹은 위험천만하다. 덴마크나 스웨덴은 100년 가까운 기간을 통해 사회안전망을 확충해왔다. 우리는 우리 실정에 맞는 제도를 신중히 창안하는 게 맞다. 시간이 걸리고 비용이 들더라도 제구실하는 걸작으로 빚어내야 한다. 포스트코로나 시대의 고용 한파로 고통받는 실직자에게 사려니숲길처럼 실질적 힐링이 되어줄 제도로 완성해야 한다. 문재인 정부와 21대 국회에 거는 커다란 국민적 기대다.

2020년 6월 9일_ 확진환자 11,902 격리해제 10,611

'한국판 뉴딜', '한국판 마샬 플랜'으로 키우자

'새 술은 새 부대에'… 코로나 위기 속 한국 경제의 새 청사진 만들어야

아홉수의 저주인가. 10년 주기 침체인가. 2019년 국민소득이 10년 만에 크게 추락했다. 지난해 1인당 국민총소득(GNI)이 3만2,115달러로 떨어졌다. 감소 폭 -4.3%는 금융위기 때인 2009년 -10.4% 이후 가장 크다. 저성장에 환율 상승까지 겹친 결과라는 분석이다. 실제로 물가 상승률을 감안한 경제성장률이 외환위기 이후 21년 만에 최저 수준인 1.1%에 그치고, 환율이 6% 가까이 올랐다.

올해가 더 큰 걱정이다. 내수 불황에다 코로나19 사태까지 겹치면서 저성장 구조가 굳어지는 양상이다. 선진국 진입을 상징하는 국민소득 3만 달러 붕괴가 우려된다. 한국은행의 '기본 시나리오'대로 금년 성장률이 -0.2%에 그치며 물가가 올 1분기만큼 하락하고, 환율이 지난해만큼 뛰면 올해 1인당 국민소득은 2만 달러대로 주저앉을 거라는 우울한 전망이 고개를 든다.

국내외 경제 환경 또한 녹록지 않다. 수출 급감이 예사롭지 못하다. 유가 하락 등의 여파로 수입이 크게 줄면서 무역수지는 한 달 만에 흑자로 돌아섰으나, 5월 수출은 초라하기 짝이 없다. 지난해 같은 기간보다 23.7% 감소했다. 4월 수출 감소 폭인 25.1%보다 둔화하였으나 두 달 연속 20%대 감소세다. 한국 경제의 든든한 버팀목이 흔들리고 있다.

미·중 무역전쟁도 걱정된다. 양국 간 갈등은 세계 경제 회복에 찬물을 끼얹을 기세다. 글로벌 공급사슬이 불안정해지면서 기업 투자가 줄고 경기 침체가 가속화되고 있다. 한국과 같은 소규모 개방경제로서는 치명상이다. 한일 간 무역 마찰도 위협 요소로 가세한다. 정부가 잠정 정지했던 일본의 수출규제 조치에 대한 세계무역기구(WTO) 분쟁 해결 절차 재개의 뜻을 내비쳤다. 이래저래 비관론이 긍정론을 짓누르는 상황이다.

국민소득 10년 만의 최대 감소… 불황에 코로나 사태 겹친 올해가 더 걱정

낭보가 없는 것도 아니다. 우리나라 조선 3사가 23조 6천억 원 규모의 카타르 대규모 액화천연가스(LNG) 운반선 프로젝트를 수주했다. 현대중공업, 대우조선해양, 삼성중공업 등 국내 업체들이 나란히 신종 코로나바이러스 감염증 사태로 인한 수주 가뭄 속에서 2027년까지 100척 이상의 선박을 공급하는 쾌거를 이뤘다. 조선산업 호재를 넘어 국민적 경사다.

정부도 신성장동력 확보에 안간힘이다. '한국판 뉴딜'을 추진한다. 코로나 충격 버티기를 넘어 포스트 코로나 시대를 개척하려는 구상이 다부지다. 단기적으로 신종 코로나바이러스 감염증 위기 극복을 위해 일자리를 만들고, 중기적으로 포스트 코로나 시대에 성장 동력을 발굴해 미래를 대비하겠다는 다목적 포석이다. 공공부문부터 인프라 투자를 선도해나가면 민간 부문에서 투자와 일자리 창출이 뒤따를 거라는 계산이 깔려있다.

'디지털 뉴딜'과 '그린 뉴딜'이 양대 축이다. 디지털 뉴딜로 데이터·네트워크·인공지능 등 'DNA' 생태계 강화, 사회간접자본(SOC) 디지털화, 교육·의료 등 비대면 산업 육성, 농어촌·공공장소·중소기업 등을 대상으로 한 디지털 포용 및 안전망 구축 등 4대 분야와 추진 과제를 제시했다. 그린 뉴딜에는 도시·공간·생활 인프라의 녹색 전환, 저탄소·분산형 에너지 확산, 녹색산업 혁신 생태계 구축 등 3대 분야와 추진 과제들이 담겼다.

정부의 집념과 노력이 엿보인다. 앞으로 5년간 1단계와 2단계로 나눠 76조 원의 재정을 투입하는 야심 찬 계획이다. 우선 올해 추진할 과제를 위해 3차 추가경정 예산안에 5조 1,000억 원을 반영한다. 내수 및 수출 활성화 방안이 여럿 포함된 만큼 경제 활력과 성장률 제고에 상당한 기여가 예상된다.

신성장동력 확보 '한국판 뉴딜'… 과제 통할하고 견인할 비전 없는 게 '옥에 티'

추진 과제를 통할하고 견인할 비전이 눈에 띄지 않는다. 옥에 티다. 이른 시일 내에 경제가 회복되도록 한국 경제를 다시 일으켜 세우는 부흥 청사진이 함께 제시되었더라면 좋았을 것이다. '한국판 마샬 플랜'의 이름을 달고. 비전이 선명치 못하면 효과적인 전략 수립이 어렵다. 전략은 비전 달성을 위한 과정이기 때문이다. 곧이어 발표될 한국판 뉴딜의 종합계획에 이런 부분이 보완되기를 바라나, 그렇더라도 본말의 전도는 피할 수 없게 되었다.

재정 투입 중심의 정책이 민간의 자율을 저해할까 걱정이다. 정부 개입은 시장실패를 부르곤 한다. 지난해의 경우가 그랬다. 한국은행의 '국민계정'을 보면, 2019년 GDP 성장에 정부 소비 기여도는 1.1% 늘었으나 민간 소비 기여도는 0.8% 줄었다. 물론 성장을 이끌어내려면 일정 부분 재정의 마중물 역할이 필요하다. 대공황급 위기 상황에서 성장의 질을 따질 형편이 못 되는 것도 사실이다. 그럼에도 성장의 파이는 창의와 혁신의 주체인 기업이 키우는 게 맞다.

새 부대에는 새 술이 제격이다. 코로나 이후 일신된 환경에 혁신적 대안이 요구되는 이유다. 코로나 이전 정책에 대한 재검토도 거를 수 없다. 국민소득을 높여 경제성장을 이끌겠다는 정책만 하더라도 1인당 국민소득의 10년 만에 최대 하락이라는 워낙 좋지 않은 결과로 나타났으니 말이다. 이제라도 실사구시의 정책들이 추가 과제로 다수 발굴되기를 기대한다.

「한비자」의 수주대토(守株待兎)가 연상된다. 송나라의 한 농부가 어느 날 토끼 한 마리가 밭 가운데 그루터기에 목이 부러져 죽은 것을 발견했다. 농부는 쟁기를 버려두고 그루터기에 앉아 토끼가 다시 오기를 기다렸다. 당연히 토끼는 다시 얻지 못했고 온 나라의 웃음거리만 되었다. 새 토끼를 잡으려면 새 먹이를 준비해야 하듯, 새로운 환경에서는 새로운 비전과 전략이 주효하다. 한물간 정책으로는 지속 성장이 어렵다. 무딘 쟁기로는 밭을 갈지 못한다.

2020년 6월 16일_ 확진환자 12,198 격리해제 10,774

기본소득 타령, 제대로 따져보기는 했는가

기본소득제, 기왕 이슈화된 이상… 차제에 합리적 결말 짓는 것도 나쁘지 않아

정치인은 과연 정치인이다. 새로운 화두를 만들어내는 데는 달인이다. 기본소득제를 한국 정치의 '핫이슈'로 쏘아 올렸다. 김종인 미래통합당 비대위원장이 물꼬를 텄다. "배고픈 사람이 빵은 먹을 수 있는 물질적 자유 극대화가 정치의 목표"라며 제도 도입을 공론화했다. 차기 대선 주자들이 일제히 논쟁에 가세하면서 정치 담론의 한복판을 점령 중이다.

이재명 경기지사는 찬성이다. 박원순 서울시장은 "기본소득보다 전 국민 고용보험이 정의롭다."며 반대한다. 김부겸 전 의원도 부정적이다. 이낙연 더불어민주당 의원은 "취지를 이해한다."며 "찬반 논의도 환영한다."고 말한다. 무소속 홍준표 의원은 "기본소득제는 사회주의 배급제"라며 혹평을 가한다. 안철수 국민의당 대표는 "한국형 기본소득 도입 방안을 집중하여 검토하겠다."라는 입장이다. 생각하는 게 다들 제각각이다.

기본소득제 논의가 진보와 보수를 넘어 빠르게 확산되고 있다. 대선이 2년 가까이 남았는데도 지금부터 주요 의제에서 밀리면 여론에서 외면받고 지지도가 떨어질까 두려운 듯하다. 그도 그럴 것이 코로나발(發) 경제위기와 4차 산업혁명의 본격화로 일자리 축소가 예상됨에 따라 기본소득제가 2022년 대선의 핵심 어젠더로 부상할 공산이 커 보인다. 각자 실속 차리기 바쁘고 자기 살 궁리만 하는 모습이다.

국민의 관심 또한 상당하다. 아무런 조건 없이 돈 주겠다는데 마다할 사람은 사실상 거의 없다. 리얼미터가 18세 이상 국민 500명을 대상으로 기본소득 도입 여론을 조사했다. 찬성 48.6%, 반대 42.8%로 나왔다. 찬반 여론이 오차 범위 내에서 팽팽히 맞섰다. 연령대 별로는 찬성이 20대와 60대에서 50%대 비율을 보였으나, 70대 이상에서는 54%가 반대 의견에 공감했다. 50대, 40대, 30대에서는 두 응답의 비율이 엇비슷했다.

물꼬 터진 기본소득제 공론화… 여야 대선주자들의 논쟁 가세에 '백가쟁명'

기본소득(Basic Income)이 뭐길래. 재산이나 소득, 고용 여부, 노동 의지 등과 무관하게 정부 재정으로 모든 국민에게 동일하게 최소생활비를 지급하는 제도를 일컫는다. 지난번 전 국민 긴급재난지원금이 특수 상황에서의 일회성 복지정책이라면, 기본소득은 지속적인 복지정책에 해당한다. 무조건성, 보편성, 개별성이 특징이다.

말들은 무성하나 전격 도입은 힘들어 보인다. 기술적 검토와 여타 정책과의 연계성을 따져봐야 할 것이다. 가장 큰 문제는 재원이다. 기본소득 찬성론자조차도 재원 마련 방안에 대해서는 구체적 언급이 없다. 국민 한 사람당 매월 30만 원씩만 지급하려 해도 연간 187조 원이 들어간다. 50만 원을 주려면 309조 원이 소요된다. 2020년 예산 512조 원의 6할이 넘는 거액이다. 받는 쪽에서야 하찮을 수 있으나 정부로서는 여간 큰 부담이 아니다.

현실적으로 증세만 한 대안이 없다. 소수 계층에 대한 증세든 보편적 증세든 각종 세금을 대폭 인상할 수밖에 없다. 하지만 소비와 투자에 쓰여야 할 돈을 세금으로 거둬들여 국민에게 기본소득으로 나눠주는 게 과연

합당한 일인지, 고민이 필요한 부분이다. 더욱이 증세만으로는 재정적으로 감당이 어렵다. 막대한 재원이 소요되는 만큼 세출 조정, 국채 발행 등이 함께 고려될 수밖에 없다.

기본소득은 복지 체제를 위협한다. 기존 제도의 재조정과 맞물린다. 시스템을 원점에서 재구성하고 제도를 근본적으로 변혁해야 할지 모른다. 소득공제 등 비과세 및 세금감면 등의 폐지나 축소가 불가피할 수 있다. 그 경우 기존 수혜 계층의 반발이 상당할 것이다. 이래저래 광범위한 사회적 합의가 필요할 것이나, 그게 어디 말처럼 쉬운 일인가.

성급한 긍·부정은 곤란… 정부와 국회, 시민사회와 전문가 아우르는 논의 필요

해외 사례는 타산지석이 되곤 한다. 기본소득을 맨 먼저 시행한 곳은 미국의 알래스카주다. 석유 수출 수입으로 알래스카 영구기금을 설립, 1982년부터 6개월 이상 거주한 모든 지역민에게 기본소득을 지급한다. 스위스의 경우 2016년 정부가 매달 성인에게 2,500프랑, 18세 미만 어린이와 청소년에게 625프랑씩 기본소득을 지급하는 방안을 국민투표에 붙였으나 부결되고 말았다.

중앙정부 차원에서의 시행은 핀란드가 전 세계에서 최초다. 2017년 1월부터 기본소득제를 처음으로 실시했다. 2017년부터 2년간 일자리가 없어 복지수당을 받는 국민 중 2,000명에게 매달 560유로의 기본소득을 지급했다. 기본소득이 빈곤 감소, 고용 효과 등에 대한 영향을 검토한 뒤 성과가 확인되면 대상을 확대하겠다는 방침인 것으로 알려졌다.

말뿐인 긍정은 허사가 된다. 기본소득 지급이 근로의욕을 떨어뜨릴 수 있는 점을 간과해서는 안 된다. 또 선심성으로 흘러가면 더 큰 일이다. 그러잖아도 지방자치단체 간의 포퓰리즘 경쟁이 도를 넘고 있다. 청년수당, 농민수당, 소풍 수당, 효행 수당 등 온갖 명목으로 혈세가 뿌려지고 있다. 올해의 현금성 복지예산만도 54조 원에 이른다. 봇물 터지듯 커지는 복지 수요에 기본소득제가 기름을 끼얹을까 걱정이다. 노파심이 앞선다.

부정적 시각으로만 볼 일은 아니다. 기왕 기본소득제가 이슈화된 이상 차제에 합리적 결말을 짓고 넘어가는 것도 나쁘지 않다. 정치권만의 논의를 넘어 정부와 국회, 시민사회, 전문가를 아우르는 폭넓은 협의와 토의가 바람직하다. 기본소득의 개념, 기존 복지 체제와의 관계, 재원확보 방안을 점검하는 정부의 책임 있는 접근이 긴요하다. 이슈는 선점이 능사가 아니다. 개혁과 개선의 실마리가 될 때 빛이 발한다. 말이 앞서면 실수가 잦은 법. 한국 정치의 고질병 아닌가.

2020년 6월 21일_ 확진환자 12,438 격리해제 10,881

대한민국 교육의 '오래된 미래'

학생만 있으면 언제 어디서나 가능한 '언택트 교육'… 미래 교육의 최적 대안

코로나 위세가 당당하다. 6개월 선금받고 '배짱' 장사해온 대학들이 등록금 환불 요구에 절절맨다. 건국대가 등록금 환불을 처음 결정했다. 2학기 등록금에서 일부 빼주는 형식이다. 코로나19로 비정상적 학사 운영이 진행된 데 대한 학생 반발을 무마하려는 고육지책이다. 다른 대학들에도 강 건너 불이 아니다. 급기야 학생들이 혈서까지 쓰고 나섰다.

일부 대학이 교비로 재학생 전원에게 10만~20만 원의 특별장학금을 현금으로 지급한 사례가 있기는 하다. 1학기 내내 비대면 수업으로 학습권이 침해된 데 대한 보상 차원에서 등록금 감액을 결정한 경우는 건대가 처음이다. 대학본부와 총학생회가 1학기 재학생이 다음 학기 등록 때 일정 금액을 감면해주는 '환불성 고지 감면 장학금' 방안에 합의한 것이다.

비싼 등록금 내고 온라인 수업만 받아야 했던 학생들 입장에서 보면 환불 요구는 정당하다. 수업 품질이 떨어지고 학교 시설을 제대로 이용치 못했다면 다만 얼마라도 등록금을 되돌려 받는 게 맞다. 대학생 단체들은 한술 더 뜬다. 학습권 훼손에 대한 보상책 요구를 위해 대학과 교육부를 상대로 등록금 반환소송을 준비하고 있다.

대학들은 난색이다. 등록금을 돌려줄 이유도 재원도 없다는 표정이다. 일견 타당한 측면이 없지 않다. 비대면 수업이 이뤄진 것은 사실이나, 그게 어디 대학만의 책임인가. 천재지변이나 다름없는 전염병 탓이지 않았나. 대학들로서도 방역 비용, 원격수업을 위한 설비비용 등 추가 지출이 많았다. 그러잖아도 학령인구 감소와 12년째 이어진 등록금 동결로 대학들도 힘들고 지쳐있다.

배짱 장사, '도도'한 대학… 등록금 환불 요구에 눈치 '슬슬' 보며 '절절'매

정부는 속이 탄다. 애초 3차 추경안 편성 때 '코로나19 대학긴급지원금' 명목으로 1,951억 원을 배정하려 했다. 재정으로 등록금 반환을 지원하는 게 적절치 않다는 기획재정부의 반대로 무산되고 말았다. 기존의 대학지원 예산 범위 내에서 반환을 추진하는 수밖에 없게 되었다. 다행히도 정치권은 긍정적이다. 국회 심사 과정에서 등록금 반환 예산을 다시 집어넣는 쪽으로 가닥을 잡는 모양새다. 어쨌거나 해결은 될 것 같아 적이 안심은 된다.

중요한 것은 현상을 바라보는 시각이다. 등록금 환불 요구를 일과성 민원쯤으로 가볍게 보는 단견이 유감이다. 문제의 근원이 후진적 교육시스템에서 비롯되었음을 알아차리지 못하고 있다. 병이 생기는 원인과 관계없이 겉으로 나타난 증상만 치료하는 대증요법 식 접근은 재발을 부른다. 나중에 어찌 되든 우선 당장 나랏돈으로 등록금을 돌려주고 고비만 넘기려는 안이함이 화근이 될 수 있다.

선견지명은 이럴 때 필요하다. 한국 교육의 미래를 재설계하는 생산적 작업을 서둘러야 한다. 우리의 교육 구조는 이미 낡아 있다. 시대 변화를 따라잡지 못해왔다. 그러던 차에 코로나19로 '언택트'의 미증유 상황과 맞닥뜨렸다. 알고 보면 대학은 산업사회의 유물이다. 재화와 용역을 대량으로 빠르게 생산해내기 위해 많은 인원을 한데 모아 방법론을 교육할 필요에 따라 생성된 측면이 크다.

4차 산업혁명 시대를 맞았다. 환경이 바뀌면 교육도 변해야 한다. 아날로그 구태를 벗고 디지털 새 옷으로 단장해야 한다. 몇 시간 강의를 듣고자 왕복 4시간 남짓 소요되는 교통편 이용을 위해 전철역 주변에 늘어선 통학 행렬이 길다. 지방 소재 대학에서 한 주간 지내다 주말이면 원거리 귀경 버스에 몸을 싣는 학생들의 삶이 고단하다. 이런 시간적·공간적 소비가 과연 어떤 가치를 창출하는지 의문을 품게 한다.

환경이 바뀌면 교육도 변해야… 아날로그 구태 벗고 디지털 새 옷 입을 때

교육은 의식주 못지않게 중요하다. 개인과 조직은 물론 국가의 운명까지 지배한다. 그런 점에서 교육 혁신은 더는 미루기 힘든 시대적 과제가 아닐 수 없다. 새 환경에 맞는 뉴노멀의 정립이 화급하다. 말처럼 쉬운 일은 아닐 것이나 힘들수록 경쟁력은 되레 커지는 법. 학생이 있는 곳이라면 언제 어디서나 가능한 '언택트 교육'. 미래 교육의 새 지평을 여는 최적의 대안으로 꼽힌다.

컨텐츠가 좋으면 승산이 있다. 개별 대학 내 한정된 교수진에 의존하는 '컨택트 교육'의 한계를 뛰어넘을 수 있다. 엄선된 우수 인재들에 의한 고수준의 교육 서비스가 무한 공급될 수 있다. 학술 교류와 연구실적 활용도 쉬워진다. 성과가 입증되면 수요 확보는 시간문제다. 지구촌 곳곳에서 한국의 앞선 교육 서비스를 누리게 된다. 교육수출국의 명성은 떼 놓은 당상이다.

비대면의 불리함 정도는 능히 극복될 수 있다. 상쇄하고 능가할 기법이 널려 있다. 부족하면 개발하면 된다. 시공(時空)을 초월하는 온라인 교육의 차별성은 오프라인 교육이 범접하기 힘든 '신(神)의 영역'이다. 각자가 맞는 시간에 원하는 만큼의 반복·분할·통합 학습이 가능하다. 앞으로도 과학기술 진전과 교육공학 발전은 언택트 교육의 단점은 줄이면서 장점은 더욱 키워갈 것이다.

새로운 모험이 아니다. 언택트 교육은 이미 기술적으로 진척돼있고 익숙한 서비스다. 사이버대학이 전범(典範)이다. 컴퓨터 단말기와 화상회의 시스템을 이용한 가상 교육이 실용화되어 있다. 4차 산업혁명 기술, 튼실한 컨텐츠, 정교한 그래픽이 융합되면서 새로운 진화를 거듭하고 있다. 미래 교육의 대안은 실은 오래전부터 존재하고 있었다. '오래된 미래(Ancient Futures)'라는 표현이 곧잘 어울린다.

2020년 7월

2020년 7월 1일_ 확진환자 12,904 격리해제 11,684

인국공 사태, 대통령 취임사에 해법있다

비정규직도 정규직될 수 있어야… 단 '기회 평등', '과정 공정', '결과 정의' 필요

'불공정'에서 오는 분노가 크다. 인천국제공항공사가 보안검색 요원 1,902명 모두를 '청원경찰' 신분으로 직접 고용하기로 했다. 후폭풍이 거세다. 취업준비생들의 상심이 크고 허탈해한다. "노력하는 사람의 자리를 뺏는 게 평등이냐?"는 항의성 글이 청와대 홈페이지에 올랐다. '공기업 비정규직의 정규화를 그만해 달라.'는 국민청원에 동의자가 늘고 있다.

카카오톡 대화 캡처 하나가 인터넷에 퍼지며 기름을 부었다. 인국공 비정규직 직원들 간 채팅으로 추정되는 내용이었다. '22세에 알바천국 통해 보안요원으로 들어와서 이번에 정규직 전환이 된다.' '서·연·고(서울·연세·고려대) 나와서 뭐 하냐. 너희 5년 이상 버릴 때 나는 돈 벌면서 정규직'이라고 얄밉게 빈정거렸다. 알고 보니 가짜 뉴스. 거짓 정보에 흔들리는 현실이 개탄스럽다.

인국공 직원들의 반발이 크다. "힘들게 입사한 우리는 뭐가 되느냐."며 규탄대회를 벌였다. 1인 시위를 하고 청와대 앞에서 기자회견까지 열었다. 기존 정규직들은 엄청난 공개 경쟁을 통해 투명하게 입사했음에도 만 명에 가까운 비정규직들의 정규직화가 대통령 공약 이행을 위해 일사천리로 진행됨을 항변한다. 여기에 정치권은 도움은커녕 방해만 한다. 잦은 말실수로 일만 더 꼬이게 하고 있다.

정부 시각은 확고해 보인다. 청년 일자리를 뺏는 게 아니고 늘리기 위한 노력으로 인식한다. 응시 희망자에게는 오히려 큰 기회가 열리는 것으로 본다. 이번 정규직으로 전환하는 일자리는 취준생들이 준비하던 정규직이 아니고, 기존 보안검색원들을 정규직으로 전환하는 것이라는 입장이다. 용역회사 직원들이 정규직으로 전환되면 장기적으로는 청년들이 갈 기회도 커질 거라는 부연 설명이다. 처지가 다른 만큼이나 의견도 각양각색이다.

취준생, 불공정에 '허탈', 인국공 정규직 불공평에 '항변'…정부, 응시자에 '기회'

힘든 건 취준생들이나 인국공 직원들만이 아니다. 정작 더 큰 피해를 보는 쪽은 인력을 고용하는 공항공사일 수 있다. 공기업이다 보니 입이 있어도 말을 하지 못할 따름이다. 자본을 투자하고 예산과 인사권을 거머쥔 정부의 눈치를 살펴야 한다. 정부가 하라는 대로 군말 없이 따르는 게 상책으로 통한다. 부끄럽지만 대한민국 공기업의 슬픈 자화상이다.

정부의 공기업 통제가 만만치 않다. 정부가 매년 공공기관의 경영실적을 평가해 발표한다. S에서 A~E까지 6단계로 등급을 매긴다. 이에 따라 임직원 성과급을 차등화하고 심하면 기관장 문책까지 한다. 그러니 경영평가 기준이 금과옥조가 될 수밖에. 평가에 도움이 되는 일을 골라 하고, 도움이 안 되는 업무는 피하는 악습이 근절되지 않는 이유다.

공기업으로서야 정해진 기준만 지키면 될 것이나, 실은 그마저도 쉽지 않다. 정부로부터 상충되는 정책과 시침이 자주 시달되기 때문이다. 앞에서 언급한 '비정규직의 정규직 전환' 문제도 그런 사례의 하나다. 지난 6월 초 기획재정부가 340개 공공기관에 시달한 '공기업 인력 효율화 방안'과 내용 면에서 정면으로 배치된다.

공기업 인력 효율화의 골자는 두 가지다. 공기업 조직의 인력 운영을 활성화하기 위해 중기(中期)인력 운영계획 제도를 도입한다. 기관별로 중장기 경영목표, 사업계획, 경영환경 등과 연계하여 3년 단위 인력수요 전망 및 운영계획을 수립해야 한다. 인력 재배치 계획도 시행한다. 각 공기업은 전년도 말 기준 일반정규직 정원에서 일정 비율 이상의 재배치 계획을 세워야 한다. 공기업의 인력 비대화를 막고 정예화를 기하라는 주문이다.

공기업도 '기업', 일자리 창출기관 아냐… 지나친 고용 강요는 경영 악화 초래

모순을 드러낸다. 일자리 창출의 명분으로 공기업 조직을 비대하게 만들면서, 동시에 효율화의 이름으로 인력 슬림화를 채근하는 셈이다. 죽어나는 건 공기업이다. 어느 장단에 춤을 춰야 할지 난감할 것이다. 그래도 나중이야 어찌 되든 두 마리 토끼를 좇아야 한다. 일자리를 늘리면서 인력 감축을 이어가야 한다. 앞뒤가 안 맞고 효율에 반하나 감내하는 수밖에 달리 방도가 없다.

공기업의 인력 채용은 당장은 어렵지 않다. 반면 '철밥통' 조직에서 인원을 정리하고 재배치하기란 쉬운 일이 아니다. 크고 작은 진통과 반발이 뒤따르게 마련이다. 업무량 증가와 공직자 수의 증가는 서로 아무런 관계없이 진행되는 게 상례이다. 지금까지도 그랬다. '공직자 수는 일의 분량과 관계없이 증가한다.'는 파킨슨의 법칙(Parkinson's law)이 이미 실증한 명제이기도 하다.

공기업도 '기업'이다. 고유 사업영역이 있고 경영책임을 스스로 져야 한다. 사회공공의 복리 향상이라는 공공성이 요구되나, 수익성 추구 면에서는 사기업과 본질에서 다를 바 없다. 공기업은 일자리를 만들어내는 곳도 아니다. 고용 강요는 경영 악화를 부른다. 결국 국민 부담으로 귀결된다. 공기업과 공공기관의 정원수는 지난해 40만 명을 넘어섰다. 총인건비는 올해로 30조 원을 넘어섰다.

정책은 수단에 불과하다. 그 자체가 목적일 수 없다. 좋은 취지의 정책도 정도가 지나치면 일을 그르친다. 나무만 보고 숲을 못 보는 정책은 없느니만 못하다. 비정규직도 정규직이 될 수 있어야 한다. 다만 기회가 공평하고 절차가 공정해야 한다. 실은 답이 지척에 있었다. 문재인 대통령이 취임사에서 밝힌 '기회의 평등', '과정의 공정', '결과의 정의'. 그만한 해법이 없다. 취준생과 근로자, 공기업을 함께 살리는 방책으로 손색이 없다. 취임사 재독(再讀)을 권한다.

2020년 7월 8일_ 확진환자 13,293 격리해제 12,019

부동산 정책, 비틀즈 '렛잇비(Let It Be)'처럼

연이은 부동산 정책 무리수… 수요 있는 곳에 공급 늘리는 정책으로 전환해야

동서고금을 막론하고 세계인의 사랑을 받아온 추억의 팝송, '렛잇비(Let It Be)'. 영국의 록 그룹 비틀즈가 1970년 발표한 곡이다. 팀의 12번째이자 마지막 스튜디오 앨범이다. 존 레논(보컬, 기타), 폴 매카트니(보컬, 베이스), 조지 해리슨(보컬, 기타), 링고 스타(드럼)가 환상의 조화를 이뤘다. 프로듀서는 필 스펙터. 작사와 작곡은 폴 매카트니가 맡았다.

1970년 3월 21일에 처음 차트에 진입한 뒤 1위까지 오른 넘버 원 곡이다. 비틀즈는 모두 20곡의 넘버 원 곡이 있는데, 그중 가장 마지막이다. 1970년 미국 빌보드 앨범차트 1위를 기록했고, 2000년을 기준으로 미국에서 4백만 장이 넘는 판매량을 기록했다. 아쉽게도 이 노래가 발표된 바로 그해 전설적 그룹 비틀즈는 해체의 길로 접어든다.

달리 수식이 필요 없다. 메시지가 파워풀하다. 인생의 희로애락이 녹아 있다. "내가 방황할 때나 암흑의 구렁텅이에 있을 때, 언제나 어머니께서 다가와 들려주는 지혜의 말씀/ 순리에 맡겨라/ 모두에게 긍정만이 강요된 세상/ 이 세상을 사는 상심한 사람들에게도 언젠가 해결책을 주리니/ 헤어지더라도 다시 만날 기회는 필연코 오리니/ 순리에 맡겨라/ 칠흑 같은 밤이라도 한 줄기 불빛만은 밝을 때까지 비추리니/ 순리에 맡겨라"

비하인드 스토리가 흥미롭다. 폴은 14살 되던 해 어머니를 여의고 외로운 유년기를 보냈다. 방황하고 지친 어느 날 꿈속에서 10여 년 전에 유방암으로 돌아가신 어머니 매리 매카트니를 만났다. 꿈에서 깨어난 그는 어머니와의 꿈을 모티브로 곧바로 이 노래를 작곡했다. 어머니가 살아계실 때 어린 폴에게 늘 하시던 말씀, '순리에 맡겨라'를 제목으로 달았다.

온갖 시책에도 전국 집값·전셋값 폭등… '균형 잃은' 정책이 부작용만 키운 꼴

70년대 올드 팝송을 뜬금없이 떠올린 것은 순조롭지 못한 작금의 부동산 정책을 보면서다. 정부가 시행한 부동산 안정화 조치들이 효과를 거두지 못하고 있다. 안타까운 일이다. 경제정의실천시민연합에 따르면 지난 3년간 서울 아파트 중위 가격은 6억 600만 원에서 9억 2,000만 원으로 52%나 급등했다. 국회 예산정책처의 자료도 대동소이하다. 현 정부 들어 서울 전체 아파트값 상승률이 25.6%에 이른 것으로 조사되었다.

지난 3년 동안 자그마치 21차례의 부동산 대책이 발동되었다. 그런데도 경향 각지의 집값이 오르고 전셋값이 동반 상승하고 있다. 속수무책, 백약무효 진단이 과장으로만 들리지 않는다. 전국에 걸쳐 오르지 않은 곳이 거의 없다. 내 집 마련은 글렀다는 체념과 탄식이 곳곳에서 들린다. 정책이 부작용만 키웠다는 혹평에 할 말이 없다. 들인 공력에 비해 나온 결과가 워낙 초라하니 말이다.

2017년 '8·2 대책'에서 다주택자 양도세를 중과하자 지방 집을 팔고 서울 집 구매로 몰리면서 서울과 지방 간 양극화가 심해졌다. 2019년 '12·16 대책'에서 투기 수요를 막겠다며 15억 원 초과 주택의 담보대출을 전면 금지했다. 대출 끼고 집 사는 실수요자만 규제하고, 현금 부자와 전세 안고 집 사는 갭 투자자는 방치하는 결과를 불렀다. 정부의 민간택지 분양가 상한

제 언급은 주택 공급 감소 우려를 키우면서 기존 집값을 자극하는 형세다. 6·17 대책 또한 대출한도 축소로 실수요자인 서민 피해만 키울 거라는 중론이다.

청와대 참모들까지 실망감을 안긴다. “수도권에 한 채만 남기고 처분하라.”라는 권고가 있은 지 반년이 지났건만 쇠귀에 경 읽기다. 상당수가 여전히 2주택 이상을 보유 중이다. 지시를 내린 비서실장조차 집을 팔지 않았다. 국회의원도 다를 바 없다. 총선 때 ‘1가구 1주택 서약’을 했던 여당 의원 176명 의원 중 40명이 2채 이상 다주택자다. 야당 의원도 조사해보면 이와 다르지 않을 터. 솔선수범해야 할 공직자들이 본이 되지 못한다. 속 보이는 이중성이다.

집 지을 땅 부족하면 규제 완화해야… 주택도 명품 아닌, 대중품 돼야 값 싸져

규제에서 비켜난 지역의 부동산 가격이 오르는 풍선효과가 여전하다. 보다 못한 청와대가 나섰다. 문재인 대통령이 국토교통부 장관을 호출해 긴급 보고를 받았다. 이 자리에서 다주택자에 대한 고강도 대책을 마련하라는 지시가 내려졌다. 청년·신혼부부 부동산 세금 완화, 3기 신도시 공급물량 확대, 투기성 주택 보유자에 대한 부담 강화를 함께 주문했다.

공급물량 확대가 이례적이다. “정부가 상당한 물량의 공급을 했지만 부족하다는 인식이 있으니 발굴을 해서라도 추가로 공급물량을 늘려라.”라는 대통령 언급에 주목할 필요가 있다. “내년에 시행되는 3기 신도시 사전 청약 물량을 확대하는 방안을 강구하라.”라는 말을 곧이곧대로 해석하면 안 된다. 행간의 의미까지 살펴야 한다. 정부가 공급 확대를 위한 구체적인 대안을 서두른다. 꼭 위에서 불호령이 떨어져야 움직이는 관료사회의 구태. 이제 없어질 때도 되었다.

다 아는 얘기지만, 가격은 수요와 공급에 따라 결정된다. 가격 안정은 수요 억제와 공급 확대로 성취된다. 지금까지의 부동산 정책은 수요 억제에 집중하고 공급 확대에는 소홀한 측면이 없지 않다. 이는 대출 규제, 종합부동산세 인상, 분양가 상한제, 투기지역 규제, 초과 이익 환수, 부동산 거래 허가, 임대사업자 세제 혜택 등의 조치들이 반증하는 사실이다.

정책 대전환이 시급하다. 수요가 있는 곳에 공급을 늘리는 것이 답일 수 있다. 공급 과잉을 빚는 신도시 지역에서의 공급 확대는 득보다 실이 크다. 다소 무리가 따르더라도 수요가 몰리는 지역에 공급을 늘리는 게 맞다. 집 지을 땅이 부족하면 층높이 제한을 풀면 된다. 50층이면 어떻고 100층이면 어떤가. 주택도 희소 명품이 되면 가격이 치솟게 마련이다. 대량 제품이 될 때 값이 싸진다. 암만 생각해도 순리에 맡기는 '렛잇비'만 한 방책이 없을 성싶다.

2020년 7월 15일_ 확진환자 13,612 격리해제 12,396

옵티머스 사태, 허술한 규제가 허망한 사기 불러

사모펀드 제도 개선 시급… 피해 차단, 모니터링 체제 구축, 진입 장벽 높여야

금융시장이 복마전이다. 속고 속이는 야바위판이다. 선진 금융 기법인 사모펀드가 신종 사기 수법으로 전락했다. 영화에나 나올 법한 희대의 '옵티머스 사태'가 몰고 온 파문이 거세다. 지난해 온 나라를 떠들썩하게 했던 라임 사태와는 비교조차 안 된다. 수법이 훨씬 충격적이고 한층 대담하다. '사기 끝판왕'이라는 칭호에 걸맞다. 일부 개인과 회사의 일탈에서 빚어진 일이긴 하나, 제도적 결함에도 기인하는 바 크다.

허술한 구조가 허망한 구상을 불렀다. 내막을 캐려면 복잡한 사모펀드 구조부터 이해해야 한다. 추후 실상이 밝혀지겠으나, 그간 드러난 사실과 정황만으로도 대강의 추론은 가능할 것 같다. 사모펀드 투자에는 4개의 주체가 관여한다. 펀드 상품을 기획하는 운용사, 펀드를 팔아 투자금을 모으는 판매사, 들어온 자금을 보관하고 투자를 집행하는 수탁사, 펀드의 기준 가격을 산정하는 사무관리사 등이다.

옵티머스의 경우 판매사는 주로 NH투자증권이, 수탁사는 하나은행이, 사무관리사는 예탁결제원에서 맡았다. 옵티머스는 사모펀드에 관련된 투자 정보를 운용사만 알고, 판매사 수탁사 사무관리사 등 나머지 주체들로서는 알 수 없게 되어있는 구조상 허점을 노렸다. 사모펀드의 느슨한 규제 구조에 무지하고 무책임한 수탁사와 사무관리사를 끌어들여 범죄 행각을 완성했다.

수탁사와 맺은 규약에는 펀드가 살 수 있는 자산으로 '공공기관 매출채권'뿐 아니라, '사모 채권'까지 끼워 넣었다. '투자금의 95% 이상은 공공기관 매출채권에 투자하고 나머지는 현금성 자산으로 보유한다.'는 투자제안서와는 다른 내용이었다. 멋모르는 수탁사는 옵티머스가 지시한 대로 공공기관 매출채권이 아닌 '비상장사 사모 채권'을 사들였다. 옵티머스는 투자대상을 속이는 것으로도 모자라 투자금 일부를 빼돌렸을 가능성도 배제하기 어렵다.

느슨한 규제 구조에서… 무지·무책임한 수탁사, 사무관리사 끌어들여 범죄 행각

정보는 사무관리사에도 공유되지 않았다. 사무관리사는 투자한 부실자산이 공공기관 매출채권으로 기재된 것에 대해 아무런 의문을 품지 않은 듯하다. 요청 내용의 진위에 대한 확인도 없이 운용사가 알려주는 대로 내용을 곧이곧대로 회계시스템에 등록했다는 것이다. 어쨌거나 잘못된 정보가 허위로 제공되는 어이없는 일이 벌어지고 말았다.

구사한 수법이 실로 교묘하다. 신출귀몰의 재주다. 여태껏 이런 일이 생기지 않은 걸 그나마 다행으로 여겨야 할 정도로 기발하다. 추측건대 옵티머스는 처음부터 범행을 작심한 듯하다. 2017년 6월 정부 산하기관이나 공공기관이 발행한 매출채권에 투자하는 만기 1년 미만의 사모펀드임을 내세워 투자금을 끌어모은 저의부터 상당한 의심이 간다.

투자 대상이 공공기관의 매출채권이라 안정적이고, 저금리 시대에 연 3%대 수익 확보가 가능하다는 데 어느 누가 혹하지 않을 수 있겠는가. 수요는 당연히 클 수밖에 없었다. 발행 초기부터 기관투자자와 개인투자자로부터 관심이 쏠렸던 이유다. 증권사들이 앞다퉈 판매에 열을 올리면서 3년 동안 2조 원이 넘는 투자금이 모집되었다.

악행은 언젠가 꼬리가 잡히는 법. 신규 투자금으로 계속 '돌려막기'를 해오던 중 코로나19 사태 등으로 투자가 위축되면서 사달이 났다. 지난 6월 중순 옵티머스가 증권사에 만기가 도래하는 펀드의 '환매 연기'를 통보하면서 사고가 터졌다. 이미 1조 5,000억 원가량은 환매가 이뤄졌으나 최근 시점 기준 약 5,200억 원이 남아있다. 이 중 1,056억 원이 환매가 연기되었고 나머지 만기 미도래 금액도 회수가 불투명한 상태다.

투자 결정은 전적으로 자기책임 하에 행해야… 금융에도 '믿을 사람 하나 없어'

소는 이미 잃었지만, 외양간은 당장 손봐야 한다. 앞으로라도 더 많은 소를 잃어버리지 않기 위해서다. 범죄가 솟아난 틈새부터 메우는 게 급선무다. 사모펀드도 공모 펀드와 같이 관련 주체들이 정보를 공유할 수 있는 상시적 모니터링 시스템을 즉각 가동해야 한다. 운용사에 대해 판매사와 수탁사, 사무관리사가 감시 책임을 강화할 수 있도록 하는 자본시장법령의 개정도 서둘러야 한다.

추가 피해의 확산도 차단해야 한다. 다른 사모펀드 중에서 옵티머스와 유사한 사례가 있는지 긴급 점검에 나서야 한다. 금융위원회가 230개 운용사 및 1만여 사모펀드에 대한 전수조사 계획을 밝혔다. 만시지탄이나 시의적절하다. 금융감독원이 작년 11월부터 지난 1월까지 사모펀드 운용사 52곳에 대해 서면조사를 벌였으나 성과가 없었다. 이참에 철저한 조사를 통해 옥석을 가려내야 한다.

진입 장벽을 높일 필요가 있다. 사모펀드에는 어느 정도의 손실 위험을 감당할만한 투자자만 참여시키는 게 맞다. 고수익·고위험 시장에 서민 돈까지 끌어들이는 일은 위험천만하다. 거액 투자를 유인하려는 사모펀드의 취지에도 어긋난다. 또한, 운용사의 자본금 요건을 높여 전문성이 뒤지고 불안정한 운용사의 난립을 막아야 한다. 요즘처럼 펀드 시장이 어지러워진 데는 전문 사모 운용사의 자본금 최저기준을 60억 원에서 10억 원으로 낮춘 것과도 무관치 않다.

투자자도 대오각성해야 한다. 금융거래와 투자 결정은 전적으로 자기 책임하에 행해야 한다. 운용사나 판매사만 믿으면 안 된다. 그들 역시 돈벌이에 목맨 한낱 상인에 불과하다. 과장과 왜곡의 개연성이 상존한다. 불완전판매나 유동성 관리 실패, 경영진의 횡령과 사기가 끊이지 않는 작금의 금융 현실을 직시할 필요가 있다. 모든 경제 행위에서 그러하듯 금융에서도 믿을 사람 하나 없다. 결정과 책임은 오롯이 자신만의 몫이다.

'역대 최고' 구직급여, 고의실직·부정수급 막아야

구직급여, '공돈' 아니면 '눈먼 돈'?… 구직 활동에 쓰라는 '혈세 자원'

극심한 실업난(難)이다. 구직급여 지급액이 역대 최고치를 기록했다. 6월 지급이 1조 1,103억 원으로 전년 같은 달보다 62.9% 급증했다. 5월에 처음으로 1조 원을 넘어서고 시나브로 커지고 있다. 구직급여란 정부가 실업자의 구직 활동 지원을 위해 고용보험기금으로 지급하는 수당을 말한다. 코로나19 확산이 본격화된 올 2월부터 매달 최고 기록을 계속 갈아치우고 있다.

지난달 구직급여 수급자는 71만 1천 명이다. 역시 역대 최다 인원이다. 신규 급여 신청자만도 10만 6천 명에 이른다. 전년 동월보다 3만 명, 39.5% 증가했다. 구직급여가 많이 늘어난 데는 실업자 수 증가 외에도 지난해 10월부터 시행된 구직급여 지급액 인상과 지급 기간 확대 조치의 영향도 있다.

6월 고용보험 가입자는 1,387만 1천 명이다. 지난해 같은 달보다 18만 4천 명 늘었다. 작년 하반기만 해도 월 40만~50만 명 수준으로 늘던 가입자는 올해 3월부터 코로나19 사태로 증가 폭 둔화가 현저하다. 5월에는 15만 5천 명 증가에 그쳤으나 지난달 그 폭을 확대했다. 서비스업 영향이 크다. 지난달 서비스업의 가입자는 949만 4천 명으로 작년 동월보다 22만 7천 명 증가했다.

제조업 고용보험 가입자는 지난달 352만 1천 명으로 5만 9천 명이 줄었다. 월별 제조업의 가입자 감소 폭으로는 국제통화기금(IMF) 외환위기 때인 1998년 1월 이후 최대 규모다. 제조업의 가입자 감소 폭은 올 3월부터 크게 주는 추세다. 지난달 가입자 증감을 연령대별로 보면 29세 이하와 30대에서 각각 6만 1천 명, 5만 9천 명 줄었다. 기업들의 채용 연기와 중단에 따라 청년 실업이 심각하다는 방증이다.

구직급여 폭증 제어할 특단의 대책 시급… 운영 실패의 '누수' 꼭 막아야

구직급여 지급 폭증을 제어할 특단의 대책이 요구된다. 실업자가 늘어 구직급여 신청이 느는 거야 어쩔 수 없다손 치더라도, 제도 운영의 실패로 인한 누수(漏水)만큼은 꼭 막아야 한다. 고의실직부터 가려내야 한다. 일부러 실직과 구직, 그리고 실직을 거듭하면서 구직급여를 반복하여 타가는 도덕적 해이를 바로 잡아야 한다.

보다 못한 정부가 나선다. 상습적인 구직급여 반복 수급을 막기 위해 1인당 구직급여 수령의 횟수 제한을 검토한다. 실제의 형편은 고용노동부 자료를 통해 확인된다. 지난 1~4월 구직급여 수급자 중 직전 3년 동안 3회 이상의 급여 수급자가 2만 942명에 이른다. 이들에게 3년간 지출된 금액이 2,759억 원에 달한다. 1인당 1,320만 원꼴이다. 3년 동안 5차례 구직급여를 받은 사람도 7명이나 된다.

주먹구구식 행정이 단단히 한몫했다. 지난해 10월 고용보험 보장성이 강화되면서 기이한 일이 생겨났다. 구직급여 수급액이 최저임금을 웃돌게 된 것이다. 2020년 기준 최저임금은 월 179만 5,310원(주휴시간 포함 월 209시간 근로)인데 비해, 구직급여 하한액은 월 181만 원(하루 하한액 6만120원)

이다. 노는 게 일하는 것보다 더 버는 상황에서 어느 누가 땀 흘려 일하고 싶겠는가. 정부가 '구직급여 중독'을 부추긴다는 비난이 나올 법도 하다.

부정수급도 막아야 한다. 구직급여 신청 시 허위 사실을 바탕으로 신고하거나 수급 자격이 되지 않으면서도 허위로 신고하면 안 된다. 부정수급액 반환, 구직급여 지급 중지, 추가징수의 불이익이 돌아간다. 사업주의 거짓된 신고·보고·증명으로 인한 것이면 사업주도 연대 책임을 져야 한다. 형사 처벌도 가볍지 않다. 3년 이하의 징역 또는 3,000만 원 이하의 제재를 받는다. 부정수급 제보자에게는 500만 원까지 포상금이 지급된다.

구직급여는 재취업 촉진에 방점… 실업 위로금, 고용보험료 납부의 대가 아냐

구직급여 인정 절차를 강화할 필요가 있다. 실직 인정 후에 한 달에 한 번꼴로 구직노력을 증빙만 하면 되는 허술한 요건을 손봐야 한다. 코로나발(發) 경기침체로 구직급여 신청이 급증하는 데다 구직노력 증빙이 온라인으로 진행되면서 제대로 된 검증이 이뤄지지 않는다는 지적이 많다. 이런 허점만 보완해도 기금 고갈을 한참 더디게 할 수 있다.

용어의 혼란도 크다. 구직급여가 실업급여 대부분을 차지하다 보니 두 명칭이 구분 없이 혼용된다. 실은 둘의 의미가 다르다. 실업급여는 고용보험 가입 근로자가 실직하여 재취업 활동을 하는 기간에 소정의 급여를 지급, 실업으로 인한 생계 불안을 극복하고 생활 안정을 도와주며 재취업 기회를 지원하는 제도로 폭넓게 정의된다. 구직급여, 취업촉진수당, 연장급여, 상병급여 등을 포괄하는 광의의 개념이다.

주목할 점은 이 말고 또 있다. 명칭에서도 시사되듯 구직급여는 구직 활동을 통한 재취업 촉진에 방점이 찍혀있다. 쉽게 간과되는 부분이다. 실제로 실업에 대한 위로금이나 고용보험료 납부의 대가로 지급되는 것으로 곡해하는 사람들이 적지 않다. 실업이 발생했을 때 취업하지 못한 기간에 대해 재취업 활동 사실을 확인하고 나서 구직급여를 지급하는 이유가 여기에 있다.

구직급여는 거저먹는 '공돈'이나 먼저 본 사람이 임자인 '눈먼 돈'이 아니다. 필요한 사람에게 요긴하게 쓰여야 할 '혈세 자원'이다. 올해만 해도 본예산 9조 5,158억 원에다 3차 추경 3조 3,937억 원이 보태져 12조 9,095억 원이 실업 예산으로 잡혔다. 이걸로도 부족할 수 있다. 아껴 써도 모자랄 판에 고의실직과 부정수급까지 판치면 감당이 어렵다. 밑 빠진 독에 물 붓기다. 여기서도 정직은 최선의 방책이 된다.

2020년 7월 28일_ 확진환자 14,251 격리해제 13,069

한계기업의 생사여탈은 '옥석구분'으로

도와주면 살아날 '양질 기업' 살리고… 고의 부도의 '양심 불량기업' 망해도 싸

한계기업은 계륵과 같다. 큰 소용은 없으나 버리기는 아까운 닭의 갈비와 유사한 존재다. 이는 한국은행의 '2020년 상반기 금융안정보고서'를 보면 쉽게 수긍이 간다. 코로나19 사태가 연말까지 이어지면 국내 기업 2곳 중 1곳은 한계기업으로 전락할 거라는 우울한 전망을 내렸다. 이자보상배율 1 미만인 기업 비중이 50.5%로 전년 34.1%보다 16.4%포인트 급증할 것으로 내다봤다.

이자보상배율은 영업이익을 이자 비용으로 나눈 값이다. 1 미만은 돈을 벌어 이자도 내지 못한다는 뜻이다. 대기업의 평균 이자보상배율은 1.1로 지난해 4.3보다 대폭 낮아질 것으로 전망했다. 중소기업 평균 역시 0.9로 전년 2.3에 비해 급락할 것으로 예상했다. 기업들의 매출액 영업이익률은 지난해 4.8%에서 올해 1.6%로 3.2%포인트 하락할 것으로 추정했다. 코로나 팬데믹 탓에 기업 경영이 힘들어질 것은 짐작했지만 상황이 이 정도까지일 줄이야.

실은 코로나19 전염병 발생 이전부터 한계기업이 빠르게 늘고 있었다. 한국경제연구원이 2015~2019년 외감법 적용 비(非)금융기업 2만764개 사를 조사한 결과다. 2019년 한계기업 수가 3,011개 사로 전년 대비 17.8% 늘어난 것으로 나타났다. 한계기업에 고용된 종업원 수는 2018년 21만

8,000명에서 지난해 26만 6,000명으로 22.0% 증가했다. 2016년에 정점을 찍은 후 감소세를 보이다 작년부터 다시 증가세로 돌아서 최근 5년 내 최고치를 보인 것이다.

기업 규모별로는 대기업 한계기업이 2018년 341곳에서 지난해 413곳으로 21.1% 늘었다. 이들 기업의 종업원 수는 같은 기간 11만 4,000명에서 14만 7,000명으로 29.4% 증가했다. 중소기업 중 한계기업은 2,213곳에서 2,596곳으로 17.3% 증가했고 종업원 수는 14.1% 늘었다. 상장기업이라고 형편이 다르지 않다. 699곳 중 한계기업 수는 2018년 74곳에서 지난해 90곳으로 늘어 전년 대비 21.6% 증가했다.

코로나19 사태 연말까지 가면… 국내 기업 2곳 중 1곳은 '계륵'으로 전락

한계기업의 존재는 기업 내의 문제로만 그치지 않는다. 정상기업으로의 자원 이동을 막아 동업종 기업 전체의 생산성과 수익성을 갉아먹게 된다. 자원의 비효율적 배분으로 경제 전체에 심대한 악영향까지 끼친다. 한국은행이 발표한 보고서, '한계기업이 우리나라 제조업 노동생산성에 미친 영향'에서 수치로 상세히 판명되었다.

2010~2018년 제조기업 7만 6,753개를 분석했다. 영업이익으로 이자도 못 갚은 지 3년이 넘은 한계기업, 이른바 좀비기업의 비율이 이 기간 7.4%에서 9.5%로 늘어난 것으로 밝혀졌다. 생산성이 높은 기업에 인적·물적 자원이 더 많이 돌아가야 경제의 효율이 높아지는데, 생산성이 낮은 한계기업이 자원을 차지함으로써 효율이 떨어진다는 사실을 실증 분석했다.

한계기업이 없어진다고 가정했을 때 2010~2018년 평균 기준 제조업의 노동생산성이 4.3% 상승하는 것으로 추정했다. 회생이 힘든 한계기업에 대한 구조조정이 활발히 이루어져야 정상기업의 생산성이 개선될 수 있음을 입증해 냈다. '악화가 양화를 구축한다.'라는 토머스 그레샴의 법칙대로 나쁜 기업은 좋은 기업과 공존해 좋을 게 없음을 중대한 시사점으로 제시한 것이다.

연구 결과대로 정책 실행은 어렵다. 부실 징후가 있다고 한계기업 모두를 퇴출시킬 수 없다. 기업을 하다 보면 위기는 언제든 찾아온다. 현재의 한계기업도 과거에는 우수기업이었을 수 있다. 정상기업도 언제 한계기업의 나락에 떨어질지 모른다. 개중에는 의외로 경영 의지, 사업 전망, 기술력 등이 뛰어난 기업들이 적지 않다. 다소의 관심과 지원을 배려한다면 회생에 성공할 수 있는 잠재력과 강인한 생명력을 보유한 기업들이 엄연하게 존재한다.

사업전환, 구조개선, 재창업 도와야…기촉법 상시화, 관치 및 제도 악용 막아야

퇴출에도 막대한 손실과 사회적 비용이 수반된다. 기업 내부에 장기간에 걸쳐 축적된 귀중한 경영·기술 노하우의 사장 등 산업적 측면에서의 직접적 손실 야기로 끝나지 않는다. 고용 인력의 실업에 따른 생존권 위협과 같은 민감한 사회문제를 유발하는 등 국가의 경제·사회 질서에 심각한 위해를 끼치는 악영향을 초래한다. 기업의 특성과 사업성이 고려된 실효적 회생지원제도가 가동되어야 하는 절박한 현실적 이유다.

사업전환, 구조개선, 재창업 지원 등 다각도로 기업 회생을 도와야 한다. 비용은 들겠지만 필요하면 전문가를 파견해 사업정리와 회생 진로를 제시하는 컨설팅 서비스도 유효한 해법이 될 수 있다. 그렇다고 한계기업 모두를 살릴 수 없다. 살릴 가치가 있는 기업만 살려내고 그렇지 못한 기업은 퇴출하는 게 맞다. 옥석구분의 원칙만큼은 지켜져야 한다. 가망 없는 기업을 지원해봤자 경제 효율을 저해하고 한정된 자원을 낭비하는 허사가 된다.

기업구조조정 촉진법의 상시화가 요구된다. 2001년 한시법으로 도입되어 일몰 연장과 일몰 후 재도입의 번거로움을 거듭해 왔다. 임시변통이 항구 대책이 될 리 없다. 기촉법에 근거한 워크아웃은 그나마 장점이 적지 않다. 채권단 100%가 찬성해야 구조조정이 가능한 자율협약과는 달리, 75%만 찬성해도 구조조정이 가능하다. 기업회생절차에 비해 회생도 빠르다. 다만 그간 제기된 위헌 논란, 관치 금융, 실효성 문제를 해소해야 쓸모가 커질 수 있다.

관치와 제도 악용을 막아야 한다. 대체적 분쟁조정제도(ADR)를 도입, 정치적 판단을 배제해야 한다. ADR은 중립적 전문 중재자가 기업 채무를 채권자와 조정하고 조정이 이뤄지지 않으면 법원의 회생절차로 전환하는 제도이다. 또 회생절차 개시 이후에도 기존 경영자를 관리인으로 선임하는 DIP(Debtor in Possession)제도의 활용은 높이되 도덕적 해이는 차단해야 한다. 걸핏하면 고의적 회생신청으로 빚만 털어내려는 '양심 불량기업'은 망해도 싸다.

2020년
8월

2020년 8월 2일_ 확진환자 14,389 격리해제 13,280

국책은행 지방 이전, 명분·실익 없고 시기 부적절

더는 거론 못 하게 '대못' 박고… 금융을 기간(基幹)산업으로 업그레이드

국가균형발전위원회가 추가 이전이 가능한 수도권 소재 공공기관 현황을 대통령에게 보고했다. 이어 정부 여당이 공공기관 이전 논의에 착수하면서 다양한 시나리오가 쏟아진다. 크게 두 갈래의 상반된 기류다. 모든 공공기관은 물론 출자기업까지 이전 대상에 포함되어야 한다는 의견이 있는가 하면, 수도권 346개 공공기관 가운데 업무 특성상 이전 가능한 100곳 안팎만 내려보내야 한다는 주장이 나온다.

국책은행 지방 이전을 지역 균형발전의 논리로 추진하는 것은 온당치 못하다. 금융 산업 경쟁력의 관점에서 접근하는 게 바람직하다. 설령 세종시를 행정수도로 한다 해도 서울은 경제 수도로 남는 게 맞다. 행정은 분산할 수 있으나 금융은 그럴 수 없다. 집중화를 통해 경쟁력이 창출되는 속성 때문이다. 영국의 시티 오브 런던, 뉴욕의 월스트리트가 대표적 사례다. 다수 금융사가 밀집해 시너지 효과를 내고 있다.

금융공기업 지방 이전의 부작용이 생각보다 크다. 집적 효과 약화와 인재 유출로 경쟁력 침하의 정도가 넓고 깊다. 서울은 2015년 이후 1차 공공기관 이전에 따라 금융기관이 지방으로 흩어지면서 경쟁력이 크게 저하된 바 있다. 신용보증기금, 자산관리공사, 한국거래소 등의 지방 이전도 솔직히 금융 산업 경쟁력 강화와 동떨어진 조치였다.

지방소재 공기업이 겪는 비효율과 불편함이 작지 않다. 코로나19로 언택트 시대가 도래되었으나 컨택트 관행이 여전하다. 금융경제연구소가 발간한 '국책은행 지방 이전의 타당성 연구보고서'만 봐도 알 수 있다. 2013년부터 2015년까지 공공기관 전체 출장 횟수는 28.3% 증가했고, 출장비는 36.2% 늘어난 것으로 조사되었다.

금융공기업 지방이전 폐해 커… 집적 효과 약화, 인재 유출 심화 등 경쟁력 침하

문제가 어디 비용뿐이랴. 시간 낭비 또한 만만치 않다. 서울에 있는 국회 가랴 금융위원회 가랴, 정부 부처들이 소재한 세종시 들르랴, 지방 공기업의 임직원은 몸이 열 개라도 모자랄 지경이다. 게다가 각종 회의, 협의, 보고는 어찌 그리 많은지. 한 주일에 며칠은 서울에서 보내고, 일과의 상당 시간을 길 위에서 허비할 때가 많다. 업무경쟁력이 소리 없이 시들고 있다.

지방 이전에 따른 퇴직 증가로 인력수급마저 어렵다. 신규인력 확보가 힘들고 기존 직원의 이탈이 심하다. 우수 인재가 속속 조직을 떠난다. 신입직원의 동요도 못지않다. 나이, 성적, 전공을 묻지 않는 블라인드 전형을 발판삼아 수도권 공기업 직원모집에 계속 응하는 게 관례처럼 되었다. 재수는 필수, 3수나 4수는 선택으로 통한다. 30대 중반에 근접하는 신입직원 평균 연령을 아무도 걱정하지 않는다. 그저 시대적 추세려니 여기며 다들 무심코 넘기고 있다.

국책은행 지방 이전은 시기적으로도 적절하지 못하다. 동북아 금융허브를 하겠다면서 국책은행 이전을 시도하는 것 자체가 앞뒤가 안 맞다. 시대착오적 발상이다. 아시아 금융중심지 기능을 해온 홍콩을 보라. 그들의 비교우위 경쟁력이 하루아침에 만들어진 것이 아니다. 중국 본토와 서방 세계를 연결하는 관문 역할 수행을 위해 오랜 기간 인프라를 쌓고 다져온 결과라 할 수 있다.

이런 홍콩도 국가보안법 시행을 계기로 탄탄한 위상이 흔들리고 있다. 남의 불행이 나의 행복이라 했던가. 마치 이를 기다렸다는 듯 인근 주요 도시들이 '홍콩의 빈자리'를 차지하려 혈안이다. '제2의 홍콩' 지위를 두고 벌이는 각축전이 자못 치열하다. 싱가포르, 도쿄 등은 금융을 미래 성장 산업으로 천명하고 집적화로 경쟁력을 키워왔던 터. 서방 자본의 헥시트(HKexit) 호기를 놓치려 할 리 없다.

국가보안법 시행으로 서방 자본 헥시트… 한국만 호기 못 살리며 태연자약

한국만 예외다. 태연자약하다. 국제 금융시장의 엄청난 지각변동에 대한 기민한 대처는 고사하고 지금이 더없는 기회라는 사실조차 깨닫지 못하고 있다. 아시아 금융허브로 성장할 지리적 이점을 살리기는커녕 국책은행 분산으로 그나마 허약한 경쟁력마저 자해하려 들고 있다. 저절로 굴러온 복을 제 발로 걷어차는 격이 될까 걱정이 크다.

한국의 금융경쟁력은 지금도 하위권이다. 서울의 국제금융센터지수(GFCI) 순위는 지난해 36위에 불과하다. 4위인 싱가포르와 6위인 도쿄와는 비교조차 민망할 정도로 뒤처져 있다. 힘을 합쳐도 모자랄 판에 국책은행 분산으로 에너지를 소진한다면 앞선 도시들과의 지수 차이는 더 벌어질 것이다. 노무현 정부가 주창했던 동북아 금융중심지의 포부는 한바탕의 봄꿈에 그치고 말 것이다.

금융의 역할 변화를 간파해야 한다. 1970~1980년대 개발 시대처럼 금융을 단지 산업의 돈줄 정도로 이해하는 후진적 사고는 쓸모가 없다. 지속가능한 성장과 산업고도화를 통한 선진경제로의 도약을 위해서는 실물경제의 균형 있는 발전을 뒷받침할 금융 산업의 혁신적 발달이 선행 또는 병행되어야 할 것이다. 세계 10위권 경제 대국에 걸맞게 금융을 국가 기간(基幹)산업으로 업그레이드하는 특별한 노력을 기울일 때다.

고객관리는 경영의 최우선 과제다. 고객이 수도권에 잔류한 상황에서 산업은행과 수출입은행의 지방 이전은 고객 만족은커녕 고객 불만만 키울 뿐이다. 설령 본점이 지방으로 내려가도 영업조직은 고객과 함께 서울에 남아야 한다. 소수의 지원부서만 내려가면 지역발전에 모멘텀이 되기 어렵다. 명분과 실익이 약하고 시기적으로 적절치 못한 국책은행 지방 이전. 이참에 안 하기로 깔끔히 결론 내고 더는 거론치 못하도록 아예 대못을 박으면 좋을 것 같다.

2020년 8월 10일_ 확진환자 14,660 격리해제 13,729

부동산 3법, 집값 대책인가? 증세 정책인가?

국민생활 직결되고 파급효과 큰 부동산 정책… 직간접 영향 다각도로 살펴야

집값 안정을 위한 '부동산 3법'이 개정되었다. 6·17과 7·10 부동산 대책에서 거론된 종합부동산세와 양도소득세, 취득세 강화 방안이 망라되었다. 종합부동산세율은 2주택 이하는 과표구간 별로 0.1~0.3%포인트 인상되고, 3주택 이상 및 조정대상지역 2주택은 1.2~6.0%로, 0.6~2.8%포인트 오른다. 법인에 대한 단일세율을 신설, 2주택 이하는 3.0%, 3주택 이상 및 조정대상지역 2주택은 6.0%의 중과세율이 적용된다.

실수요 1주택자의 부담을 줄이는 조치가 마련되었다. 1세대 1주택 고령자의 세액공제율이 상향 조정된다. 60~65세 미만 20%, 65~70세 미만 30%, 만 70세 이상 40%로 각각 10%포인트 인상된다. 합산 공제 한도도 늘어난다. 최대 70%에서 80%로 인상된다. 반면 종부세 중과세율 적용 법인은 기본공제 6억 원이 폐지된다.

단기적 투기를 막는 법 개정도 함께 이루어졌다. 다주택자의 양도소득세가 오른다. 1년 미만 보유 양도 물건에 대해서는 양도세율이 70%까지, 2년 미만은 60%까지 중과된다. 1세대 1주택자 장기보유 특별공제 적용요건에 거주기간 요건이 추가되어 보유기간 연 8%의 공제율이 '보유기간 4%+거주기간 4%'로 조정된다.

법인의 주택 양도차익에 매기는 세금이 무겁다. 기본 법인세율(10~25%)에 더해 추가 과세되는 세율이 10%에서 20%로 인상된다. 다주택자, 법인에 대한 취득세율도 최대 12%까지 오른다. 2주택자 취득세율이 현행 1~3%에서 8%로, 3주택 이상은 12%로 높아진다. 3주택 이상 다주택자는 취득세(12%), 종합부동산세(6%), 양도소득세(72%)에 이어 증여 취득세까지 '4중 압박'을 받게 된다. '집값 대책'이 아니라 '증세 정책'으로 오인될 만하다.

보유세-거래세 모두 올려… 시장 원리 순응보다 투기 규제에 치우쳐

어떻게든 집값을 잡아보려는 정책 의지가 또렷하다. 한편 아쉬움도 남는다. 수요 억제에 집중해온 정부가 모처럼 서울권역 대규모 주택 공급대책을 내놨다. 공급 13만 호, 재건축 용적률 최고 500% 상향, 층수 50층까지 높이기가 골자다. 대신 규제 완화로 더 짓게 되는 아파트의 절반 이상을 공공임대주택 등으로 환수하다 보니 재건축 단지의 반응이 시큰둥하다.

이런 상황에서 세율만 높인다고 집값이 쉽게 잡힐 것 같지 않다. 유예기간도 없이 곧바로 법이 시행됨에 따라 퇴로가 막혀 있다. 다주택자들이 세금 충격을 피해 시장에 매물을 내놓고 무주택자들이 이를 부담 없이 사들일 수 있는 시간적 여유나 제도적 장치가 마련된 게 없다. 시장 메커니즘의 선순환이 힘들다. 시장원리 순응보다 투기 규제에 치우친 느낌을 준다. 옥에 티다.

정책의 일관성이 뒤진다. 보유세, 양도세, 거래세를 모두 올리다 보니 시장에 주는 시그널이 모호하다. 집을 사라는 건지, 팔라는 건지, 갖고 있으라는 건지 분간이 안 된다. 양도세 강화로 팔기가 어렵고, 종부세 인상으로 보유도 힘들다. 증여하려 해도 중과세를 피할 수 없다. 그래도 무주택자의 북받치는 설움에 비할 바 아니다. 집값이 다락같이 올라있고, 대출 규제와 실거주 요건 강화에다 취득세마저 올라 내 집 마련이 사실상 불가능해졌다.

거래세를 낮추고 보유세를 올리는 것이 바람직한 방향이다. 경제협력개발기구(OECD)도 이와 같은 생각이다. 동결 효과가 있는 부동산 거래세의 비중을 줄이고 생산, 노동, 투자, 공급 의사결정에 영향이 작은 부동산 보유세를 늘려야 한다는 의견이다. OECD 자료에 따르면 지난해 한국은 GDP 대비 부동산 조세 비율이 3.9%로 영국 다음으로 높다. OECD 평균은 1.8%에 불과하다.

거래세 낮추고 보유세 늘려야… 초과이익 환수 신중하고, 정책 간 상호 작용 살펴야

1세대 1주택자에 대한 배려가 더 필요하다. 실거주 1주택자를 투기자로 몰아치면 안 된다. 거주목적 소유자가 대다수이다. 이들에게 세금 면제는 못 해줄망정 일정 정도의 감면은 당연하다. 1세대 1주택자 고가주택의 기준금액을 올려 세 부담을 덜어줘야 한다. 현행 9억 원의 기준금액은 12년 전에 정해진 것이다. 그간의 부동산 가격 상승을 감안해 현실화하는 게 맞다.

초과이익 환수는 신중을 필요로 한다. 재건축을 하다 보면 이득 보는 사람이 생기게 마련이다. 이들에게 돌아가는 경제적 이익을 백안시하거나 배 아파하면 곤란하다. 이런 식으로라도 공급을 늘려가야 집값이 안정될 수 있다. 고밀도 개발, 층높이 제한, 용적률 완화 등으로 생긴 이익이라 해서 과도한 기부채납 강요는 금물이다. 사유재산권 침해의 소지가 있다. 위헌 논란으로까지 번질 수 있다. 또 재건축 메리트를 떨어뜨려 공급 감소의 역풍이 일 수 있다.

정책 간 상호 작용을 면밀히 살펴야 한다. 예를 들면 외국어고, 과학고, 자사고 폐지의 교육정책이 주택가격 상승에 영향이 컸다. 교육적 측면만 고려하다 보니 강남, 목동 등 인기 학군 지역의 주택 수요를 끌어올려 집값과 전세가의 동반 상승을 불렀다. 국민 생활과 직결되고 파급효과가 지대한 부동산 관련 정책만큼은 직간접적 영향을 다각도로 분석해 따져야 한다.

과세에도 규준으로 삼아야 하는 원칙이 있다. 아담 스미스(Smith, A.)가 4원칙을 천명했다. 공평의 원칙, 명확의 원칙, 편의의 원칙, 경비 절약의 원칙이다. 자유주의 입장에서 값싼 정부의 원칙을 조세정책에 나타낸 것이다. 만고불변의 기준일 수 없으나, 조세 제도와 정책 시행에 기반이 되는 기본 요소임이 틀림없다. 이번 부동산 3법 개정이 스미스 기준에 얼마나 부합되는지 궁금하다. 사후약방문격이나 차후를 생각해서라도 자가 진단이 꼭 필요해 보인다.

2020년 8월 14일_ 확진환자 15,039 격리해제 13,901

법정 최고금리 10% 논란, '금리 제한'보다 '대출 경쟁'

불공정·불평등 금융 구조… 고리 대출 막는 제도적 장치 마련해야

정치와 경제가 다른 점 하나. 정치는 힘의 논리가 득세하나 경제는 시장 원리가 지배한다. 정치인은 이를 자주 혼동한다. 법으로 시장을 이기려 든다. 최근에도 그런 일이 생겼다. 국회에서 법정 최고이자율을 10%로 낮추는 법 개정안이 잇달아 발의되었다. 이를 어기면 3년 이하 징역이나 1억 원 이하 벌금에 처하는 처벌 규정도 포함되었다. 10만 원 미만 금전대차에도 최고이자율 24%를 적용하도록 하자는 이자제한법 개정안을 발의한 국회의원도 있다.

이재명 경기지사는 민주당 국회의원 모두에게 편지를 보내 등록 대부업체의 법정 최고금리를 10%로 제한해줄 것을 건의하고 나섰다. 논지가 일견 타당해 보인다. 연평균 경제성장률이 10.5%에 달하던 1970년대 박정희 정부 시절에도 이자제한법상 법정 최고금리가 연 25%였음을 상기시킨다. 기준금리 0.5%의 저금리·저성장 시대로 접어든 지금의 연 24% 이자율은 터무니없다는 강변이다. 옳은 말씀이다. 백번 공감이 간다.

최근 경기 불황 지속과 코로나19로 인한 서민경제 침체로 제1·2금융권 이용이 힘든 저소득자 및 저신용 금융 취약 계층의 이자 부담이 가중되는 실정이다. 정작 본질은 따로 있다. 법정 최고이자율을 10%로 낮추면 서민들의 이자 부담이 과연 낮아질 수 있느냐의 문제다. 장담하기 어렵다. 법이 개정되면 당장은 고리 대출이 자취를 감출지 모르나, 결국은 이로 인한 역작용이 더 클 것으로 다들 내다보고 있다. 세상 물정에 어두운 일부 정치인들만 빼고는.

아시아개발은행이나 세계은행의 연구보고서 역시 같은 입장이다. 이자율 상한 정책(IRR)의 폐해를 지적하며 신중한 접근을 권한다. 세계은행 보고서는 두 가지 시나리오를 상정해 명쾌한 결론을 내린다. 하나는 시장 금리보다 높은 수준에서 설정된 이자율 상한은 전체 시장에 영향을 미치지 않으며, 약탈적 고리 대출을 막는 방법이 될 수 있다는 내용이다. 또 다른 하나는 시장 수준보다 훨씬 낮은 이자율 상한은 전체 신용공급을 줄일 수 있다는 의견이다.

시장 수준보다 낮은 이자율 상한… "고리 대출 못 막고 신용공급 감소 우려"

세계은행 기준대로라면 한국은 후자에 속한다. 정하려는 이자율 상한 10%가 시장 금리를 상회한다. 고리 대출은 못 막고 되레 신용공급을 줄이는 해를 볼 수 있다는 얘기다. 현재 중·저신용자 대출 금리는 10~20% 수준이다. 신용등급 7~10급 소비자가 카드업체 장기대출 신청 시 14~19%, 캐피털 업체 대출 신청 시에는 14.2~23% 이자를 물어야 한다. 저축은행 신규대출 금리도 18% 수준이며, 시중은행 중금리 대출 금리도 10%를 훌쩍 넘는다.

업계가 어이없어하는 이유다. 현실 감각 부재를 비웃는 눈치다. 저신용자를 불법 대부업체로 내모는 풍선효과를 우려한다. 서민의 급전 창구를 틀어막는 역효과가 생길까 걱정한다. 중·저신용 차주가 주로 찾는 저축은행이나 신용카드사는 은행과 견줘 자금 조달 비용이 많이 든다. 이자 상한을 내리면 역마진이 나는 구조다. 고객 상당수가 담보가 없거나 다중채무자로서 대손 위험이 커 대출 금리가 높아지는 측면도 있다.

이자율 상한 무용론으로 오해를 사면 곤란하다. 한국을 포함해 대다수 나라에서 방법과 형태는 다르나 이자율 상한을 제한하고 있다. 세계은행 자료에 의하면 세계 76개국에서 이자율 상한을 규제하고 있다. 실제로 필요하고 유용한 조치임에 의심의 여지가 없다. 다만 이자율 상한을 통제하는 방식이 실효적이고 합리적이어야 한다는 점이다.

이럴 때 국가가 할 수 있는 일이 무얼까. 한마디로 '제한'보다 '경쟁'이 낫다. 시장 금리보다 턱없이 낮은 수준에서 최고금리를 법으로 정하는 것은 바른 선택이 못 된다. 대신 금융회사의 진입장벽을 낮추고 경쟁을 부추기는 것이 유효한 대안일 수 있다. 시장 원리도 거스르지 않는다. 새로운 시도가 아니다. 우리나라가 2011년 1월부터 신용보증기금을 통하여 전 세계 금융시장에서는 최초로 역경매 방식의 '온라인 대출 장터'를 도입해 운영한 바 있다.

금리 역경매, '대출 장터'… 금리 인하 효과 컸으나 관심 부족에 조기 폐쇄

은행 등 금융회사의 우월적 지위와 높은 협상력으로 인해 이론적인 수준보다 대출 금리가 높게 형성되는 것을 막아 금리를 인하하려는 취지에 서였다. 시장의 반응이 좋았고 금리 인하 효과도 양호했다. 대출 장터 제도의 도입으로 은행 간 경쟁이 치열해지고 기업이 은행들의 금리 조건을 비교해 대출을 선택할 수 있게 되면서 금리가 내려가는 효과가 있었다.

강맹수, 권의종&이군희(2012) 연구가 이를 실증 분석했다. 대출 장터 시행으로 인한 직·간접적 금리 인하 효과가 최대 73bps(0.73%)까지로 나왔다. 대출 장터는 최우수 금융 상품으로 대한민국 금융대상에 선정되었고, 국내외 금융, 산업, 학계로부터 첨단의 혁신 사례라는 극찬을 받았다. 호사다마였을까, 기업과 은행의 관심과 신보의 의지가 시들해지면서 3년을 넘기지 못하고 장터 문이 닫히고 말았다. 지금 와서는 이를 기억하는 사람조차 드물 정도다.

공급자 주도의 한국 금융환경에서 역경매 대출의 실효성에 대한 의구심이 제기될 수 있다. 결론부터 말하면 기우에 불과하다. 정보통신기술의 발달과 보급은 공급자 주도의 일방적인 시장에서 수요자와 공급자가 상호작용하는 양방향 시장으로 변화하는 계기가 되었다. 공간적 제약이 사라지고 정보가 자유롭게 유통됨으로써 수요자의 협상력과 시장에서의 지위가 이전에 비해 향상된 덕분이다.

일반적인 상품이나 서비스 시장에 비해 금융시장, 특히 대출 시장에서는 수요자·공급자 간의 관계에 큰 변화가 일어나기 힘들 수 있다. 수요자와 공급자 간의 정보 비대칭성과 소수의 공급자와 불특정 다수의 수요자가 존재하는 특성 탓이다. 하지만 금융회사가 시장가격 즉 금리를 결정하는 일방적 구도만큼은 최소한 역경매 대출을 통해 변화시킬 수 있다. 불공정·불평등 금융구조의 구원투수, 고리 대출 막는 골키퍼 역할의 '대출 장터'. 어서 다시 살려내야 한다.

2020년 8월 22일_ 확진환자 15,399 격리해제 14,200

'부동산 감독원' 만들어 투기 잡겠다니

부동산 질서 잡히면 감독기구 불필요… 정확한 진찰과 적절한 치료가 병 고쳐

한국인은 급하다. 의사결정이 빠르다. 사탕을 느긋하게 빨아 먹지 않고 단번에 깨물어 먹는 독특한 민족 아니랄까 봐, 사업도 속전속결이다. 처음에는 작게 시작해 사업성을 확인한 후 점차 성장시키려 하기보다는 단번에 공장을 크게 짓고 곧바로 조직 확대를 서두른다. 신도시 조성 때도 집부터 짓고 본다. 교통편, 교육기관, 편의시설 등 인프라 조성은 나중 일이다. 준공 후에도 입주민은 허허벌판에서 한동안 불편을 겪으며 지내야 한다.

앞뒤 안 재는 습성은 공공부문도 예외는 아니다. 정책 결정이 전광석화와 같다. 빠름이 능력으로 인정되고 날쌤이 소신으로 평가된다. 시간을 두고 신중하게 검토하는 경우가 드물다. 대신 윗선의 지시사항 이행에는 능하다. 잽싸게 해치운다. 설익은 정책이 남발되는 이유다. 부동산 감독기구만 해도 그렇다. 문재인 대통령이 수석보좌관 회의에서 설치 검토의 필요성을 언급하자, 정부와 정치권이 돌연 부산한 움직임이다.

집값 호가 조작이나 담합, 허위매물 등 시장 교란 행위에 대한 처벌을 법제화하려는 모양새다. 또 이런 규율을 감시·감독하고 집행할 별도의 기구를 새로 만들 요량이다. 정부가 어려운 부동산 시장 상황을 단속할 기관이 마땅치 않다고 보는 것 같다. 지금도 국토교통부 산하에 부동산시장 불법행위 대응반이 활동 중이나 이들만으로는 역부족이라는 판단을 내린 듯하다.

새로 출범할 부동산 감독기구를 두고 말들이 많다. 논쟁이 백가쟁명 수준이다. 호떡집에 불난 듯 서두르는 걸 보면 밑그림조차 없어 보인다. 권한, 범위, 기존 조직과의 역할 분담에 대한 설왕설래가 끝없다. 정작 기구 설치에 관한 타당성 검토는 없다. 대통령의 '설립 검토'지시를 '설립'지시로 넘겨짚고 알아서 기는 분위기다. 기구 신설을 기정사실로 보고 준비에 박차를 가하는 형국이다.

윗선 지시 있어야 움직이는 관료… 대통령의 부동산감독기구 언급 있자 '부산'

감독기구의 소관 부처를 놓고 벌이는 기 싸움이 볼만하다. 부동산 주무부처인 국토교통부 산하에 둘 것인지, 총리실 산하나 금융감독원처럼 독립기구로 설치할지, 아니면 범정부 상설기관인 '부동산 시장 불법행위 대응반'의 확대 형식이 될지, 눈치 싸움이 치열하다. 조직 인원도 최소 수백 명에서 최대 2,000여 명까지 다양하게 거론된다. 다들 이해득실 저울질에 바쁘다.

부동산 시장이 예사롭지 않다. 시장의 자정 기능에만 맡기기 힘든 지경에 와있다. 정부가 23번씩이나 부동산 대책을 내놨으나 사실상 속수무책이다. 백약이 무효다. 집값 폭등, 전세 급등, 청약 광풍이 진정되지 않고 있다. 호가 조작, 허위매물, 집값 담합 등 불공정 행위까지 기승을 부린다. 준동하는 시장교란 세력에 대한 적발과 처벌이 다급한 실정이다.

그럼에도 기구 신설만이 능사가 아니다. 조직 추가의 근거가 미약하다. 부동산 거래를 관리하는 부처와 기관들이 다수 존재한다. 여기에 감독기구까지 가세하게 되면 개인의 재산권 침해가 우려된다. 지금으로서는 국토교통부, 검찰, 국세청, 금감원 등을 활용하는 게 방책일 수 있다. 이들 기관 간 업무 협조만 잘돼도 시장 교란쯤은 능히 잠재울 수 있다. 인력이 부족하면 그때그때 보강하면 된다.

단기적 현상만 보고 기구를 만들 순 없다. 규제로 시장을 이기려는 발상만큼 무모한 게 없다. 부동산 시장이 침체기에 접어들면 투기는 자연 수그러들 게 마련이다. 우선 급하다고 상시적 감독기구를 덜렁 만들어 놓고 추후 시장이 안정되면 어쩔 것인가. 공공조직은 만들기는 쉬우나 없애기는 어렵다. 구태여 파킨슨의 법칙(Parkinson's law)까지 인용치 않더라도 공무원 수는 일의 양과 관계없이 늘어나는 묘한 속성이 있다. 관료주의 확산만큼 끈질긴 게 없다.

기구 신설의 근거 및 실효성 미약… 빠듯한 재정 형편에 필요한지 심사숙고 필요

감독기구의 실효성 확보가 쉽지 않다. 올해 2월 출범한 부동산 시장 불법행위 대응반도 아직 실적이 검증되지 못하고 있다. 각종 규제가 촘촘히 가동되고 있는 마당에 감독기구까지 작동할 경우 거래 급감과 시장 위축을 키울 수 있다. 규제는 하면 할수록 편법이 판을 친다. 가격 상승과 시장 교란으로 이어져 서민의 주거 안정을 해치는 역기능으로 되돌아올 수 있다.

편익·비용 분석을 잘해야 한다. 공공기관 신설은 상당한 인적자원과 적지 않은 예산을 필요로 한다. 코로나 팬데믹과 경기침체 지속으로 돈 쓸 곳은 많으나 세수가 줄고 있다. 국채 발행으로 충당해야 한다. 빠듯한 재정 형편에서 부동산 감독기구 신설이 꼭 필요한 일인지 심사숙고를 거듭해야 한다. 세계 어느 나라에서도 부동산 시장만을 감독하는 정부 기관은 찾아보기 힘들다. 그들 나라라고 부동산 투기가 없었겠는가.

나쁜 선례가 될 수 있다. 농산물 가격이 폭등하면 농산물 감독기구를 만들고, 원자재나 제품 가격이 급등하면 공산물 감독기구를 둘 것인가. 또 임금 체불이 늘어나면 급여 지급을 감독할 기관을 세우자는 주장이 나오지 않으리란 보장이 없다. 대한민국이 '규제 천국', '감독 공화국'이 돼서야 쓰겠는가. 국민도 부동산 거래를 빌미로 사적(私的) 경제활동을 감독받고 감시당하고 싶은 마음이 추호도 없을 것이다.

솔직히 부동산 문제의 발단은 공급 부족에 있다. 그간 수요 억제에 집중한 나머지 서울권역의 주택 공급이 충분치 못했던 게 패인이었다. 정부가 이로 인한 시장 혼란을 다잡기 위해 부동산 3법과 임대차 3법을 개정하고, 급기야 부동산 감독기구 신설까지 거론케 된 것 아닌가. 문제를 뒤집으면 답이 되곤 한다. 앞으로 주택 공급을 늘리면 시장 질서가 회복되고, 그렇게 되면 부동산 감독기구는 필요 없어질 것이다. 정확한 진찰과 빠르고 적절한 치료가 병을 고친다.

2020년 8월 31일_ 확진환자 20,182 격리해제 15,198

프로야구 오심 논란, 'AI 심판' 두면 될 것을

'8월의 오심', 대한민국 스포츠 강국 만들고… 스포츠史에 전화위복 이정표 되기를

오늘 코로나 확진자가 2만 명을 돌파했다. 4월 2일 1만 명을 넘은 지 정확히 5달 만이다. 스포츠도 혼란스럽다. 프로야구 오심이 잦다. 코로나 와중에서 그나마 위안거리가 비난거리로 변했다. 언론 보도가 비등하고 팬들의 실망감이 크다. 그럴 만도 하다. 연이틀 같은 팀끼리 경기에서 같은 심판의 오심이 반복되었다. 아무래도 이번에는 그냥 넘기기 힘들 것 같다. 한국 프로야구 장래를 생각해서라도 심판진 문제에 대한 대책 마련이 시급해 보인다.

8월 22일 KIA-키움전. KIA는 선발 양현종의 6⅔이닝 무실점 호투를 앞세워 8회 말 주자 없이 1사 후에 승리를 목전에 두고 있었다. 이정후의 타구가 길게 담장 쪽으로 치솟았고 중견수 김호령이 펄쩍 뛰어 담장에 부딪치는 슈퍼 캐치를 펼쳤다. 보기 드문 명수비였다. 순간 황당한 판정이 나왔다. 최수원 2루심은 2루타를 선언했다. KIA는 비디오판독을 요구했으나 이미 2번의 기회를 다 쓴 뒤였다. 판정을 뒤집을 수 없었다.

팬들의 분노는 당연했다. 심판 퇴출 서명운동과 함께 청와대 국민청원까지 넣었다. KIA 맷 윌리엄스 감독도 분을 삭이지 못했다. 문제의 장면을 밤새 100번도 더 봤다고 한다. 문제가 그걸로 그치지 않았다. 다음날 경기에서도 똑같은 일이 벌어졌다. 전날 오심을 했던 바로 그 심판이 또다시 판정 논란의 중심에 섰다. 공교롭게도 전날과 같은 8회 말. KIA가 6-5로 앞선 2사 1, 3루 상황에서 KIA는 홈으로 쇄도하는 키움 3루 주자 김웅빈을 아웃시켰다.

키움은 비디오 판독을 요청했고 판정은 세이프로 뒤집혔다. 비디오 판독 시간이 3분 넘게 걸렸다. 한국야구위원회(KBO) 규정에 따르면 3분이 지나면 원심을 뒤집을 수 없게 돼 있다. 윌리엄스 감독은 손가락 세 개를 펴 보이며 강력히 항의했다. "You make the wrong call again! Again!(당신은 또 오심을 저질렀어! 또!)" 어게인을 거듭 외쳤다. 심판진은 비디오 판독에 항의했다며 되레 감독을 퇴장시켰다. 공정성보다 심판 권위를 앞세운 행동으로 비쳤다.

연이틀 같은 팀끼리 경기서 같은 심판 오심… 규정보다 심판 권위가 우선

KBO 규칙대로라면 정당한 판정일 수 있다. 비디오 판독 시간 3분을 초과해도 번복이 인정되는 조항 때문이다. 기술적인 문제로 인해 판독이 지연되거나 복합적인 규칙 등을 적용하여 판단해야 하는 경우는 예외다. 판독 시간을 초과할 수 있다. KBO 측은 두 가지 모두에 해당한 경우로 설명했다. 홈 충돌 방지 규정이 예외 조항에 해당하였고, 같은 시각 잠실 경기에서도 홈런 판독 요청이 함께 들어왔다는 해명이었다.

규정 잘못보다 운영 실책의 측면이 크다. 실제로 규정을 해석하고 적용하는 과정에서 범하는 잘못과 오류가 적지 않다. 꿈보다 해몽이라고 같은 현상을 두고 심판마다 해석이 제각각이다. 유리한 규정만 골라 인용하는 경우도 있다. 이쯤 되면 룰은 심판 마음대로다. 귀에 걸면 귀걸이 코에 걸면 코걸이다. 문제 해결은커녕 갈등만 키우는 꼴이다.

오심 판정은 어제오늘의 일이 아니다. 비단 우리나라만의 문제도 아니다. 국내외 체육계의 고질적 병폐다. 2006년 3월 미국에서 개최된 월드베이스볼클래식(WBC)에서 미국인들은 승리 지상주의의 추악한 단면을 보였다. 또 2004년 아테네 올림픽의 승마, 체조, 역도, 투기 종목 일부에서 오심이 문제가 되었다. 특히 남자체조의 양태영과 여자역도의 장미란 선수의 판정에 대한 오심이 국내외로 화제가 된 적도 있다.

심판도 사람이다. 먼 외야에서의 포구 상황을 맨눈으로 확인이 어려울 수 있다. 다만 심판이 본인 판단에 확신이 안 설 때 비디오판독을 통해 오심을 막는 기회가 주어지는 게 당연하다. 유감스럽게도 그런 규정은 없다. 있다가 없어졌다. 지난해까지 구단의 신청과 별도로 경기당 1회에 한해 심판 재량으로 비디오판독이 가능했다. 1년 만에 돌연 폐지되고 말았다.

잘못 있을 수 있으나 반복이 문제… 아날로그 판정 대신하는 'AI 심판'이 대안

잘못은 생길 수 있다. 고치면 된다. 윌리엄스 감독의 말마따나 오심의 '어게인'이 문제다. 이참에 확실한 대책 마련이 이뤄져야 한다. 오심 판정을 뿌리 뽑을 수 있는 혁명적 조치가 긴요하다. 관련자 징계나 운영 개선 정도로는 태부족이다. 아예 심판 자체를 없애는 '무심판' 운영이 대안일 수 있다. 심판의 아날로그적 판정을 인공지능(AI) 디지털 기술이 대신하면 된다.

'AI 심판'을 두면 난제가 줄줄이 해결된다. 당장 판정시비가 원천적으로 사라진다. 또 경기 시간을 크게 줄일 수 있다. 심판 판정과 비디오판독에 걸리는 시간이 생략되기 때문이다. 국내외 야구계의 최대 난제인 경기 시간 단축에도 일조할 수 있다. 심판에 따라 달리 운용되는 스트라이크 존 문제도 자동 해소된다. 경기장 내 주루 심판에 따른 경기 방해 역시 생길

리 없다. 여기에 인건비 등 비용 절감은 덤이다.

경기력 향상과 더불어 스포츠 문화가 일신될 것이다. 제반 기대효과는 비단 야구 종목에 국한될 리 없다. 축구, 농구 등 단체경기는 물론 개인종목으로 확산은 시간문제다. 해외로 전파되어 글로벌 무심판 경기의 시발점이 될 수 있다. 더욱이 스포츠 디지털화는 사업 전망도 밝다. 스포츠 프로화 추세, 여가문화 확산, 스포츠 저변 인구 확대 등으로 비즈니스 타당성이 상당하다. 돈 되는 유망사업이다.

부단히 애쓰다 보면 대한민국이 4차 산업혁명 시대를 선도하는 스포츠 강국으로 당당히 자리매김할 수 있다. 스포츠 한류가 세계로 도도히 흘러나갈 것이다. 분수에 맞지 않는 말을 희떱게 지껄이는 호언장담이 아니다. 이 또한 생각하기 나름이고 마음먹기 달렸다. 훗날 2020년 '8월의 오심(誤審)'이 세계 스포츠 역사에 전화위복의 이정표가 되었으면 좋을 것 같다. 허황한 꿈이 아니길 바란다.

2020년 9월

2020년 9월 1일_ 확진환자 20,449 격리해제 15,356

부동산 신(新)계급사회, '집'이란 무엇인가

부동산 천민자본주의 시대… 개인주의·공동체의식 융합의 선민자본주의 펼칠 때

우리의 양반문화는 뿌리가 깊다. 고려 시대로까지 소급한다. 신분은 귀족-중류층(향리를 비롯한 하급 귀족)-평민-천민의 4단계로 구성된다. 앞의 두 계급이 지배 계층, 뒤의 두 계급은 피지배 계층이다. 조선의 신분 질서는 초기에는 양인-천민의 양천제이다. 중기로 가면서 양반-중인-상민-천민의 4단계 반상제로 분화된다. 이마저 양반 수가 늘면서 해체의 길로 접어든다.

임진왜란과 병자호란을 겪은 후 공명첩 발급, 족보 위조 등으로 반상제가 흔들리기 시작한다. 조선 초 전체 인구의 10%에 불과했던 양반 수가 조선말에는 전체 인구의 50%로 늘어난다. 초기 양반은 0.2%뿐이었으나 조선말에는 90%까지 급증했다는 주장도 있다. 왕족 아닌 성씨가 없고 고관대작 조상을 안 둔 집안이 없었을 정도다. 뼈대 있는 '멸치 가문'이 일색이었다.

신분제도는 1895년 갑오개혁으로 공식 폐지된다. 그래도 신분제의 굴레는 벗겨지지 않는다. 천민 출신은 계속 부당한 차별을 당해야 했다. 결혼, 취직 등에서 극심한 제약을 받았다. 이런 풍조는 계급을 인정치 않은 일제강점기까지 이어진다. 6.25 전쟁으로 신분제는 더욱 쇠락한다. 전쟁으로 생존을 걱정해야 하는 마당에 가문이나 출신을 따질 여유가 없었다.

제1공화국의 농지개혁법 시행도 신분 문화 파괴에 일조한다. 계급사회의 정점에 있던 지주들이 몰락하면서 종속적인 신분 구조가 붕괴한다. 이어 60년대 이후 경제개발이 본격화되고, 대규모 인구이동, 소득수준 향상, 출신 불문의 공직 채용이 이루어지면서 그나마 부지되던 신분 문화는 종말을 고하게 된다.

갑오개혁, 6·25전쟁 거치며 계급의식 쇠락… 지금은 '집'이 신분 결정의 새 기준

그렇다고 이 땅에서 신분제도가 사라진 것은 아니다. 신(新)계급제도가 등장했다. 양반제도를 대신해 '집'이 신분 결정의 새로운 기준으로 자리 잡았다. "어디 사세요?"는 단순히 거주지를 묻는 말이 아니다. 상대의 신분을 확인하는 촌철살인의 뼈있는 질문인 경우가 태반이다. 실제로 거주 지역과 주택 형태에 따라 나뉘는 주거 계급화의 일그러짐 정도가 크고 깊기만 하다.

'집'은 사람들이 생계를 일궈가는 보금자리만을 뜻하지 않는다. 주거의 개념을 넘어 성공의 상징물로 인식되는 경향이 오히려 크다. 오랜만에 만난 지인은 물론 초면인 사람끼리도 상대의 거주지에 유독 관심을 보인다. 강남 지역에 살거나 중대형 아파트에 거주하면 성공자로 여기고, 그렇지 못하면 실패자로 낙인찍는 황당한 이분법의 잣대를 서슴없이 들이대곤 한다.

옛날이 좋았다. 70~80년대만 해도 중동 건설 현장에서 3년 정도 땀 흘리면 강남아파트 두 채는 너끈히 장만할 수 있었다. 90년대 말이나 2천 년대 초반까지도 내 집 마련의 기회는 열려있었다. 주택청약저축에 가입하거나 조합주택에 가입하면 신규 아파트 분양이 가능했다. 지금은 꿈도 못 꿀 일이다. 평생을 모아도, 대출을 보태도 내 집 마련이 힘들 정도로 집값이 뛰었다. 좋은 직장에 들어가도, 의사 판검사 등 천하 없는 직업을 가져도 불가능한 일이 되었다.

수치가 말한다. 서울의 가구 연 소득 대비 주택가격 비율을 뜻하는 PIR(Price to Income Ratio)지수가 높아진다. 올해 6월 기준 14.1에 달했다. 3분위, 즉 소득 상위 40%~60%에 속하는 서울 가구가 아파트 한 채를 마련하려면 월급을 한 푼도 안 쓰고 모아도 14.1년이 걸린다는 얘기다. 더 큰 걱정은 근로의욕 저하다. 뼈 빠지게 일해 봤자 집 하나 못 마련하는 판이다. 일할 맛이 날 리 없다. 영혼까지 끌어모으는 '영끌', 빚내 투자하는 '빚투'의 동학개미가 느는 이유다.

집에 울고 집에 좌절하는 삶… 부동산에 저당 잡힌 우리 시대의 슬픈 자화상

'직(職)보다 집'이 대접받는 세상이다. 하늘같이 높은 장관 자리도 집 앞에서는 맥을 못 춘다. 청와대 다주택 참모들 가운데 전 민정수석 등 일부는 집을 팔지 않은 채 공직을 떠났다. 예전 같으면 상상조차 힘든 일이다. 저간의 사정이야 어떻든 결과적으로 청와대 참모들이 자리 대신 주택을 선택하는 일이 벌어졌다. 고위공직자 선임의 인사기준이 집의 숫자라는 사실이 믿기지 않는다.

부동산은 불패다. 신화는 계속된다. 집을 매개로 한 부동산 열병은 내 집 마련의 소박한 꿈과 한탕을 노리는 탐욕이 뒤범벅되어 있다. 화려한 부동산 무용담이 도처에 넘쳐난다. 그 이면에는 집에 발목 잡혀 허덕대는 슬픈 사연이 지천으로 널려 있다. 젊은이들이 비싼 주택비용으로 출산을 미루거나 결혼을 포기하는 것은 이제 뉴스거리도 안 된다. 집에 울고, 집에 좌절한다. 부동산에 저당 잡힌 우리 시대의 슬픈 자화상이다.

연이은 정부 대책은 약발은커녕 역기능과 부작용만 양산한다. 마구잡이

난개발로 환경은 병들고 있다. 집을 가진 이도, 집을 갖지 못한 이도 살아가기 팍팍한 게 지금 우리의 삶이다. 소유자는 가중되는 세금에 시달린다. 무주택자는 늘어가는 전·월세 부담에 허리가 휜다. 집주인은 매년 정부에 가중되는 세금을 문다. 세입자는 매달 집주인에게 적지 않은 월세를 낸다. 모두가 '빚진 자'들이다.

주택이 사람 사는 집이 아니라, 신분을 사는 곳으로까지 변질된 세태가 어지럽다. 부동산 천민자본주의를 극복하고 인간성 회복을 위해서는 경제적 측면에서뿐만 아니라 윤리적인 면에서의 노력이 긴요하다. 정부는 부동산 가격 등락에 일희일비할 게 아니다. 정치 사회적인 중심 가치를 부동산 정책에 접목해야 한다. 개인주의와 공동체 의식을 조화롭게 융합하는 따뜻한 선민자본주의를 펼칠 때다. 부동산 신(新)계급주의는 양반문화만도 못하다. 더 지독한 망국병이다.

2020년 9월 11일_ 확진환자 22,055 격리해제 18,029

가진 자만 배 불리는 공모주, '서민들에게도'

일반 투자자에 공모주 배정 늘리면… 국민과 기업, 경제에 유익되는 '일석삼조'

공모주 청약이 광풍이다. 기업이 공개를 통해 증권시장에 상장하는 경우 일반인에게 주식을 배정하는 공모주가 폭발적 인기다. 카카오게임즈가 일반 투자자에게 320만 주의 공모주를 배정했다. 청약증거금이 자그마치 58조 5,542억 원이 몰렸다. 내년 예산 556조 원의 10분의 1을 넘는 금액이다. 경쟁률이 1524.85대 1에 달했다. 청약고객 수는 총 41만 7,000여 명. 1인당 평균 1억 4,000여만 원을 청약했다.

최다 주식 배당자는 20억 원을 넣고 112주를 받았다. 10억 원을 넣고도 50여 주밖에 배정받지 못했다. 4만여 명은 1천만 원을 넣고도 단 한 주도 못 받았다. 소문난 잔치치고는 먹을 게 별로였다. 그래도 저금리 시대에 이만한 돈벌이가 없다. 청약 후 2영업일 뒤 증거금이 환불되는바 짧은 기간에 짭짤한 수익을 올릴 수 있다. 가족이나 지인에게 돈을 빌리거나 은행에서 대출을 받아도 이자 비용을 제하고 차익 시현이 가능하다. '돈 놓고 돈 먹는' 알짜 비즈니스다.

공모주 청약 때마다 대출 시장이 출렁이곤 한다. 역대 최대 증거금을 끌어모은 카카오게임즈 공모 때도 예외는 아니었다. 청약이 진행된 이틀 동안 5대 시중은행의 신용대출 잔액이 4조 7,000억 원 가까이 폭증했다. 사상 최대치를 보인 8월 한 달간 이들 은행의 신용대출 증가분인 4조여 원을 넘는 규모였다.

자기 돈 내고 합법적으로 돈을 벌겠다는데 누가 뭐라 하겠는가. 자본주의의 꽃으로 불리는 증권시장에서 주식에 투자하는 행위는 오히려 권장할 만한 일이다. 투자자는 자본 이익을 얻을 수 있고 기업은 필요한 자금을 조달할 수 있다. 순기능이 실로 지대하다. 공모주 제도의 목적과 취지는 더없이 좋으나 운영 방식에서는 문제점이 여기저기서 산견 된다.

'돈 놓고 돈 먹는' 공모주… 제도 취지는 좋으나, 운영 방식에 문제 많아

공모주로 가장 이득을 보는 쪽은 대주주다. 기업 소유자가 자기 회사 주식을 증시에 상장시켜 경제적 이익을 취하는 것은 지극히 당연한 일이다. 다만 누리는 혜택이 과다하다는 의견이 없지 않다. 실제로 SK바이오팜의 대주주가 일약 돈방석에 올랐다. 카카오게임즈의 주요 주주도 갑자기 횡재했다. 청약이 임박한 BTS의 소속사인 빅히트엔터테인먼트의 대주주는 천문학적 수익을 거둘 것으로 예상된다.

증권사들이 거두는 수익도 막대하다. 엄청난 수수료 수입을 챙기고 거액을 며칠간 무이자로 활용할 수 있다. 위탁계좌도 크게 늘리게 된다. 환불금의 상당액이 예탁금으로 남게 됨에 따라 이를 재투자로 유도하면 추가 수익을 얻을 수 있다. 실제로 증권사 예탁금이 SK바이오팜 청약 후 50조 원을 돌파했다. 카카오게임즈 청약 뒤에는 63조 원을 넘었다. 우리사주 직원들도 큰돈을 번다. 배정받은 주식을 조기 처분하기 위해 회사를 떠나는 직원들까지 생겨날 정도다.

가진 자만 배를 불리는 공모주 청약제도. 개선이 시급하다. 일반투자자 참여 비율부터 늘려야 한다. 현행 배정 비율은 일반공모 80%, 우리사주조합 20%다. 일반공모는 기관투자자 60%, 일반투자자 20% 비율로 배분되고 있다. 증권인수업무 등에 관한 규정 제9조에 따르면 '일반 청약자에게 공모주식의 20% 이상을 배정한다.'라고 되어있다. 그간 20%로 너무 짜게 운영되어 온 것이다.

청약증거금 비율은 낮춰야 한다. 현행 증거금 비율 50%는 너무 높다. 단 이틀간 활용을 위해 거금을 끌어들이는 무리수를 두게 한다. 또 청약기간이 끝나면 곧바로 증거금의 거의 전액이 환불된다. 이런 비효율이 없다. 돈 많은 사람에게는 기회일 수 있으나, 가진 게 없는 서민들로서는 언감생심이다. 불특정 다수를 위해 만들어진 공모주 제도가 특정 소수만의 전유물로 전락해 있다.

일반투자자 배정 높이고, 증거금률 낮춰야… 고액자산가에 유리한 구조 손봐야

계산상으로 볼 때 현행 청약증거금 비율 50%는 2대 1 경쟁을 가정한 것이다. 청약경쟁률이 수백 대 1에 달하는 상황에 비춰볼 때 비현실의 극치다. 100대 1만 가정해도 1%의 증거금이면 족하다. 그 정도만 돼도 국민 누구나 공모주 청약에 나설 수 있다. 사전 수요예측을 통해 기업별로 증거금 비율을 차등화할 수도 있다. 설사 청약이 미달한다 해도 추가 모집을 하거나 주관사가 잔여분을 인수케 하면 된다.

기관투자자와 고액자산가에게 이로운 구조도 함께 손봐야 한다. 현행 배정방식은 기관투자자가 우선이다. 증권사와 거래가 많은 고액자산가에게 유리하다. 복수계좌 허용과 우대고객 추가 청약 한도 부여의 혜택이 지나치다. 복수계좌 허용이란 공모청약 신청을 받은 증권사들 모두에 계좌가 있으면 중복 청약이 가능함을 뜻한다. 여기에 본인 외에 가족이나 친

척 계좌를 동원해 신청 가능 계좌를 더 늘릴 수 있다.

우대고객 추가 청약 한도 부여는 증권사들이 자신들과 평소 거래가 많은 고객에게 더 많은 청약 한도를 부여하는 것을 말한다. 그런 점에서 일본, 홍콩, 싱가포르의 사례는 벤치마킹감이다. 일반 청약자 의무배정을 복수계좌 청약 금지를 전제로 소액청약 우대, 추첨 등으로 투자 기회 확대하고 형평성을 높이는 방식으로 운영된다. 참고할 부분이다.

코로나19와 경기침체 지속으로 국민의 삶이 고단하다. 실물경제는 어려운데 주식시장이 뜨겁고 부동산 시장이 불패 신화를 이어간다. 부익부 빈익빈이 갈수록 심해지고 있다. 증시와 부동산 시장을 맴도는 부동자금을 생산적 부문으로 물꼬를 돌리는 지혜를 짜내야 할 때다. 일반투자자 공모주 배정 비율을 늘려 우량 주식을 널리 보급하면 국민과 기업, 국가 경제에 모두 유익이 된다. 일석삼조다. 빚내서 주는 재난지원금보다도 낫다.

2020년 9월 18일_ 확진환자 22,893 격리해제 19,970

조영남과 이재명, 아이디어맨은 다다익선

양질 정책은 참신한 발상에서 비롯… 아이디어 제안은 비난 아닌 존경받을 일

조영남이 돌아왔다. 대한민국 포크 음악의 레전드가 오랜만에 방송에 나왔다. 송창식, 김세환, 기타리스트 함춘호와 '뽕숭아학당'에 모습을 보였다. 젊은 시설 친구의 권유로 얼떨결에 오디션 무대 '대학생의 밤'에 섰던 사연을 소개했다. 이어 자신이 만든 노래 'Don't worry about me'를 불렀다. 시청률이 순간 치솟았다. 최고 1분 시청률이 14.4%에 달했다. 지상파를 포함해 수요 예능 1위를 차지했다.

세상 부러울 게 없을 그에게도 시련은 있었다. 노래가 아닌 그림 때문이었다. 그림이 문제가 되어 재판까지 받았다. 가수가 그림 개인전까지 열어 부러움을 한 몸에 받았다. 하지만 그게 되레 화근을 불러들일 줄이야. 화가를 고용해 그림을 그리게 한 후 자신은 가벼운 덧칠만 하고 자기 이름으로 그림을 판 것이 사기죄로 몰린 것이다.

1심은 유죄였다. '대작 화가가 그림의 대부분을 그렸는데도 이를 알리지 않아 구매자들을 속였다.'는 이유였다. 2심과 대법원판결은 달랐다. 무죄였다. 문제의 그림은 고유한 아이디어에서 출발했고, 그림을 그려준 사람들은 '기술적 보조자'에 불과하다는 판단이 내려졌다. 미술품 거래에서 처음부터 끝까지 작가가 그렸는지 아닌지는 사람마다 생각하는 중요도가 다를 수 있고, 조수를 고용해 작품을 완성하는 것이 미술계의 관행인 점이 인정되었다.

‘현대 미술은 손기술이 아닌 작가의 사상과 인식이 중요하다.’, ‘중요한 것은 아이디어’라는 주장이 받아들여진 것이다. 작가의 사상이나 인식, 아이디어가 중시되는 것은 근자에 와서 생긴 현상도 아니다. 16세기 이탈리아 천재 예술가 미켈란젤로 또한 공방을 차려놓고 교회나 왕정에서 그림을 주문받아 밑그림을 그린 뒤 조수들과 함께 색칠해 완성했던 것으로 전해진다.

현대 미술은 손기술보다 사상과 인식이 핵심… 정책에서도 중요한 건 ‘아이디어’

아이디어 하면 떠오는 사람이 있다. 이재명 경기지사다. 누가 봐도 타고난 아이디어맨이다. 새 이슈를 발굴하고 깜짝 화두를 던지는 데 그를 따라갈 자 드물다. 쉴 새 없이 쏟아내는 정책 아이디어들로 정부와 정치권을 긴장시키곤 한다. “이건 또 뭐지?” 내용 파악에 부산을 떨게 만든다. 혹자는 내용도 모르면서 어깃장부터 놓고 본다. 선점당한 의제에 대한 분풀이인지, 현안에서 소외된 위기감인지. 아니면 둘 다인지.

이 지사는 유독 ‘기본’을 좋아한다. 모든 국민에게 동일하게 지급되는 최소 생활비인 ‘기본소득’을 맨 먼저 주장한 장본인이다. 이어 무주택 중산층을 위한 장기공공임대주택인 ‘기본주택’도 제안했다. 이번에는 ‘기본대출’ 아이디어를 꺼내 들었다. 트레이드마크로 굳어진 ‘기본’ 시리즈 3판인 셈이다. 이자율을 10%로 제한하고, 일부 미상환에 따른 손실을 국가가 부담해 누구나 장기저리대출을 받을 수 있게 하자는 것이 제안의 골자다.

요지가 길다. “우리나라에는 전액 무상인 복지와 전액 환수하는 대출제도만 있고 그 중간이 없다.”, “중간 형태로 일부 미상환에 따른 손실(최대

10%)은 국가가 부담해 누구나 저리 장기대출을 받는 복지적 대출제도(기본 대출권)가 있어야 한다.", "복지국가라면 서민의 금융위험을 국가가 책임져야 하는데, 국가마저 고금리로 미상환 책임을 국민에게 전가하고 있다.", "기본대출을 통해 수탈 적 서민금융을 인간적 공정금융으로 바꿔야 한다."

칭찬보다 비난이 많다. 금융, 신용대출 시장을 근본적으로 망가뜨리는 발상으로 깎아내린다. 서민금융 공공성을 강화해야 한다는 취지는 이해되나 비현실적인 제안이라는 평가절하다. 심각한 도덕적 해이를 불러올 수 있고, 제2금융권의 전면 구조조정이 불가피해 기존 서민 금융시스템의 붕괴를 가져올 것을 경고까지 내놓는다. 애써 내놓은 아이디어가 뭇매를 맞고 있다.

아이디어 상태에서의 찬반 논쟁 무의미… 아이디어 가치 꿰뚫어 보는 혜안 중요

아이디어 상태에서의 논의는 무의미하다. 논전(論戰)만 키운다. 정작 필요한 것은 아이디어의 가치를 꿰뚫어 보는 안목과 식견이다. 물론 아이디어만으로는 정책이 완성될 수 없다. 하지만 아이디어 없이는 정책 성안 자체가 불가능하다. 초기의 아이디어는 미흡하게 마련이다. 실행 가능성을 점치기 힘들다. 뜬구름 같은 아이디어를 구체화하고 실험과 검증을 통해 성공 확률을 높이는 작업이 뒤따라야 한다.

아이디어를 정책화하려면 인적·물적 자원이 대거 투입된다. 경험과 지식, 지혜가 첨가되고 보완·보충이 이루어진다. 그럼에도 성공한다는 보장이 없다. 곳곳에 장애와 험로가 가로놓여 있다. 그러다 보니 성공하면 대개는 공로가 아이디어 제공자보다 정책화 구현자에 돌아가곤 한다. 그림 관련 1심 판결에서 아이디어의 가치보다 실제로 그림을 그린 노력을 더 인정한 것처럼.

걱정도 있다. 그리되면 어느 누구도 원천 아이디어는 물론 보완·보충 아이디어를 내려 하지 않을 것이다. 그럼 재판의 2심과 대법원에서 1심 판결을 뒤집고 아이디어의 가치를 인정한 것은 그런 점에서 진일보한 결정이다. 보이지 않는다고 없는 게 아니다. 완성된 정책에는 원래 시발점이 되었던 아이디어가 흔적조차 없는 경우가 허다하다. 아이디어에 대한 무시와 경시의 대가는 치명적이다. 사회 진보와 국가발전을 해치는 자해행위나 진배없다.

양질의 정책은 참신한 발상에서 비롯된다. 아이디어 제안은 노력 없이 거저 되는 게 아니다. 정책화 과정 못지않은 고뇌와 고행의 연속이다. 인정받고 존경받을 일이지, 공격받고 비난받을 일이 결코 아니다. 양질의 아이디어 원석(原石)에 고도의 정책화 세기(細技)가 가해질 때 보석 같은 정책으로 태어난다. 조영남, 이재명 같은 아이디어맨은 많으면 많을수록 좋다. 군계일학보다 다다익선이 낫다.

2020년 9월 30일_ 확진환자 23,889 격리해제 21,666

OECD 마이너스 성장 전망치 놓고 자화자찬

한국 경제의 2대 급선무… 팬데믹 조기 종식, 급전직하 경제 다시 세우기

의과대학 정원 확대, 공공의대 설립 등 정부의 의료정책 관련 갈등이 진정 국면이다. 대한의사협회와 정부·여당이 원점에서 재논의하기로 명문화를 이뤘다. 의대생들도 동맹휴학과 국가고시 거부 등 단체행동을 중단했다. 대한의과대학·의학전문대학원 학생협회는 더 나은 의료와 국민의 건강이 우선임을 밝혔다. 젊은 예비 의사들의 슬기로운 결단은 큰 박수 감이다.

의료계 파업 중에 눈에 띈 게시물이 있었다. 대한의사협회 의료정책연구소가 공식 페이스북 계정에 올린 글이었다. 논란이 일자 곧바로 삭제되긴 했으나 아직 여운이 남아있다. '당신의 생사를 판가름할 수도 있는 중요한 진단을 받아야 할 때 ⓐ전교 1등을 놓치지 않기 위해 학창 시절 공부에 매진한 의사, ⓑ성적은 한참 모자라지만 그래도 의사가 되고 싶어 추천제로 입학한 공공의대 의사 중 누구를 선택하겠냐?' 객관식 질문이었다.

여기서 '전교 1등'은 고등학교 때 성적을 말한다. 성적 우수자들만이 의대에 들어가는 점을 부각하려는 의도로 읽힌다. 틀린 말이 아니다. 의대나 의학전문대학원에 진학하려면 성적이 최상위권을 넘어 극상위권에 속해야 한다. 외국의 예도 다르지 않다. 미국도 의학전문대학원 입시경쟁률이 우리 못지않게 치열하다. 그뿐만 아니라 등록금 부담도 크다. 공부를 잘해도 돈이 없으면 감히 입학을 마음먹기 어렵다.

고생하면서 꾸준히 공부하여 얻은 결과는 인정되는 게 당연하다. 그게 바로 지금 우리가 간절히 염원하는 공정사회의 참모습이다. 그렇다고 고교 성적이 의사로서 능력과 자질의 판단 기준이 될 수는 없다. 현실이 문제다. 고교 때 실력이 개개인의 진로에 미치는 영향이 실로 크다. 내신과 수능 성적이 대학의 수준을 결정하고, 대학에 따라 일자리의 질이 달라지는 짜증 나는 세태를 어느 누구도 부인하기 어렵다.

'좋은 의사'는 성적순 아냐… 말 잘 들어주고 자상히 설명하는 감성 의사 호감

좋은 의사는 성적순이 아니다. 오히려 전문성과 인성으로 구별된다. 환자나 보호자로 병원에 다니면서 체감하는 부분이다. 좋은 학벌을 갖췄어도 왠지 모르게 마음이 안 가는 의사가 있다. 명문 학벌은 아니어도 존경받는 의사가 존재한다. 논리 정연하나 사무적으로 무뚝뚝하게 대하는 지성적 의사는 비호감이다. 환자 말을 잘 들어주고 자상하게 설명해주는 감성적 의사에 믿음이 간다. 더 빨리 나을 것은 느낌도 준다.

'성적순 증후군'은 경제에도 널리 퍼져있다. 의료계보다 더하면 더했지, 덜하지 않다. 목표 측정의 수단이 되어야 할 실적과 순위가 목표가 되는 주객전도가 일상화되어 있다. 엊그제도 그런 일이 있었다. 경제협력개발기구(OECD)가 한국의 올해 성장률 전망치를 -1.0%로 종전(-0.8%)보다 0.2% 포인트 내렸다. 이와 관련해 경제부총리는 OECD 회원국 중 우리의 성장률이 가장 높고, G20 국가를 포함해도 가장 양호한 수준임을 자랑했다.

이어 정책 권고 내용이 현재 정부 정책 방향과 대체로 부합하고 있는 점은 고무적이라 자평했다. 또 OECD가 권고한 확장적 거시정책 기조 유지, 취약 계층에 대한 집중 지원, 디지털·환경 관련 인프라 투자 확대 등은

2021년 예산안, 한국판 뉴딜 등 최근 정부가 발표한 정책과도 일맥상통하는 부분이라는 해설까지 곁들였다. 이쯤 되면 자화자찬 수준이다.

청와대 대변인은 한술 더 뜨고 나섰다. "이번 OECD 성장률 전망치는 정부와 국민이 합심해 코로나19와 싸워온 결과"라는 해석을 내놓았다. 그러면서 국민은 정확한 사실로 국가에 자부심을 느끼고 기운을 얻을 필요가 있다고까지 힘주어 말했다. 아전인수도 유분수지 아무리 봐도 정도가 지나치다.

모두 낙제점 수준의 '도긴개긴'… '도토리 키 재기'식 국가별 성장률 무의미

없는 말을 꾸며낸 것은 아니다. OECD 발표 자료를 보면 우리의 올해 성장률 전망치가 G20에 속하는 19개국 중에서 중국(1.8%) 다음으로 높다. 두 번째다. 일본(-5.8%), 독일(-5.4%), 영국(-10.1%) 등 선진국은 물론 브라질(-6.5%), 러시아(-7.3%), 인도(-10.2%) 등 개발도상국과도 상당한 거리가 있다. 우리가 방역과 경제 대응 양 측면에서 모범 국가임을 보여준다.

도긴개긴 상황에서 '도토리 키 재기'식의 비교는 유익이 없다. 세계 주요국들의 성장률 전망치가 하나같이 마이너스인 상황에서 국가별 순위 매김이 무슨 의미가 있겠는가. 모두가 낙제점 수준에서 우리의 수치가 다른 나라들보다 조금 낫다는 말에는 분명 어폐가 있다. 역성장의 크기만 다를 뿐 역성장을 한 것은 마찬가지다. 「맹자」의 표현대로 오십보백보(五十步百步), 거기서 거기다. 성장이 부진한 점에서는 차이가 없다.

정부가 성질이 급하다. 툭하면 경제가 나아지고 반등하는 징후가 보인다는 기대감을 드러낸다. 공감하는 자 많지 않다. 경제 활력 회복을 국정운영 방향으로 삼겠다는 다짐에도 시큰둥한 반응이다. 그런 소리는 예전부터 수도 없이 들어왔다. '경제낙관론'의 막연한 단정은 약발이 잘 안 먹힌다. 차라리 '경제난관론'의 결연한 의지 표명이 설득력을 가질 듯싶다. 위기감이 더 나은 미래를 부른다.

경제의 본질은 경쟁이 아니다. 국가별 서열은 지향점이 못 된다. 설령 순위가 뒤져도 성장률을 높일 수 있다면 그 길을 택해야 한다. 한국 경제의 급선무는 두 가지다. 코로나 사태를 조기에 종식시키고 급전직하의 경제를 다시 일으켜 세우는 일이다. 자화자찬이나 늘어놓을 만큼 한가하지 못하다. 방역과 경제 모두에서 서둘러 성과를 내야 한다. 철저한 방역 기조 하에서 민생 경제 지원, 경기 보강에 총력을 기울일 때다. 자랑은 나중에 해도 늦지 않다.

2020년
10월

2020년 10월 6일_ 확진환자 24,353 격리해제 22,334

K방역 핵심 정은경 청장, 몸 던져 직언해야

'전문성' + '사명감'… 속엣말 못하는 공무원보다 바른말 잘하는 전문가돼야

"정은경이 한 게 현황 브리핑밖에 더 있나?" 도발적 표제의 글이 인터넷 커뮤니티에 퍼졌다. 정은경이 누구인가. 미국 시사주간지 타임지가 선정하는 '2020 세계에서 가장 영향력 있는 100인' 명단에 오른 인물이다. '전문성 발휘의 영웅'으로 국내외 찬사를 한 몸에 받는 명사다. 대통령이 청주까지 내려가 임명장을 준 초대 질병관리청장이다. 차관급이나 지명도는 장관 이상이다. 이런 사람에게 '한 게 뭐라니?' 무슨 근거로 그런 말을 할 수 있단 말인가.

문제를 제기한 당사자는 놀랍게도 정 청장과 같은 의료인이다. 정신건강의학과 의원을 운영하는 전문의로 알려져 있다. 자신의 페이스북에서 아프게 꼬집었다. "중국발 입국을 막았어? 마스크 중국 수출을 막았어? 여행 상품권을 막았어? 임시 공휴일을 막았어? 염색 안 한 거와 브리핑한 것, 이것 가지고 'K-방역 영웅' 민망하지." 작심한 듯 회초리를 들었다.

그저 그런 악성 댓글이겠거니 여겼으나, 웬걸. 공감 가는 부분이 적지 않다. 최소한 비난을 위한 비난의 의도는 없어 보인다. 정 청장을 생각해서 하는 말일 수 있다. 코로나 방역 최전방에 위치한 의사끼리의 동병상련으로 읽힌다. 좋은 말은 귀에 거슬린다고, 좋게 받아들이는 것이 정 청장 개인은 물론 국가나 국민에게 유익이 될 수 있다.

그런 눈으로 봐서인지 코로나19에 대한 그간의 대응을 보면 느껴지는 아쉬움이 크다. 확진자 수도 그중 하나다. 지난 9월 21일 국내 발생 신규 확진자 수가 55명으로 급감했다. 반가움도 잠시. 그날 실시한 진단검사가 4,888건으로 2주간 하루 평균 12,878건의 3분의 1에 그쳤다. 검사 건수가 많았더라면 그에 비례해 확진자 수도 그만큼 더 늘어났을 것이다.

검사자 수 빼고 확진자와 사망자 수만 발표… "이런 수치 근거로 방역 대응했다니"

이런 수치를 근거로 2단계니 2.5단계니 하며 방역 대응 수준을 정했던 게 우스꽝스럽다. 매일 발표되는 코로나19 신규 확진자 수에 일희일비하는 현실이 허탈하다. 검사 건수는 쏙 빼고 확진자와 사망자 수만 밝히는 이유가 궁금하다. 외국에선 드문 일이다. 미국이나 영국은 매일, 독일은 주 단위로 검사 건수를 밝힌다. 게다가 국제통계사이트 '월드오미터'에 따르면 같은 날 기준 한국의 검사 비율은 인구 100만 명당 449명으로 세계 164위다. 꼴찌 수준이다.

코로나19 발생 초기에 해외 유입을 막지 않은 것도 지금 와서 보면 후회로 남는다. 정 청장 아니 당시 정 본부장이 처음에는 중국인 입국을 반대했다. 그러다 며칠 뒤 말을 바꿨다. 사태가 심각해진 뒤에야 "우한 폐렴은 중국에서 유입된 게 맞다."라며 잘못을 인정했다. 자라 보고 놀란 가슴 솥뚜껑 보고 놀란다고, 마스크 수출, 여행 상품권, 임시 공휴일 이슈 때도 그랬는지 의구심이 든다. 사실이 아니리라 믿고 있지만.

질병관리청장은 여타 장관들과 달라야 한다. 전문가인 만큼 논리적으로 설득하고, 안 되면 몸을 던져서라도 막는 사명감을 가져야 한다. 공직사회에서 쉬운 일은 아니다. 청장 혼자의 힘만으로는 당해내기 힘든 것 또한 사실이다. 가령 중국발 출입 금지를 설득하려 했을 때, 누군가가 "우리나라는 수출입 없이는 살아갈 수 없는데, 입국을 막아서 생길 손실을 어떻게 감당하려는가?"라고 반론을 폈다면 어찌 대꾸나 할 수 있었겠는가.

과거의 사례나 경험, 학문적 이론 등을 들어 대응할 수밖에 없었을 텐데. "그건 옛날 일이고, 이론일 뿐이야!" 날카롭게 쏘아붙이면 물러서지 않을 수 없었을 것이다. 전문가 경시의 풍조야 어제오늘 일도 아니지만, 요즘 들어 정부 정책들에서 부쩍 자주 눈에 띈다. 전문성은 사명감이 보태져야 제대로 빛을 발할 수 있음을 새삼 절감하게 된다.

전문가 청장은 남달라야… 논리로 무장하고 사명감 갖고 전 방위적 설득 필요

SNS에 글을 올린 앞의 의사도 사명감의 당위성을 언론에 피력한 바 있다. "미국 국립알레르기·전염병연구소 파우치 소장은 대통령이라 할지라도 과학적으로 맞지 않는 소리를 하면 반대 의견을 명확히 낸다. 정부가 잘못된 결정을 내릴 때 강하게 그건 안 된다고 해야 하는데 (정 청장은)그런 적이 없다. 방역 수장이 지시만 잘 받는 공무원보다는 바른말 하는 전문직 의사이길 기대한다." 구구절절 마음에 와닿는다.

사명감 발휘에는 설득력을 필요로 한다. 국민 사활이 걸린 방역 정책이라고 예외일 리 없다. 오히려 수 없는 사람을 상대로 끝없는 설득을 이어가야 한다. 옆으로는 다른 부처들을, 위로는 국무총리나 청와대에 이해를 구해야 한다. 밖으로는 국민과 국회, 그리고 말 많은 언론까지 납득시켜야 한다. 부처 내에서도 소속 공무원과 비전을 공유하고 내용을 공감해야 한다. 저항을 최소화하고 도움을 최대로 끌어내기 위해서다.

새로운 정책일수록 강도 높고 끈질긴 설득이 필요하다. 과거에 했던 일이 아니라 앞으로 해야 할 일이기에 더 힘들고 어렵다. 공무원들이 책임 회피용으로 즐겨 찾는 전례가 없다 보니 내놓을 근거라는 게 예측 자료나 이론이 고작이다. 비용 소요가 크고 관심이 큰 정책일수록 확실한 데이터 없이는 추진을 꺼려한다. 결국 사명감으로 전 방위적 설득에 나서는 수밖에 달리 방도가 없다.

커트 모텐슨은 성공의 결정 요인으로 설득력 지수(PQ: Persuasion Quotient)를 꼽는다. 논리 정연한 글이나 강한 투의 말보다 감성적 방법이 효과적이라는 주장이다. 설득을 마음이 통하게 하는 과정으로 풀어 말한다. 지성적 전문성에 감성적 사명감까지 겸비한 '방역 대통령', 정 청장에 기대하는 바다. 그러려면 주변의 협조가 있어야 한다. 전문가의 설득에 잘 응해줘야 한다. K-방역의 성패가 달린 중대사 아닌가.

2020년 10월 13일_ 확진환자 24,878 격리해제 23,030

사라지는 '도장(圖章)', 사라져야 할 '눈도장'

일본은 '도장 없애기' 행정개혁… 한국은 '눈도장과 전쟁'으로 사회개혁

일본이 '전쟁 중'이다. 스가 요시히데(菅義偉) 내각이 출범과 함께 개혁의 첫 작업으로 '도장과의 전쟁'을 선포했다. 고노 다로(河野太郎) 행정·규제개혁 담당상이 행정기관 공문서에 도장을 사용치 말라는 지침을 내렸다. 업무상 꼭 도장이 필요할 경우 이유를 적어 보고하라 명했다. 1만 1,000여건에 달하는 각종 공문서에 찍는 도장이 개혁의 걸림돌이라는 판단이다.

일본에서 도장은 문화로 자리 잡았다. 공적 업무는 물론 일상에서의 필수품이다. 관공서나 회사 업무, 은행거래 등에서 도장 없이는 되는 게 없다. 식당에 가도 영수증에 도장을 찍고 택배를 받을 때도 확인 도장을 날인한다. 매번 후한 대접을 받아온 도장이 찬밥 신세다. 스가 정권의 '적폐 1호'로 지목되면서 퇴출 위기에 내몰리고 있다.

신종 코로나바이러스 감염증이 발생하자 일본 정부가 재택근무를 권장했다. 그런데 웬걸, 공무원과 직장인들이 사무실로 꾸역꾸역 몰려들었다. 도장을 찍기 위해서였다. 기업 간 계약이나 행정 관련 서류에서 서명보다 도장을, 그것도 인감도장을 선호하는 영향이 크다. 도장에도 예절이 있다. 아랫사람은 도장을 비스듬히 찍어야 한다. 윗사람에게 고개를 숙이는 것처럼 보이기 위해서다.

도장 문화가 사회 발전을 해친다는 지적은 예전부터 있었다. 그런데도 일본 정부의 '도장 철폐' 시도는 번번이 실패했다. 인장 업계의 반발과 로비가 컸다. 정치인들은 '일본의 인장 제도·문화를 지키는 의원연맹'까지 결성했다. 다케모토 나오카즈(竹本直一) 당시 과학기술·IT담당상이 대표였다. 최첨단 기술을 관장하는 부처의 장관이 '구시대 유물'로 불리는 인장 관련 단체의 수장을 맡는 일이 벌어졌다. "오해가 있을 수 있다."며 결국 물러나긴 했지만.

스가 정권 '적폐 1호' 日 도장 문화… 인감제 유지하는 우리도 남 말 못 할 처지

우리라고 다를까. 그간 많이 좋아졌다고는 하나 아직 갈 길이 멀다. 서명이 도장의 자리를 빠르게 대체하고 있으나, 앞장서야 할 공공부문의 행보는 유독 더디기만 하다. 인감도장 제도가 아직도 굳게 자리를 지키고 있다. 인증 기술의 진전에 따라 그래봤자 오래가지 못할 것이다. 정작 도장보다 더 빨리 없어져야 할 존재가 따로 있다. '눈도장'이다.

눈도장 하면 떠오르는 게 결혼식장 풍경이다. 혼주에게 인사만 하고 예식은 보지도 않고 식사 장소로 직행하는 하객들이 적지 않다. 신랑·신부 친구나 혼주의 친지 말고는 대개 그렇게들 한다. 휴일과 휴식을 포기하고 교통체증까지 무릅쓰고 가서는 예식에는 관심이 덜하다. 축하가 목적이 아니라 눈도장이 목표다. 재택근무 중 도장 때문에 출근하는 일본인의 모습과 하등 다를 바 없다.

눈도장은 근로자를 피곤하게 만든다. 재택근무가 늘면서 새로운 근무 풍속이 생겼다. 몇 분 간격으로 마우스를 움직이거나 키보드를 두드려야 한다. 혹시 모를 회사의 감시에 대비하기 위해서다. 보안을 위해 출입구에 지문인식기를 부착하는 기업도 있다. 이쯤 되면 눈도장 아닌 '손도장' 단속이다. 첨단 기술이 출퇴근 근태관리용으로 쓰이는 게 왠지 어색하다. 일본의 과학기술·IT 담당상이 도장 지키기 연맹의 회장을 맡은 거나 엇비슷하다.

눈도장은 기업인도 괴롭힌다. 하루 24시간을 분초 단위로 쪼개 써야 하는 이들에게 시간은 돈보다 소중한 자원이다. 슬프게도 이해관계자의 눈도장을 찍기 위해 동분서주해야 하는 게 기업인의 일상이다. 무슨 떼돈 버는 것도 아닌데 오라는 곳이 많고 손 벌리는 곳도 적지 않다. 거래처는 물론 유관 기관, 동문회, 종중, 동호인 모임 등에서 자주 얼굴 보여주기를 바란다. 기대보다 강요에 가깝다.

약자 괴롭히고 강자 덕 보는 '눈도장' 문화… 퇴출시켜 사회적 낭비 줄여야

모임에 빠지게 되면 막역한 관계가 소원한 사이로 돌변한다. 오랫동안 유지된 관계가 돌연 단절되는 최악의 상황까지 각오해야 한다. 신세 진 것도 별로 없는데도 여기저기 발품을 팔며 얼굴을 들이미는 수고를 마다하면 안 된다. 김영란법 시행과 코로나19 사회적 거리두기로 그나마 나아졌다는 게 이 정도다. 이런 논리적 모순과 사회적 낭비가 없다.

기업인이 있어야 할 곳은 사업장이다. 그곳에서 연구개발, 기술혁신, 판로 확대, 경영관리에 골몰해도 부족할 판이다. 외부 행사나 기웃거리며 허비할 시간도 여유도 없다. 더구나 움직이면 돈이다. 그런 점에서 일본의 경영환경이 부럽다. 일본 중소기업 경영자들은 일 년에 한두 번 해외거래처 방문 때 말고는 사업장을 비우는 일이 거의 없다. 그들의 탄탄한 경쟁력이 현장에서 나오는 사실을 눈여겨봐야 한다. 벤치마킹감이다.

피해자가 있으면 수혜자도 있는 법. 눈도장으로 덕을 보는 쪽은 힘 있는 사람들이다. 정치인이 대표적이다. 지지 세력을 결집하고 정치자금을 비축하는 다중 혜택을 누린다. 의정 보고, 세미나, 간담회, 좌담회 등 온갖 명목으로 사람들을 무시로 불러댄다. 그 바쁜 국정의 와중에 언제 책을 쓸 시간이 있었는지, 저마다 출판기념회 개최 경쟁이다. 치적 알리기 일색의 허접한 내용을 읽어볼 자 많지 않은데도 말이다.

정치인도 무서워하는 천적의 도장이 있다. '언론의 눈도장'이다. 언론 취재가 있을 때와 없을 때의 모습이 딴판이다. 회의 참석보다 보도 자료 작성에 더 공을 들인다. 이래저래 말도 많고 탈도 많은 눈도장 문화, 이제 없앨 때도 되었다. 일본 정부가 도장 없애기로 행정개혁을 시도하는 동안, 우리는 한발 앞서 '눈도장과의 전쟁'으로 사회개혁에 박차를 가해야 할 것이다. 남의 나라 얘기나 하고 있을 때가 아니다.

2020년 10월 17일_ 확진환자 25,199 격리해제 23,312

수학 잘해야 경기(競技)도, 경영도 잘한다

테니스 시비옹테크, 골프 디샘보, 넷플릭스 성공 동인… '수학적 접근'

스타 탄생은 즐겁다. 사람들을 열광케 한다. 여자 테니스에 새 영웅이 탄생했다. 이가 시비옹테크. 폴란드가 배출한 최초의 테니스 메이저 챔피언이다. 2020 프랑스오픈 여자 단식 결승전에서 미국의 소피아 케닌을 세트 스코어 2대0으로 눌렀다. 1시간 24분 만에 우승을 확정 지었다. 네 살부터 라파엘 나달의 프랑스오픈 우승을 지켜보며 꿈을 키워온 19세 소녀가 세계 정상에 섰다. 3개월 전 바르샤바의 고교를 졸업한 그녀는 수학에 능하다.

벡터함수 미적분 등 고급 수학을 즐긴다. 프랑스오픈 대회장도 수학 문제로 삼았다. 세로 23.77m, 가로 8.23m에 1.07m 높이 네트로 구성된 코트를 평면 기하학으로 치환했다. 58g 테니스공엔 탑 스핀을 섞어 상대보다 몇 수 더 내다본 각도로 스트로크를 감행했다. 탑 스핀 포핸드 평균 RPM, 분당 회전 수 3200. 비바람 치는 파리의 가을 날씨는 벡터 운동방정식의 응용문제였다. 그렇게 풀어낸 답으로 그녀는 메이저대회 참가 7번 만에 우승을 거뒀다.

영웅은 골프에서도 나왔다. 2020~2021시즌 PGA 투어 제120회 US오픈 챔피언십에서 생애 첫 메이저 정상을 차지한 브라이슨 디섐보가 주인공이다. '필드의 물리학자', '헐크'라는 별명의 그는 골프사의 흐름을 바꾼 위대한 인물 중의 하나다. 그 역시 어릴 적부터 수학과 기하학을 좋아했다. 특이한 퍼터와 자세, 길이가 모두 같은 아이언, 테니스 라켓처럼 두꺼운 그립, 원 플레인 스윙 등은 수리적 사고의 산물이다.

특유의 호기심과 끈질긴 노력이 타의 추종을 불허한다. 위험을 무릅쓰고 이뤄낸 최고의 장타 능력, 새로운 샤프트 고안, 어떤 날씨에도 똑같이 반응하는 볼, 최고의 아이언 헤드 디자인 등 과학적 실험에 거침이 없었다. 실험을 성공적으로 증명해냈고, 보란 듯 미국 프로골프 투어 개인 통산 7번째 우승이자 메이저 첫 승을 거머쥐었다.

시비옹, 기하학으로 코트 분석, 디샘보, 과학으로 골프 해독… 넷플릭스, 수치 경영

경제에도 슈퍼스타 출현이 잦다. 세계적인 엔터테인먼트 기업으로 평가받는 넷플릭스도 그중 하나다. 시가 총액이 2,379억 달러, 디즈니를 능가한다. 190개국에 1억 9,300만 명의 유료 고객이 있다. 초고속 성장의 비결은 창업자 겸 CEO인 리드 헤이스팅스의 최근 저서의 제목, '규칙 없음(No Rules Rules)'이 잘 표현한다. '무규칙이 규칙'이라는 역설적 제호가 자못 인상적이다.

넷플릭스의 성공 동인(動因)은 크게 3가지다. 첫째, 성공을 갈망하는 인재를 데려와 최고의 대우를 해주고 서로가 서로에게 배우면서 폭발적 시너지를 내게 한다. 둘째, 솔직하게 피드백을 주고받을 수 있는 분위기를 만들어준다. 셋째, 불필요한 규정을 없애고 자율적으로 일하도록 과감히 권한을 부여한다. 자율성을 극대화한 조직 운영의 엔진을 가동해 성과 중심의 기업 문화를 일궈내는 것이다.

앞 사례들을 관통하는 키워드는 '계량적 창의성(Quantitative creativity)'이다. 수학적 접근으로 효율을 높인다. 시비옹테크는 기하학으로 코트를 분석했다. 디샘보는 골프의 암호를 과학으로 풀었다. 느낌에 의존하는 골프를 거부하고 과학자 골프를 이상으로 삼았다. 몸집을 불려 비거리를 늘리는 과학적 실험도 서슴지 않았다. 드라이버샷 비거리와 볼 스피드의 관계를 수치화시켜 연습했고, 결국 2019~2020시즌 장타 1위에 올랐다.

넷플릭스의 화려한 겉모습의 이면에는 수치 중심의 철저한 성과주의가 숨어있다. 엄청난 대우를 해주고 파격적 자율성을 보장하는 대신 상응하는 반대급부가 요구된다. 대접받을 만큼의 가시적 성과를 수치로 보여줘야 한다. 성과가 부진하면 언제든 회사를 떠날 각오를 해야 한다. 최고가 아니면 남아나기 힘든 가혹한 구조다. 수치에 피가 마를 정도다.

민첩성과 명민함이 경쟁 원천… 혁신의 본질은 시행착오, '실수' 아닌 '실패'가 패인

누구나 성공을 꿈꾼다. 도전에는 소극적이다. 잘 된다는 보장이 없고 잘못될까 두려워 엄두를 못 낸다. 생각과 방법에 문제가 있다. 흔히 사람들은 열심히만 하면 되는 줄 안다. 잘하는 사람을 따라 하다 보면 뭔가 이루어지는 것으로 착각한다. 목표와 전략을 차별화하고 치밀하게 계산해야 하는 것까지는 생각지 못한다. 무작정 따라만 가려 하다 보니 앞서가지 못한다. 모방이 모험을 이길 수 없는데도 말이다.

넷플릭스의 CEO 리드 헤이스팅스는 기업 문화를 성공 경영의 중요 가치로 꼽는다. 혁신(Innovation), 민첩성(Speed), 명민함(Agility)을 경쟁력의 원천으로 열거한다. 혁신의 본질은 시행착오에 있고, '실수'는 위험 요소가 아님을 강조한다. 훌륭한 인재를 확보하지 못하고 환경 변화에 빠르고 영리하게 대응하지 못하는 '실패'가 주된 패인이라고 설명한다.

성공은 주변의 도움을 필요로 한다. 스타플레이어나 우수 기업치고 혼자의 힘으로 태어난 경우는 드물다. 살벌한 경쟁 환경에서 스스로 노력만으로는 어림없는 일이다. 시비옹테크는 코치 등 주변의 도움이 상당했고, 디샘보도 캐디와 장비 업체의 지원이 지대했다. 글로벌 최고의 가치기업의 반열에 오른 넷플릭스 또한 인재 기반의 지식경영에 힘입은 바 크다.

'규칙 없음'의 책을 읽어가다 보면 의미심장한 구절을 만난다. "넷플릭스 문화를 생텍쥐페리처럼 표현한다면, 만약 배를 만들고 싶다면 일꾼들에게 나무를 구해오라고 지시하지 마라. 업무와 일을 할당하지도 마라. 그보다는 갈망하고 동경하게 하라. 끝없이 망망한 바다를." 헤이스팅스의 멀리 보는 창의적 경영철학을 엿볼 수 있다. 잊거나 소홀히 하면 안 될 금과옥조의 충고다.

2020년 10월 23일_ 확진환자 25,775 격리해제 23,834

전세난 해소 뾰족수, '솔직'과 '최선' 그리고 '결단'

전세난 원인 복합적… 공급 부진, 통화 급증, 임대사업 폐지, 분양가상한제 등

전세 시장이 진풍경이다. 매물 품귀와 가격 급등이 이어진다. 부동산 매물 정보란이 텅 비어 있다. 씨가 마른 전셋집을 구하기 위해 세입자의 피가 마른다. 궁한 나머지 중개사에게 수수료 외에 '성공 보수'를 역제안까지 한다. 전셋집 구경을 위해 줄 서 기다리고 제비뽑기로 계약자를 뽑는다. 집 비우는 대가로 '이사비'를 요구하고, 퇴거 약속 후 전세 구하기가 힘들어지자 '눌러 앉겠다'며 말 바꾸는 세입자가 나온다.

전·월세 계약과 관련된 분쟁이 는다. 전셋값 급등과 매물 실종으로 지금 사는 전세금으로는 비슷한 조건의 집을 구할 수 없다. 더 열악한 조건의 집을 찾거나 월세로 전환해야 한다. 그나마도 집이 없다. 전세 계약 만료를 앞둔 세입자도 불안하다. 계약갱신청구권을 사용해 더 살고 싶지만, 집주인이 어떻게 나올지 불안하다. 실거주를 이유로 집을 빼 달랄까 노심초사다. 전화벨 소리에도 깜짝깜짝 놀란다.

전세매물의 품귀가 일상화되면서 집주인의 갑질까지 슬며시 고개를 든다. 절박한 세입자의 심리를 이용하는 양심 없는 임대인이 곳곳에서 눈에 띈다. 세입자의 인적 사항, 가족 수와 직업, 성격 등을 확인하며 원하는 사람을 뽑아 계약하는 사례까지 목격된다. 반려동물을 기른다고 전세 계약을 거절당하기는 경우도 흔하다.

얼토당토않은 특약을 써넣은 동의 각서까지 요구한다. '세입자가 집을 보여주지 않으면 위약금', '집에 곰팡이 생기면 손해 배상', '비단 벽지가 들뜨면 원상회복' 등을 명기해 들이댄다. 부당한 행위인 줄 알지만 어쩔 수 없다. 다른 전셋집을 구하기 힘들다 보니 계약에 응하지 않을 수 없다. 이런 울며 겨자 먹기가 없다. 집 좀 있다고 부리는 위세가 당당하다. 해도 해도 너무한다.

전세 시장 진풍경… '나갈 수 없는' 세입자 '나가 달라'는 집주인, 딱하긴 매한가지

'나갈 수 없는' 세입자나 '나가 달라'는 집주인의 처지가 딱하긴 매한가지다. 임대인이라고 고민이 없는 것은 아니다. 양도소득세 절감 등을 위해 세주었던 자기 집에 들어가 살려 해도 그게 마음대로 안 된다. 세입자가 계약갱신청구권을 행사하며 못 가겠다고 버티면 속수무책이다. 오히려 집주인이 길거리에 나앉게 되는지라 세입자의 눈치를 보지 않을 수 없다.

이런 혼선에도 정부는 정책의 실패나 부족함을 인정하지 않는다. 국토교통부는 전세난의 원인이 '저금리'때문이라며 7장에 달하는 장문의 해명자료를 내놓았다. 전세 시장은 불안한 상황이 아니며 신종 코로나바이러스 감염증과 저금리로 인해 벌어진 상황이라는 장황한 설명이다. 사실이 그렇다면 보통 일이 아니다. 코로나 팬데믹의 조기 종식이 어렵고 저금리 기조가 당분간 이어질 전망임을 고려하면 앞으로도 전세난이 계속될 거라는 얘기가 된다.

부동산 문제를 바라보는 정치권의 시각도 다들 제각각이다. 집권 여당의 차기 유력 대선주자인 이낙연 민주당 대표와 이재명 경기지사만 해도 시각차가 현격하다. 전혀 상반된 이견을 보인다. 이 대표는 "예전의 부동산 정책에 대한 반성에서 새로운 접근을 시작하겠다."라는 의지를 밝혔다. 반면 이 지사는 "현 정부의 부동산 정책 기조는 맞다."라면서 "다만, 물 샐 틈 없게 조금 더 완벽하게 강하게 장치를 마련할 필요가 있다."라고 말했다.

정부와 정치권의 인식이 이럴진대 무슨 제대로 된 개선책이 나올 수 있겠는가. 집 걱정에 잠 못 이루는 세입자에게는 아무런 도움도 조금의 위로도 안 되는 공허한 주장일 뿐이다. 마치 강 건너 불구경하듯 남 얘기처럼 던지는 한담(閑談)에 부아가 난다. 당장 필요한 것은 원론적 의견이 아니라 구체적 해결책이다. 부동산 정책의 차별화를 내세워 대선 레이스를 본격화하려 한다는 괜한 오해나 살성싶다.

'집맥 경화' 완화… 수요 있는 곳에 공급 늘리고, 재개발·재건축 활성화가 답

전세 시장에 수급난을 초래하는 요인은 복합적이다. 정부가 상황을 너무 단순하게 보는 듯하다. 일부 원인을 전체인양 잘못 해석하고 있는 것 같다. 성과에 조급해하다 보니 전세 시장 상황을 단순 도식화한다는 인상을 준다. 웬만한 사람들은 다 아는 현실을 주택 당국만 모르는 건지, 알고도 모른 체하는 건지. 속내를 알 길이 없다.

생각하는 게 국민만도 못하다. 임대차 3법 시행으로 피해를 본 경제부총리에게 시세보다 싼 전세를 주겠다며 청원 글을 올린 이의 진단이 차라리 명쾌하다. "지금의 부동산 급등 문제는 홍남기 부총리께서 추진한 임대차 3법 실책뿐만 아니라 서울 아파트의 지속적인 공급 부족과 3기 신도시의 느린 진행, 돈 뿌리기에 따른 시중 통화량 급상승, 임대사업자 폐지, 준비 안 된 분양가상한제 시행 등 다양한 문제가 겹쳐 나타난 현상이다."

작금의 전세난은 '거래 경색'이 전세 '매물 부족'을 부추기는 형국이다. 우리나라는 세입자가 있는 상태에서 집을 매매하거나 세입자를 구하는 게 일반적일 정도로 매매시장과 전세 시장이 맞물려 돌아가는 특성이 있다. 거주 요건 강화로 집주인이 세입자에게 퇴거를 요구하고, 세입자도 자신이 소유한 주택의 세입자를 내보내는 연쇄적 과정이 원활치 못해 매물 출시가 늦어지는 측면이 크다.

매물의 흐름을 막는 '집맥 경화'를 서둘러 완화하는 한편, 수요가 있는 지역에 주택 공급을 늘리고 재개발·재건축을 활성화하는 것이 방책일 수 있다. 정부 정책에 정답이 있을 리 없다. 모든 국민이 이해관계자이고 파급 효과가 큰 부동산 정책은 더더욱 뾰족한 수를 찾기 힘들다. 하지만 노력은 해야 한다. 솔직하게 보고 듣고 최선의 해법을 찾아 과감히 실행에 옮기는 게 바르고 빠른 길이다.

2020년
11월

이건희의 오래된 꿈, "정치, 행정, 기업 모두 일류 돼라"

이건희 '1등 정신'… 삼성을 넘어, 산업과 사회 전반에 자긍심·자극제 돼야

경제의 큰 별이 졌다. 이건희 삼성전자 회장이 우리 곁을 떠났다. 1987년 창업주 이병철 회장으로부터 삼성그룹을 물려받아 26년 넘게 경영했다. 과감한 투자와 부단한 혁신, 1등 품질 주의로 삼성전자를 세계 정상의 반열에 올렸다. 1992년 D램 반도체가 세계점유율 1위를 기록했다. 평판 TV는 2006년, 스마트폰은 2011년에 글로벌 1위 자리를 점했다. '한국의 삼성'이 '세계의 삼성'이 되었다.

삼성이 만든 글로벌 1위 제품이 20개에 달한다. 극동 변방의 분단국가인 한국의 기업이 세계적 기업으로 우뚝 선 데는 이 회장이 그 중심에 있었다. 탁월한 안목과 혁신적 경영이 결정적 역할을 했다. 1987년 세계 초일류 기업을 목표로 체질과 구조 개선에서 출발했던 이건희 리더십은 삼성은 물론 한국 경제의 양과 질 모두를 바꾸는 획기적 전기가 되었다.

미래를 보는 눈이 놀라웠다. 이미 오래전부터 다가올 21세기가 문화의 시대가 될 것을 예견했다. 지적 자원이 기업 가치를 결정하게 될 것을 간파했다. 기업은 단순히 상품을 팔려고 할 게 아니라 문화와 철학을 팔아야 함을 설파했다. 디자인과 같은 소프트한 창의성이 글로벌 경쟁의 성패를 가를 것을 내다봤다. 예상은 그대로 적중했다.

그를 둘러싼 에피소드가 수도 없다. '마누라와 자식 빼곤 다 바꾸라.'는

1993년 6월 프랑크푸르트 신(新)경영선언, 1995년 휴대전화 품질 향상을 요구하며 15만대를 불태웠던 '애니콜 화형식' 등이 대표적이다. 어려움에 봉착할 때마다 특유의 과감한 결단력으로 정면 돌파했다. 부단히 위기를 강조했고 경영의 핵심 가치를 물량에서 품질로 바꾸는 새로운 패러다임을 제시했다.

삼성의 세계 정상 등극 비결… 탁월한 안목으로 혁신 경영 펼친 이 회장이 중심

경제인이면서도 인간적 면모가 남달랐다. 심미안의 소유자였다. 예술에 관심이 컸고 후원을 아끼지 않았다. 국보급 고미술부터 현대미술까지 폭넓게 작품을 수집하고 예술가를 음양으로 도왔다. 2004년 선친인 이병철 회장의 성 '이(Lee)'와 미술관(Museum)을 의미하는 '움(um)'을 조합한 이름의 삼성미술관 리움을 세워 한국 미술 1번지로 키웠다. 예술발전에 이바지한 공적 면에서 그에 필적할 자 드물다.

비디오 아티스트 백남준과의 사이가 각별했다. 백남준은 1987년 이 회장을 만난 이후 일본산 소니 TV 대신 삼성전자 TV를 작품에 활용했다. 1988년 서울 올림픽을 기념한 그의 대표작 '다다익선'은 삼성전자가 후원한 1,003대의 TV로 제작되었다. 작가 이우환의 구겐하임미술관 회고전 등의 해외 전시도 삼성이 후원했다. 다빈치, 보티첼리, 미켈란젤로 등의 예술가를 키워 중세 시대를 마감하고 르네상스 시대를 열었던 메디치가와 비교한다면 지나친 비약일까.

직설적 쓴소리도 서슴지 않았다. 1995년 4월 중국 베이징을 방문해 현지 특파원단과의 간담회에서 한 발언은 지금도 널리 인구에 회자된다. "우리나라의 정치는 4류, 관료와 행정조직은 3류, 기업은 2류다."라고 혹평했다. 틀린 말도 아니었으나 큰 파문으로 번졌다. 한국을 대표하는 최고경영자의 개인 의견조차 용인치 못하는 한국 정치의 옹졸함만 드러나 보였다.

이게 발단이 되어 정치권과 균열이 생겼다. 김영삼 전 대통령의 방미 수행단 기업인 명단에서 이건희 회장이 빠졌다. 삼성자동차 기공식에는 고위 공무원조차 보내지 않았다. 냉대가 극심했다. 삼성은 이를 무마키 위해 무진 애를 써야 했다. 그의 말마따나 4류 정치에서나 볼 수 있는 유치한 촌극이었다.

삼성에 남겨진 과제… 비교우위 분야에 집중, 신사업 분야에 과감한 도전

삼성에 남겨진 과제가 가볍지 않다. 신종 코로나바이러스 감염증 장기화, 미·중 무역분쟁 격화, 반도체 합종연횡 등 글로벌 복합 위기에 맞닥뜨려 있다. 국내적으로는 국정농단 파기 환송심과 경영권 불법 승계 의혹 재판 리스크가 이재용 부회장을 옥죄고 있다. 4차 산업혁명 시대를 맞아 인공지능(AI), 자동차 전자 장비 사업 등 신성장동력 발굴과 반도체 주력사업 초격차 해소에도 박차를 가해야 한다.

이 부회장이 지난 5월 대국민 사과문을 발표하며 했던 약속도 지켜야 한다. "끊임없는 혁신과 기술력으로 가장 잘할 수 있는 분야에 집중하면서도 신사업에 과감히 도전하겠다."라면서, "대한민국의 국격에 어울리는 새로운 삼성을 만들겠다."라고 다짐했었다. 환경 노동 사회적 책임 지배구조 등에서도 글로벌 기준에 맞는 일류 기업으로 거듭나야 하는 숙제도 풀어야 한다. 이래저래 앞길이 첩첩산중이다.

이 회장은 떠났지만, 고인의 뜻은 지키고 이어가야 한다. 뛰어난 성과와 훌륭한 업적을 기리고 발전시켜 나가는 일은 후세의 몫이다. 그가 마지막까지 강조했던 초일류와 혁신의 DNA는 고차적 경쟁이 가일층 치열해지는 금후의 환경에서 더욱 절실하게 와닿는다. 열정과 도전으로 한계를 극복하는 불굴의 기업가정신은 후배 기업인과 청년 세대에 소중한 본보기가 되어야 한다.

이건희 리더십이 삼성에만 국한되면 안 된다. 산업과 사회 전반에 자긍심과 자극제가 되어야 한다. 이 회장의 1995년 베이징 발언의 참뜻을 오늘에 되살려야 한다. 당시의 표현을 이건희 1등 정신에 비춰 재구성하면, "4류의 정치, 3류의 관료와 행정조직, 2류의 기업, 모두 1류가 돼라."라는 메시지가 된다. 이를 이행치 못하면 각계의 인사가 쏟아냈던 추모사들은 한낱 빈말이 되고 만다.

2020년 11월 10일_ 확진환자 27,789 격리해제 25,266

열(+) 지원이 한(-) 세금 못 당한다

사내유보금 과세… 정부엔 세수 증대 고성능 무기, 기업엔 생존 위협 무서운 흉기

사내유보금 과세를 두고 말들이 많다. 유보소득세가 내년부터 시행 예정이다. 2020년 세법 개정안에 '개인 유사 기업의 초과 유보소득 과세' 신설이 담겼다. 당기순이익의 50% 이상 또는 자기자본의 10% 이상의 유보금을 쌓아둘 경우, 이를 배당한 것으로 보고 세금을 매긴다. 최대 주주와 가족 등 특수관계자가 80% 이상 지분을 보유한 회사, 이른바 개인 유사법인이 과세 대상이다.

정부도 나름대로 내세우는 이유가 있다. 개인사업자들이 높은 소득세율을 피하고자 법인을 설립, 낮은 법인세율을 적용받고 회사 자금을 꺼내 쓰는 것을 막기 위해서다. 기획재정부가 세법 개정안 자료와 함께 외국의 유사 사례들을 제시했다. 일본의 '동족회사 유보금 과세'와 미국의 '인적지주회사세'를 예로 들었다.

알고 보니 실상이 다르다. 이들 외국 제도들은 기업 이익을 근거로 부과하는 법인세에 추가로 부과하는 세금을 말한다. 사내유보금을 배당한 것으로 간주해 과세하는 유보소득세와는 개념상 차이가 있다. 유보소득세와 같은 사례는 외국에서 찾아보기 힘들다는 게 다수 전문가의 견해다. 정치권 일각에서도 문제점을 지적한다. 기획재정부 국정감사에서 여야를 막론한 의원들의 질타와 경고가 있었다.

경영계의 반발이 극심하다. 현실을 도외시한 탁상행정이라는 비난이 매우 거세다. 중소기업과 소규모 가족법인의 부담이 가중될까 크게 우려라는 분위기다. 그도 그럴 것이 사주 일가의 지분이 80%를 넘는 기업 대부분이 중소·중견기업들이다. 중소기업 절반가량이 특수관계인 지분이 80%를 넘고, 대표 한 사람 지분이 100%인 1인 기업도 전체의 31%나 된다.

현실 도외시한 탁상행정… 중소기업과 소규모 가족법인에 부담 가중될 우려

논란이 일자 기재부가 한발 물러섰다. 시행령에 당기 혹은 2년 이내 영업 활동으로 투자, 부채상환, 고용, 연구개발 등에 지출하거나 지출하기 위해 적립한 금액은 간주 배당금액에서 제외하겠다며 태도를 바꿨다. 이자·배당소득이나 임대료, 그 외 업무와 직접적인 관련이 없는 부동산·주식·채권 등의 처분 수입 등 수동적 수입의 비중이 2년 연속으로 50% 이상인 기업에만 과세할 것임을 수정해 밝혔다.

그래도 문제가 여전하다. 실현되지 않은 이익에 대한 과세라는 게 부담되는 부분이다. 미실현이익에 대한 과세는 극히 신중해야 할 터. 실제로 하지도 않은 배당을 한 것으로 '간주'해 기업의 유보소득에 세금을 매기는 것 자체가 무리수라 할 수 있다. 법인세 외에 유보소득을 투자, 임금증가, 배당 등으로 지출하지 않으면 미환류소득 법인세로 추가 과세하는 '투자·상생협력촉진세제'가 시행 중임을 고려하면 '이중과세'의 성격이 짙다.

기업 경쟁력을 해친다. 과세로 인해 사내유보금이 줄어들면 경영이 힘들어진다. 유보금은 주주 배당 목적 외에도 연구개발, 인력 채용, 설비 투자, 경제위기 대비 등의 용도로 쓰인다. 시기적으로도 적절치 못하다. 코로나 팬데믹과 경기침체로 기업 경영이 백척간두에 서 있는 상황이다. 위기 안전판 구실을 하는 유보금이 요긴한 상황에서 도리어 과세로 인해 줄어들게 되면 설상가상이다. 불난 집에 부채질하는 격이다.

기준마저 모호하다. 정부가 정한 사주 일가의 지분율 80%, 당기순이익의 50% 등의 수치적 근거가 명확지 않다. 객관적으로 검증된 수치라기보다는 주관적이고 심리적 수치일 소지가 커 보인다. 그럴 리야 없겠지만, 만에 하나 과학적 실증분석조차 없이 어림짐작으로 대충 정한 거라면 이거야말로 예삿일이 아니다.

미실현이익 과세, 기업 경쟁력 저해, 자율경영 위배 등… 문제점 '수두룩'

자율경영 원칙에 반한다. 배당 정책은 기업에서 중요 의사결정의 하나다. 개별 기업의 경영상황과 중장기 계획 등을 고려하여 결정되는 게 상례라 할 수 있다. 납세의무 또한 실제로 배당이 이루어지는 시점에 성립되는 게 논리적으로 타당하다. 이런 기본 원칙들을 어겨가면서까지 유보금에 과세를 추진하는 이유를 이해하기 어렵다.

공평 과세 취지에 어긋난다. 부동산, 주식, 채권 등의 처분 수입 등 수동적 수입의 비중이 큰 사업자만 과세하겠다는 발상이 엉뚱하다. 용어부터 가려 써야 할 듯싶다. '수동적 수입(Passive Income)'의 사전적 의미는 본업 외에 부동산이나 주식, 채권 투자 등을 통한 자산운용 수익 등을 뜻한다. 그렇다면 능동적 수입은 탈세해도 되고 수동적 수입은 탈세하면 안 된다는 해괴한 논리로 변질될 소지가 있다.

부족해진 세수 확보를 위해 기업을 상대로 세금 쥐어짜기에 나섰다는 비판이 나온다. 보완책이 가미된 시행령이 나오더라도 논란은 쉽게 가라앉지 않을 성싶다. 과세 대상을 줄인다 해도 일단 유보소득세가 도입되면 정부가 마음먹기에 따라 언제든지 과세를 강화할 수 있기 때문이다. 기재부 말마따나 과세 대상이 그리 많지 않다면 굳이 실속 없는 제도를 도입할 이유가 없어 보인다. 조세 제도만 복잡하게 할 뿐이다.

정부로서야 탈세 방지와 세수 증대의 고성능 무기가 될 수 있다. 하지만 당하는 기업 쪽에서는 생존을 위협받는 무서운 흉기가 되고 만다. 과세당국은 예사로운 일일 수 있으나 납세자는 죽고 사는 중대사다. 철부지가 무심코 던진 돌에 개구리는 목숨이 걸려있는 법이다. 정부가 힘든 기업을 돕는 건 고맙지만, 그럴수록 무거운 짐을 지우는 일만큼은 심사숙고를 거듭해야 한다. 열(+) 지원이 한(—) 세금을 못 당한다.

2020년 11월 14일_ 확진환자 28,545 격리해제 25,691

세계 최고 상속세, 남아날 기업 얼마나 될까?

상속세 부담에 기업 승계 '비틀'… 세율 낮춰달라, 자본이득세로 전환하라 '비명'

이건희 삼성전자 회장 별세 후 상속세 논의가 뜨겁다. 2018년 LG그룹 구광모 회장이 9,000억 원 넘게 상속세를 부담하게 된 데 이어, 지난 1월 롯데그룹이 신격호 명예회장 별세로 4,000억 원가량의 상속세를 떠안게 되면서 상속세 문제가 이슈로 떠올랐다. 삼성 일가가 이 회장의 삼성그룹 지분을 물려받을 때 부담하게 되는 상속세는 규모 면에서 이들 재벌가와 비교할 바 아니다.

상속세 부담이 가혹하다고 기업들의 아우성이 크다. "징벌적 상속세가 사망선고처럼 들린다.", "두 번 상속하면 회사가 사라진다.", "상속세를 낮추는 대신 차라리 법인세를 더 내게 하자." 불만의 목소리가 천지를 진동한다. 세 부담이 상속 재산 감소에 그치지 않고 경영권 승계를 어렵게 해 기업가정신을 훼손한다는 항변이 곳곳에서 들려온다.

기업들은 사회적 역할을 다하면서 경영권을 지킬 수 있는 '상속세 합리화'를 원한다. 세율을 내리거나, 상속세를 폐지하고 자본이득세(Capital earning tax)로의 전환을 바란다. 자본이득세는 상속이나 매각 등 자산을 통해 이득을 얻을 경우, 그 이득에 대해 세금을 매긴다. 기업 승계 시점에는 상속세를 물리지 않으나, 주식, 채권, 부동산, 기업 등 자산을 매각할 때마다 소득에 과세한다. 경제협력개발기구(OECD) 37개 회원국 중 13개국에서 시행하는 제도다.

전국경제인연합회 산하 한국경제연구원이 때맞춰 보고서를 내놨다. '기업 승계 시 과도한 상속세 부과의 문제점'을 분석했다. 전하는 메시지가 예사롭지 않다. 우리나라의 상속세 최고세율이 50%로 OECD 회원국 가운데 일본(55%) 다음으로 높은 것으로 나타났다. 승계 주식 가치에 최대 주주 할증평가 20%가 더해지면 최고세율이 60%까지 높아진다. 사실상 세계 최고의 수준이다.

기업이 사회적 역할 다하면서, 경영권 지킬 수 있도록… '상속세 합리화' 기대

소득세와 상속세 최고세율의 합계에서도 우리나라가 단연 우위를 보인다. OECD 국가 가운데 일본(100%)에 이어 2위(92%)다. 최대 주주 할증평가까지 적용하면 102%로 1위로 올라선다. 소득세와 상속세의 부담이 가장 무거운 것이다. 2018년 기준 국내총생산(GDP) 대비 상속·증여 세수 비중 또한 OECD 회원국 중에서 세 번째다.

보고서는 이건희 회장 상속을 예로 들었다. 삼성그룹 주식 가치 추산액인 18조 2,000억 원을 직계비속에게 상속하는 경우 부담하는 상속세를 국가별로 비교했다. 우리나라의 상속세 실효세율이 58.2%로 가장 높다. 일본(55.0%), 미국(39.9%), 독일(30.0%), 영국(20.0%)의 수준을 능가한다. 캐나다는 16.5%의 실효세율을 부담하고, 호주와 스웨덴은 상속받은 자산을 추후 처분할 때까지 과세가 미뤄지는 자본이득세 적용에 따라 상속할 때 세금이 없다.

나라에 따라 상속세액이 달라진다. 이재용 삼성전자 부회장 등 유족이 우리나라에서 주식을 상속받으면 10조 5,900억 원을 상속세를 물어야 한다. 미국에서 상속했다면 7조 3,000억 원, 독일에서는 5조 5,000억 원만 내면 된다. 호주나 스웨덴은 상속받은 사람이 주식을 처분할 때 과세하기 때문에 당장 내는 세금이 없다.

상속세 부담으로 경영권을 넘긴 사례를 보고서가 적시했다. 세계 1위 손톱깎이 제조업체였던 쓰리세븐은 2018년 150억 원의 상속세 부담에 지분 전량을 매각한 뒤 적자기업으로 전락했다. 역시 세계 1위인 콘돔 생산업체 유니더스는 50억 원의 상속세 부담을 이유로 2017년 사모펀드에 경영권을 넘겼다. 밀폐 용기 생산업체인 락앤락도 상속세 부담을 고려해 2017년 말 홍콩계 사모펀드에 지분을 매각했다.

기업 승계는 '부의 이전'과 달라… 기술력·경쟁력 이어가는 과정으로 이해해야

일각에서는 반대하는 목소리도 있다. 국내 재벌 등 일부 기업들에나 적용되는 최고세율이 높다는 주장에 동의하지 않는다. 상속세가 기업 존속을 위협하는 정도는 아니라는 시각이다. 상속세의 근본 취지가 '부의 재분배'에 있음을 힘주어 말한다. 실상 파악이 어렵지 않다. 현행 최고상속세율 60%를 적용해 보면 대략적 판단이 가능하다. 두 차례 상속이 이뤄지고 나면 주주지분이 30% 이하로 뚝 떨어진다. 안정적 경영이 힘들다.

상속 지분으로 상속세를 내야 하는 기업주로서는 빈곤의 악순환에 빠지게 된다. 기업사냥꾼이나 적대적 사모펀드의 먹잇감이 될 소지가 커진다. 경영권을 위협받는 지경에 이를 수 있다. 100년 이상의 '장수기업'이 나오기 힘든 현실도 이런 시대착오적 상속세 구조와 무관치 않다. 기업 승계를 단순한 부의 이전으로만 바라보면 곤란하다. 기업이 장기 축적한 기술력과 경쟁력을 이어가는 과정으로 이해함이 타당하다.

장단기적 치유책이 요구된다. 우선 현행 상속세율의 적정성부터 자세히 따져봐야 한다. 아울러 상속세뿐만 아니라, 증여세, 소득세, 재산세 등 관련 세제 전반에 대한 심층 분석이 필요하다. 최대 주주 할증 과세의 존속 여부, 기업 승계와 관련한 상속세 폐지 및 자본이득세 도입도 숙고해야 한다. 중소·중견기업의 활성화, 대기업으로의 성장 등 산업생태계의 선순환 문제까지 함께 살펴야 한다.

세계 여러 나라가 상속세 완화로 기업 부담을 덜어주려는 움직임을 보인다. 글로벌 전장에서 치열한 경쟁을 펼쳐야 하는 국내 기업에 세제 지원이 절실하다. 유리한 대접은 못 해줄망정 불리한 대우를 해서는 비교우위 확보가 어렵다. 경제의 핵심 주체인 기업의 경영 활동을 돕는 일이라면 되레 우리가 외국보다 선수라도 쳐야 한다. 이번 상속세 논의가 세제 발전의 실마리가 된다면 더없이 좋은 일이다. 기업처럼 대놓고 말은 안 해도 국민도 같은 생각일 것이다.

2020년 11월 21일_ 확진환자 30,670 격리해제 26,466

RCEP 가입, 큰물에서 놀아야 큰일 한다

국가경쟁력 높이려면… 축구의 EPL 급, 미스터 트롯의 톱7 반열에 올라야

코로나 확진자가 3만 명을 넘어섰다. 1만 명에서 2만 명이 될 때 다섯 달이 걸렸으나 2만 명에서 3만 명에 되는 데는 채 넉 달도 안 걸렸다. 힘든 가운데 희소식도 들린다. 손흥민이 자랑스럽다. 국민 어깨를 으쓱대게 만든다. 매주 20만 파운드, 우리 돈으로 3억 원가량을 받게 될 거라는 낭보다. 그렇게 되면 프리미어리그(EPL)에서 손흥민보다 주급이 높은 선수는 8명뿐이다. 2023년까지 주급 15만 파운드로 계약돼 있는데 구단 측에서 서둘러 재계약을 하고 싶다며 주급 인상을 제안했다.

주급 3억 원. 엄청난 돈이다. 우리나라의 내로라하는 대기업의 임원 연봉을 능가한다. 대단하고 자랑스럽다. 이번 시즌 들어 공격력이 좋아 골을 많이 넣기도 했지만 뭔가 다른 요인이 있는 듯싶다. '욕심 없고 이타적 선수'라는 평판이 한몫했을 거라는 추정이다. 세계 최고의 선수들이 몰려있는 EPL에서 득점 순위가 높기도 어려운데 이타적이라는 호평까지 받다니. 국위 선양도 이런 선양이 없다.

사람은 모름지기 '큰물'에서 놀아야 크게 될 수 있는 법. 손흥민도 EPL이라는 깊고 넓은 물에서 활약했기에 오늘에 이를 수 있었을 것이다. 국내리그에 머물러 있었다면 지금처럼 세계적인 유명 선수가 되었을까. 어찌 보면 경쟁은 필요악이다. 없는 것이 바람직하지만 여건상 어쩔 수 없이 필요한 존재로 여겨진다. 경쟁을 좋아할 자 많지 않을 것이나, 경쟁력은 경쟁을 통해 길러진다. 묘한 아이러니다.

스포츠에서 잘하지 못해도 주전 자리를 꿰찰 수 있거나, 이기고 지는 게 중요치 않은 친선 경기만 해서는 실력 향상이 어렵다. '국민 예능'이 된 미스터 트롯 오디션만 봐도 '노는 물'의 중요성을 확인케 된다. 국내외 수많은 가수가 경쟁을 벌이는 과정에서 실력이 가일층 높아진 측면이 크다. 트롯 열풍에 화력을 더하고 제2의 전성기를 이끌 차세대 스타들을 대거 배출한 결과가 이를 잘 말해준다.

경쟁은 '양날의 칼'… 경쟁 좋아할 자 없겠으나, 경쟁력은 경쟁을 통해 길러져

큰물의 효용은 경제에서 더 잘 발휘되곤 한다. 우리나라가 중국 주도의 세계 최대 자유무역협정(FTA)인 역내포괄적경제동반자협정(RCEP) 가입에 서명했다. 한·중·일과 아세안 등 15개국이 참가하고 전 세계 인구 및 국내총생산(GDP)의 30% 정도를 점하는 '메가 FTA'에 합류했다. 일본과도 FTA를 맺는 효과를 보게 된다. 미·중·일·EU 등 세계 주요국과 모두 자유무역협정을 맺는 경제 영토 확장의 호기다.

고민도 있다. 시점이 공교롭다. 미·중 간 갈등 속에서 조 바이든 미 행정부가 출범한다. 우리 정부로서는 외교적 시험대가 될 수 있다. RCEP은 오바마 행정부 시절 중국을 배제하고 추진하던 환태평양경제동반자협정(TPP)에 맞서 중국이 대항마로 내세운 무역 질서의 또 다른 축이다. 한 때는 'RCEP냐 TPP냐'는 아태 지역의 경제 질서 주도권 다툼에서 '미국과 중국 어느 편에 설 것이냐'는 압박으로 통했다.

미국 우선주의를 내세운 트럼프 대통령이 2017년 집권 직후 TPP를 탈퇴

하면서 'RCEP 대 TPP'구도가 느슨해졌다. 일본 등 나머지 국가가 CPTPP(포괄적·점진적 TPP)로 이름을 바꿔 2018년 공식 서명했으나 미국의 불참으로 존재감이 떨어졌다. 그러던 차에 이번 바이든의 대선 승리로 미국의 CPTPP 복귀가 점쳐진다. RCEP을 통한 중국 중심의 무역 질서를 견제하고, 민주 진영 동맹들과 협력해 미국 주도의 경제 질서를 회복에 나설 거라는 관측이 우세하다.

여기에 안보협의체 쿼드(Quad), 경제번영네트워크(EPN) 등 트럼프 행정부의 '반중(反中) 캠페인'에 대한 승계 여부도 초미의 관심사다. 미국이 중국 견제용으로 CPTPP를 활용할 가능성이 커짐에 따라 한국에도 가입을 요구해 올 공산이 크다. 동맹과 다자주의를 강조하는 바이든의 통상 정책과 RCEP와의 충돌이 피할 수 없어 보인다.

미국, 중국 견제용으로 CPTPP 가입 요구 예상… RCEP와 TPP 동시 가입 유의

난제일수록 쉽게 풀어야 한다. RCEP와 TPP를 양자택일로 볼 필요가 없다. 미·중 대결의 관점으로는 답을 찾기 어렵다. 두 협정에 모두 가입한 일본, 호주, 베트남, 싱가포르 등 7개국이라고 어디 그런 고민이 없었겠는가. 더구나 우리나라는 지난 정부 때 TPP 참가 기회를 놓친 바 있다. 비전과 전략 부재로 통상 전략의 축을 다자간 협정보다 양자 간 협정에 둔 행동이었다. 일본에 대한 시장 개방의 두려움과 농업 분야의 반발 우려도 솔직히 없지 않았다.

이제라도 TPP 가입을 차근차근 준비해야 한다. 미·중 갈등이 진정되지 않고 있는 상황에서 '안보는 미국, 경제는 중국'의 이분법이 통할 리 없다. 양다리 걸치기식 접근으로는 실리 위주의 국제관계를 헤쳐나가기 어렵다.

그럴 리야 없겠지만 중국 입장을 살피느라 미국 주도의 경제 질서 참여를 망설이는 일은 없어야 한다. 실기(失機)는 한 번으로 족하다.

결국 중국 주도의 RCEP와 미국 주도의 TPP에 모두 참여하는 것이 바람직한 대안이다. 그래야 하는 중요한 이유 중의 하나는 "큰물에서 놀아야 큰일을 할 수 있다."라는 사실이다. 부존자원이 빈약하고 내수시장이 협소한 국가로서는 대외교역 확대 외에는 달리 활로가 없다. 최선이자 최후의 선택이 된다. '메이드 인 코리아'의 재화와 서비스를 국제무대의 큰물로 내보내 글로벌 강자들과 어울려 부대끼게 해야 한다.

노는 물의 수준이 오르게 되면 경쟁력은 따라 오르게 되어 있다. 스포츠는 눈에 보이는 유명 선수들과의 경쟁이나, 경제는 보이지 않는 글로벌 강자들과 겨뤄야 한다. 더더욱 어렵다. 경쟁력을 축구로 말하면 EPL 급, 미스터 트롯으로 치면 톱7 수준으로 끌어올려야 한다. 한국 경제의 궤적이 그랬고 삼성 반도체, 현대 자동차 등 대한민국 일류 상품의 행로가 그러했다.

2020년 11월 27일_ 확진환자 33,311 격리해제 27,349

거꾸로 내달리는 실업 대책

일자리 보고, 중소기업… 지원 확대 못지않게, 한정 재원의 효율적 운용 중요

우리나라만큼 건강검진제도가 잘 돼 있는 나라가 없다. 미국 오바마 대통령도 부러워했을 정도다. 건강검진기본법에 따라 체계적으로 시행된다. 건강검진에 대한 법률상 정의가 자상하다. 건강 상태 확인과 질병의 예방 및 조기 발견을 목적으로 건강검진 기관을 통한 진찰 및 상담, 이학적 검사, 진단검사, 병리검사, 영상의학 검사 등의 의학적 검진을 뜻한다.

간단히 말해서 사람이 건강한지 아닌지를 검진하는 일이다. 검진대상자는 증상이 없는 사람이다. 환자가 아닌 일반인이다. 아파서 병원을 찾는 일반 환자와 특성이 다르다. 검진은 전체 질병을 대상으로 하는 것이 이상적이다. 하지만 현실적으로 비용, 시간, 인력의 제한으로 일부 표적 질환에 한정된다.

검진의 주된 목적은 '예방'에 있다. 예방은 1차와 2차의 영역에서 이뤄진다. 1차 예방은 수검자의 혈압, 혈당, 콜레스테롤 등의 상태를 검사, 건강관리가 잘되고 있는지를 점검하고 교육한다. 2차 예방은 수검자가 이미 가지고 있을 수 있는 질병들, 대표적으로 암과 같은 종양성 질환을 조기에 발견하여 치료할 수 있게 한다. 실제로 검진을 통한 질병을 빨리 발견해 치료에 효과를 보는가 하면, 반대로 검진을 소홀히 해 치료 시기를 놓치는 경우가 적지 않다.

비용이 저렴하다. 매달 건강보험료만 내면 일반인은 2년에 한 번씩, 공무원 등 일부 직종은 1년에 한 번씩 정기 검진을 무료로 받을 수 있다. 건강검진표가 우편으로 보내온다. 스스로 원할 때 검진을 받으면 된다. 다만 건강보험공단에서 제공하는 국가건강검진은 일반인이 많이 걸리는 질병 중심으로 진단이 이루어짐에 따라 세밀한 진단을 받으려면 옵션을 추가하거나 종합검진을 받으면 된다.

사전 예방책 고용유지지원금보다, 사후 치유책 실업급여에 역점… 가성비 '뚝'

건강진단에 막대한 재정과 노력을 투입되는 데는 나름의 이유가 있다. 최소의 비용으로 최대의 효과를 거두겠다는 의도다. 가래로 막을 일을 호미로 막겠다는 계산이다. 건강은 건강할 때 지켜야 한다. 예방만 한 치료가 없다. 발병하고 나면 치료가 쉽지 않을뿐더러 비용이 만만치 않다. 몸은 몸대로 고생하고 돈은 돈대로 축난다. 재정 면에서도 투입 대비 산출이 적다. 가성비가 떨어진다.

이토록 중요한 예방의 원리는 정책 시행 시 잘 지켜지지 않는다. 고용·노동 분야도 그중 하나다. 실업 대책의 바탕을 이루는 고용유지지원금과 실업급여의 우선순위가 바뀌어있다. 같은 고용보험기금에서 나가지만 두 정책의 성격이 판이하다. 실업에 대해 고용유지지원금이 사전 예방책이라면 실업급여는 사후 치유책에 해당한다.

현실은 고용유지지원금보다 실업급여 지원에 중점이 두어져 있다. 올해 들어 실업급여 지급에 쓰인 돈이 같은 기간 고용유지지원금의 5배 수준이다. 1월부터 10월까지 지급된 실업급여 지급총액이 10조 원에 육박한다. 정확히는 9조 9,803억 원으로 작년 지급액 8조 870억 원을 이미 훌쩍 넘어섰다. 이런 판국에 정부는 실업급여 지급 대상에 특수 고용직까지 포함할 것을 계획하고 있다. 역대 최대의 기록경신은 상당 기간 이어질 전망이다.

올해 들어 고용유지지원금으로 나간 돈은 10월까지 2조 6,470억 원이다. 8만 2,123개 사업장이 신청했다. 지난해에는 1,514개 사업장에 669억 원이 쓰였다. 업체 수 기준으로 54배가 폭증했다. 게다가 10월부터는 정부가 중소기업에 유급휴직 수당 90%를 지원하는 특례지원이 끊겼다. 기업 부담만 커진 셈이다. 코로나 직격탄을 맞은 여행, 항공, 호텔 등의 업계는 벌써 대대적인 감원과 무급 휴직에 돌입했다.

개인에 직접 주는 실업급여보다… 기업 통해 개인에 전달되는 고용지원금이 효과적

효과 면에서 고용유지지원금이 실업급여를 능가한다. 실업급여가 일과성이라면 고용유지지원금은 지속적이고 다중적이다. 기업에 도움이 될 뿐만 아니라 종업원에게도 유익이 된다. 일자리 유지를 통해 국민경제에 이바지한다. 일석삼조다. 결국 개인에게 직접 주는 실업급여보다 기업을 통해 개인에 전달되는 고용유지지원금을 늘리는 게 순리에 맞고 효과도 크다.

미국의 관련 정책을 참고할 만하다. 종업원 수 500인 이하 중소기업에 최대 1,000만 달러, 원화로 약 119억 원을 무담보로 빌려주고, 이를 통해 고용을 유지하면 대출 상환을 면제해주는 PPP(Paycheck Protection Program)를 운영하고 있다. 조 바이든 미국 대통령 당선인은 PPP자금을 증액하는 한편, 자금의 절반은 50인 이하 소규모 업체에만 대출해 주는 방안을 추진할 것으로 알려졌다.

힘들어하는 기업을 보면 늘 마음이 짠하다. 중기중앙회가 630개 기업을 대상으로 한 설문조사 결과가 남 얘기 같지 않다. 내년에 신규 채용을 하겠다고 응답한 기업은 10곳 가운데 1곳에 불과했다. 나머지는 채용할 여력이 없거나 아직 정하지 못하고 있다고 답했다. 기업 활동을 하면서 불만인 점으로 '인건비 부담'을 가장 많이 꼽았다. 그러면서 정부 지원 중에서 가장 도움이 된 정책으로 '고용유지지원금'을 들었다.

국내 기업체의 99%를 차지하고 일자리의 83%를 제공하는 이 땅의 중소기업. 흔히 경제의 뿌리로 비유된다. 뿌리인 기업이 성치 못하면 국민경제라는 거목이 지탱되기 어렵다. 일자리의 보고(寶庫)인 중소기업에 지원을 늘리는 것도 중요하나, 한정된 재원을 효율적으로 운용하는 정책이 더없이 긴요하다. 바른 순서에 따라 미리 준비되어 있으면 근심할 일이 없거나 줄어들게 마련이다. 백신이 치료제보다 낫다.

2020년
12월

2020년 12월 4일_ 확진환자 36,906 격리해제 28,917

내는 사람만 내는 종부세, 세금인가, 벌금인가

다수 근소세 면제자, 각종 공제 제도 그냥 둔 채… '부자 증세' 집중은 곤란

12월은 집 가진 자에겐 잔인한 달이다. 한껏 오른 종합부동산세를 물어야 해서다. 고지서를 받아든 납세자들이 경악을 금치 못했다. 어느 정도 예상은 했으나 매겨진 세금을 보고 할 말을 잃었다. 종부세는 전국의 주택 및 토지를 유형별로 구분하여 개인별로 합산, 그 공시가격 합계액이 일정 기준금액을 초과하는 경우 그 초과분에 대해 과세한다.

종부세는 그간 강남아파트 보유자의 전유물로 통해왔다. 목동, 마포, 광화문, 성수 등의 아파트값이 뛰면서 여타 지역에서의 납부자도 늘었다. 올해 74만 4,000명에게 4조 2,687억 원의 세금이 부과되었다. 지난해와 비교해 대상자가 14만 9,000명, 세액이 9,216억 원이 늘었다. 각각 25.0%, 27.5%씩 증가했다. 공시가격 상승, 공시가격 현실화율 상향, 과세표준을 산출하기 위해 공시가격에 곱해주는 공정시장가액비율이 오른 때문이다.

올해의 종부세 상승은 서막에 불과할 전망이다. 내년부터는 더 많이 오른다. 납세자 부담이 더 커지게 된다. 우선 공정시장가액비율이 해마다 5%씩 상승한다. 지난해 85%에서 올해 90%로 오른 데 이어 내년에는 95%, 2022년 이후는 100%가 된다. 부동산 공시가격의 시세 반영률도 90%까지 끌어올리겠다는 게 정부의 방침이다.

종부세 증세에 반대의 목소리만 있는 건 아니다. 불로소득 환수와 부동산 시장 안정을 위해 과세를 강화하는 정책 기조를 흔들림 없이 추진해야 한다는 주장도 제기된다. 갭투자 등으로 집을 돈벌이 수단으로 삼아온 투기자에 대한 강력한 제재가 필요하다는 견해다. 집을 가진 것보다 처분하는 것이 이롭다는 판단이 들도록 부동산 세제를 한층 더 강화할 것을 주문한다.

올해 종부세는 서막에 불과… 내년부터 더 많이 올라, 납세자 부담 '껑충'

논쟁의 뿌리를 살피면 해법이 보이곤 한다. 작금의 종부세 논란의 근원은 집값 폭등에 있다. 집주인은 가만히 있었는데 값이 올라 세금이 는 것이다. 그렇다면 집값은 왜 올랐을까. 공급이 수요를 따라주지 못했고, 정책이 이를 바로잡지 못한 측면이 크다. 통화량 증가, 저금리 지속 등 거시경제 변수의 영향이 없지 않겠으나, 제도의 공회전과 정책의 헛발질에 비롯된 점도 부인하기 어렵다.

최대 피해자는 1주택자다. 집 한 채라서 얻은 게 없는 데도 값이 올랐다는 사실만으로 세금을 더 물게 생겼다. 일정 소득이 없는 고령자나 은퇴자도 해마다 재산세에 더해 종부세까지 물어야 한다. 여간 큰 고통이 아니다. 종부세 때문에 집을 팔기도 어렵다. 팔 때 무는 양도소득세가 무겁다. 싼 집으로 갈아타려 해도 취득세 또한 무섭다. 이러지도 저러지도 못하는 이들의 처지를 종부세 증세론자도 제대로 설명치 못한다. 입을 꾹 다물고 있다.

급기야 청와대 국민청원 홈페이지에 '퇴직한 사람은 거주의 자유도 없습니까?'라는 제목의 글이 올라왔다. 불만이 거세다. "아파트 하나 갖고 있으면 적폐냐.", "재산세와 양도소득세를 납부하고 있는데 왜 종부세까지 많이 내야 하냐.", "들어오는 월급은 없는데 공시가격 때문에 세금을 더 내야 한다." "투기로 산 것도 아니고 평생을 아파트 구매에 바쳤는데 꿈을 이루자마자 포기하고 지방으로 내려가야 할 판이다." 울분을 넘어 절규에 이른다.

정부 반응이 걸작이다. 전체 주택분 종부세 세액의 82%는 다주택자가 부담하고 있다고 해명한다. 주택을 장기보유하거나 고령자일 경우 70%까지 세액공제를 받을 수 있다고 설명한다. 틀린 말은 아니나 적절한 답은 못 된다. 1가구 1주택 세액공제를 받으려면 보유 기간이 5년 이상 15년이 되어야 한다. 고령자 혜택 또한 60세 10%, 70세 30%에 그친다. 부부 공동명의 1주택자는 그나마도 제외된다. 대상자가 많지 않을뿐더러 생색낼 수준은 아니다.

물가 연동 탄력 과세, 제도 취지에 맞는 법 운용 등… 해법 마련 시급

해법 마련이 시급하다. 물가 수준에 연동한 종부세의 탄력 운용이 고려될 만하다. 지난해의 경우 물가는 2%밖에 오르지 않은 데 비해 서울지역의 아파트 공시가격은 25.6%가 올랐다. 공시가격이나 부동산값이 오르는 만큼 종부세 과세표준을 낮추거나 세율을 내려 적용하는 것이 대안이 될 수 있다. 집값이 올랐다고 세금을 올려받으면서 반대로 내릴 때는 돌려주지 않는 게 납세자 눈에는 모순으로 비친다.

종부세는 본연의 취지에 따라 운용됨이 마땅하다. 법은 "고액의 부동산 보유자에 대하여 종부세를 부과하여 부동산보유에 대한 조세 부담의 형평성을 제고하고, 부동산의 가격 안정을 도모"하기 위한 것으로 두루뭉술 정의한다. 이처럼 종부세를 기계적으로 부과할 게 아니라, 소득세처럼 소득 성격, 시장 여건, 납세자 부담 등을 고려하는 유연한 법 적용이 요구된다.

종부세의 타당성도 짚어봐야 한다. 법에 명시는 없으나 종부세는 부동산 투기 억제에 주된 목적이 있다. 하지만 상당수 주택소유자, 특히 1주택자는 투기와 거리가 멀다. 가격 상승을 노리고 집을 산 게 아니다. 살기 위해 집을 샀고, 살다 보니 값이 오른 것이다. 이들에게 재산세에 더해 종부세까지 물리는 것은 가혹하다. 미실현 소득에 대한 과세의 성격도 짙다. 부의 승계나 대물림은 증여세나 상속세로 다스리면 된다.

조세 편의주의는 늘 경계의 대상이다. '넓은 세원, 낮은 세율'의 조세원칙이 쉽게 휘둘려선 안 된다. 10명 중 4명꼴의 근로소득세 면제자와 방만한 공제 제도를 그대로 둔 채, 손쉬운 고소득층 증세에 집중하면 조세저항은 필연적이다. 직불·신용카드 소득공제, 전자신고 세액공제 등의 공제 제도와 소득 보전 성격의 비과세·감면 제도를 손질해 과세 형평성을 높이는 게 우선일 수 있다. 내는 사람만 내서는 세금이라기보다 벌금에 가깝다.

2020년 12월 11일_ 확진환자 41,730 격리해제 31,493

'희생양' 자영업, '회생양' 만들자

자영업이 그나마 살아있을 때 도와야… 도산에 따른 대가보다 싸고 효율적

자영업자는 흔들리며 산다. 어려운 건 어제오늘의 일은 아니나, 코로나19와 경기침체 지속으로 최악의 상황에 몰려 있다. 느끼는 위기감과 상실감이 갈수록 크고 깊어간다. 겨우 잠자리에 든다 해도 숙면은 어렵다. 새벽녘에 혼자 깨어 온갖 상념에 빠진다. 별의별 생각이 다 든다. 미국 영국 등에서 코로나 백신 접종이 시작되었다는 소식에 전 세계 주가가 요동치고, 국내 부동산 가격 폭등 소식은 듣자니 속만 쓰리다. 이중의 박탈감에 두 번 울게 된다.

상당수 점포가 휴업 중이거나 가게를 내놓은 상태다. 괜찮아지겠거니 스스로 위로하며 버텨왔으나 한계점에 달했다. 가게 문을 열어봐야 현상유지는커녕 적자만 쌓여간다. 부동산114가 소상공인시장진흥공단의 상가 데이터를 분석한 내용이 이를 수치로 증명한다. 2·4분기 서울의 상가 수는 37만 321개로, 1분기 39만 1,499개와 비교해 5.4% 줄었다.

서울 명동거리에 인적이 끊겼다. 대학생 손님이 넘쳤던 신촌 상권이 초토화되었다. 직장인이 많은 강남역과 나들이객이 몰리던 가로수길도 공실이 넘쳐난다. 매출이 곤두박질치는 와중에 대출만 늘고 있다. 한국은행이 발표한 올해 '3분기 중 예금 취급기관 산업별 대출금'에 따르면 예금은행의 비법인기업, 이른바 자영업자 대출은 올 3분기 말 387조 9,000억 원으로 사상 최대로 집계되었다. 지난 2분기 말보다 9조 1,000억 원 증가했다. 빚으로 근근이 버티고 있다.

생존의 몸부림이 눈물겹다. 배달 비중을 늘려 손실을 줄여보려 하나 생각대로 안 된다. 라이더가 부족해 밀려드는 주문을 소화해 내지 못하고, 늘어나는 배달 수수료에 부담만 커진다. 폐업도 쉽지 않다. 밀린 월세로 보증금을 까먹고, 후속 세입자를 못 구해 권리금 건지기도 어렵다. 카드 결제 단말기 위약금과 인테리어 원상복구 비용도 만만치 않다. 움직이면 돈이다. '울며 겨자 먹기식'으로 문을 열고 있는 가게가 부지기수다.

빈곤감과 박탈감에 '두 번 우는' 자영업… 고난이 위기 돌파의 계기 되기를

폐업 후가 더 문제다. 먹고살 길이 막막하다. 실직자 증가로 일용직 구하기도 하늘의 별 따기다. 업종을 바꾸려 해도 아는 것도 가진 것도 없다. 기존 대출 때문에 추가 대출은 꿈도 못 꾼다. 물고기가 물을 떠나 살 수 없듯, 청춘을 불사른 사업을 외면한 채 살아갈 자신도 솔직히 없다. 영업 환경은 극한으로 치닫는다. 코로나 하루 신규 확진자가 700명 선에 육박한다. 방역 단계 상승에 따른 거리두기 강화로 죽는 건 자영업이다. 속절없는 희생양이 되고 있다.

정부는 때아닌 '백서 타령'이다. '소상공인·자영업자 종합대책 백서'를 만든다는 보도다. 중소벤처기업부가 정책 내용을 국민에게 알리겠다는데 누가 말리겠는가. 시기가 안 좋다. 자영업이 줄폐업하는 판이다. 정치권의 행태도 꼴사납다. 3차 재난지원금을 놓고 '자영업 선별지원'과 '전 국민 지급'으로 아귀다툼이다. 어차피 해결책도 못 될 일을 두고 벌이는 언쟁이 부질없다. 상복을 몇 년 입느냐를 두고 조선 당쟁의 절정을 이뤘던 예송논쟁을 연상케 한다.

우리나라는 자영업자가 많기도 하다. 2020년 6월 말 기준 650만 명에 이른다. 전체 취업자의 24.6%를 점한다. 미국(6.3%), 일본(10.3%), 유럽(15.3%) 등에 비해 월등하다. 그마저도 취약 업종에 쏠려 있다. 도소매업이 28.9%로 가장 많고, 숙박·음식업이 24.5%로 그 뒤를 잇는다. 고용원 없는 영세사업자도 419만 명으로 전체 자영업자의 63%나 된다. 그것도 코로나 발생 후 10.3% 늘었다. 척박한 시장에서 수많은 사업자가 이전투구를 벌이는 게 실로 안쓰럽다.

손 놓고 있을 수 없다. 경제의 모세혈관인 자영업이 살아야 인체인 나라가 산다. 방법론이 요체다. 물고기를 주는 것보다 물고기 잡는 법을 알려주는 게 나을 터. 지원금 얼마를 손에 쥐여주는 것보다 사업을 계속할 수 있도록 뒷받침하는 게 방책일 수 있다. 사업성을 따져 옥석을 가리는 투 트랙(two track) 방식이 적절하다. 도와주면 살아날 곳은 '회생', 그렇지 못한 곳은 '정리'로 정책 지원의 가닥을 잡는 게 맞다.

도와주면 살아날 곳은 '회생', 그렇지 못할 곳은 '정리'… 투 트랙 합리적

회생 가능한 자영업자는 정부가 경영개선을 위해 여러모로 적극적으로 도와야 한다. 업종과 지역, 고객의 특성 등을 고려한 경영 교육, 컨설팅, 법률지원 서비스 등을 활발히 펼쳐야 한다. 아울러 경쟁력 제고를 위해 공동기반시설 구축, 판매 촉진, 상품·기술 가치 향상, 불공정피해 상담, 결제 시스템 지원 등을 든든히 후원해야 한다.

경쟁력이 없다고 버릴 순 없다. 재기 지원을 서둘러야 한다. 폐업과 전업, 그로 인한 충격을 최소화하는 연착륙을 유도해야 한다. 근로 의사가 있는 폐업 자영업자에 대해서는 취업교육과 일자리를 알선해야 한다. 재창업 의사를 가진 사업자에게는 유망업종으로 전환을 돕는 멘토링 서비스가 긴요하다. 폐업 등 재난에 대비한 공제사업 등 사회안전망 확충도 신경 써야 한다. 창업과 성장을 촉진하는 금융지원 역시 필수적이다.

필요 조치는 이 말고 또 있다. 코로나19 관련 소상공인 대출에 대한 만기를 연장해야 한다. 애초 지난 9월까지였던 만기일이 내년 3월까지 한 차례 연장되었으나, 시한을 더 늘려야 한다. 폐업할 때 대출과 신용보증을 일시에 갚아야 하는 기한의 이익 상실도 일정 기간 유예함이 마땅하다. 그게 안 되면 폐업을 하고 싶어도 할 수가 없다. 퇴로가 막히고 만다.

예방만 한 치료가 없다. 자영업이 그나마 살아 활동할 때 도와주는 것이 도산에 따른 경제적·사회적 비용에 비해 값싸고 효율적이다. 싸고 좋은데 안 할 이유가 없고, 실제로 안 해서도 안 된다. 주제넘은 얘기 같지만, 가난 구제는 나라님도 못 한다. 자영업자도 이왕 사업의 길로 접어든 이상 정면으로 맞닥뜨려서 돌파구를 찾아야 한다. 사장은 아무나 하는 게 아니다.

2020년 12월 18일_ 확진환자 48,560 격리해제 34,334

'낮은 정부', 나라가 해야 할 바, 국민이 바라는바

정책과 제도, 어렵고 까다로워… 국민 눈높이 맞게 '문턱 낮추기' 해야

유명대학 경제학과에서 왕왕 있는 일이다. 1학년을 마친 학생이 지도교수를 찾는다. 전과(轉科) 희망자다. 이유인즉 수학이 싫어서다. 계량경제학 등에 나오는 수리 부분이 두렵다는 반응이다. 남들은 못 들어가 한인 국내 인문계 최고학과의 학생, 그것도 대학수학능력시험에서 수리영역 만점자의 행동치고는 의외다. 설명이 솔직하다. 출제가 예상되는 문제의 유형을 통째로 외워 만점은 받았으나 실력은 그만 못하다는 고백이다.

점수는 좋은데 실력이 없다? 언뜻 이해되지 않으나 그리 틀린 말은 아니다. 국제교육성취평가협회가 39개국을 대상으로 조사한 결과가 뒷받침한다. '2019 수학·과학 성취도 추이 변화 국제 비교연구(TIMSS)'에 따르면, 한국 초등학교 4학년생의 수학 성취도는 세계 3위, 과학은 2위다. 중학교 2학년생은 수학이 세계 3위, 과학은 4위다. 실로 대단하다.

반면 한국 학생의 수학·과학에 대한 흥미도는 극히 낮다. 중2 학생의 수학에 대한 흥미는 세계 최하위다. 수학을 좋아하지 않는 것으로 나타난 학생 비율이 61%나 된다. 수학이 가치 없다고 평가한 중2 학생 비율이 30%로 대만에 이어 두 번째다. 초4 학생도 수학을 좋아하지 않는 것으로 평가된 학생 비율이 40%로 역시 대만 다음으로 2위다. 자신감을 묻는 조사에서도 한국 초등학생은 수학과 과학 모두 바닥권이다.

원인이 뭘까. 교육계는 암기 위주의 교육방식에 탓을 돌린다. 원리에 대한 이해가 충분치 못하다 보니 내용이 어려워지는 고학년에 갈수록 자발적 관심과 흥미가 떨어져 수학과 과학을 포기하게 된다는 해석이다. 문제풀이를 기계적으로 반복하게 되면 일부 상위권 학생은 따라갈지 모르나, 나머지는 중도 포기하게 된다는 전문가의 진단이다. '수포자', '과포자'가 양산되는 연유를 정확히 꼬집는다.

싫증과 포기는 어려움과 복잡함에 기인… 현실은 난해함에 대한 이중적 모순

싫증과 포기는 어렵고 복잡한 데서 비롯된다. 쉽고 편하면 누가 마다하고 싫어하겠는가. 현실은 난해함에 대한 이중적 모순을 드러내곤 한다. 스스로 복잡하게 만들어 놓고 이를 은근히 즐기는 성향을 보인다. 어려워야 왠지 무게가 있고 권위가 서는 줄 안다. 일상의 대화에서도 한자식 표현이나 외국어 단어를 적당히 섞어 써야 식자층으로 통하는 풍조가 생각밖에 널리 퍼져있다.

세상사 복잡한 게 어디 수학뿐이랴. 공공의 정책과 제도는 난해함의 극치다. 너무 어렵다 보니 국민이 이해하고 접근하기 힘들다. 조세제도는 그중 으뜸이다. 정부가 뛰는 집값을 잡기 위해 세제를 널리 활용하면서 세금 계산이 복잡다단해졌다. 게다가 세제가 자주 바뀌다 보니 세무사는 물론 세무 당국에서도 부동산 관련 세금을 잘못 계산하는 사례가 빈발한다.

압권은 집 팔 때 내는 양도소득세다. 계산할 때 고려할 변수가 너무 많다. '수학 올림피아드' 수준이라는 평가다. 취득 시기, 지역은 물론 각종 특별공제나 다양한 조건 등 수십 가지를 동시에 헤아려야 한다. "부동산 관련 세법이 너무 복잡해져 양도세는 세무사조차 계산할 수 없다"라는 우스

갯소리까지 들린다. 양도세 수임을 포기한 세무사라는 뜻의 '양포 세무사'의 신조어가 생겨난 배경이다.

그 덕에 부동산 컨설팅업이 호황을 누린다. 정부가 24차례에 걸쳐 부동산 대책을 쏟아내면서 대출, 세제 등에 대한 규제가 복잡해져 부동산 관련 세무 상담이 쇄도한다. 서점가에서는 부동산 관련 서적이 불티나게 팔린다. 오죽하면 "대한민국 부동산 관련 세제는 신(神)만이 알 수 있다."라는 말까지 회자될까.

공공부문 접근성 높여야… 어려운 것은 쉽게, 높은 곳은 낮게, 구조는 재설계

앞서 언급한 양도세 사례는 빙산의 일각에 불과하다. 법원 판결문만 봐도 내용을 제대로 이해하는 사람이 드물다. 행정 및 사법 간소화가 상당 부분 이뤄졌으나 아직 갈 길이 멀다. 용어부터 난해하기 짝이 없다. 시대 흐름에도 뒤진다. 광복 75년이 지났건만 일본식 용어가 곳곳에 살아있고, 여기에 미국식 용어까지 가미되면서 가히 국적 불명을 이룬다.

절차 또한 까다롭다. 세무, 소송, 등기 등의 업무는 셀프 민원의 길이 열려는 있다. 규정뿐이다. 해보면 쉽지 않다. 결국은 비용을 들여 세무사, 법무사, 변호사, 변리사, 행정사 등의 도움을 청해야 한다. 관공서 문턱이 턱없이 높다. '무엇을 도와드릴까요?'의 캐치프레이즈는 민원실 벽에 걸린 장식물처럼 보인다. '어떻게 하면 도와줄까?' 고민하기보다 '어떻게 하면 거절해 돌려보낼까?' 궁리하는 것처럼 비칠 때가 적지 않다.

공공부문에 대한 접근성을 높여야 한다. 어려운 것은 쉽게, 높은 곳은 낮게, 불공정은 공정하게, 수직적 관계는 수평적 관계로 구조를 전면 재설계해야 한다. 마음만 먹으면 그리 어려운 일은 아니다. 번거롭고 귀찮고

생색나는 일이 아니다 보니 그동안 실행에 옮기지 않았을 뿐이다. 공공의 가치와 중심을 국민 편의에 두면 안 될 일이 없다. 될 일은 더 잘된다.

어렵고 힘들어도 포기는 금물이다. 지금 우리는 코로나 팬데믹에서도 온갖 불편과 희생을 감수하며 끈질긴 싸움을 펼치고 있다. 마스크 착용을 생활화하고, 가는 곳마다 체온 재고 출입명부 작성에 누구 하나 군말 한번 없다. 사회적 거리두기에도 전 국민이 동참 중이다. 잘 나갈 때 도지는 방심의 고자세는 공격에 취약하다. 성공 방역과 경제 회생의 두 마리 토끼를 잡으려면 대응책의 무게중심을 한껏 낮춰야 한다. 낮은 정부가 일도 잘한다.

2020년 12월 24일_ 확진환자 54,762 격리해제 38,048

임대료가 '선악과'라도 된단 말인가

임대료 규제하는 법 제정 신중해야… 법은 하다 하다 안 될 때 쓰는 최후 수단

코로나 확진자 증가세가 무섭다. 12월 20일로 5만 명을 넘었다. 지난 9일 4만 명 돌파 이후 11일 만이다. 심각한 임대료 문제에 대한 대책도 굼뜨다. 누가 대한민국이 대통령 중심제 국가 아니랄까 봐 꼭 대통령이 한마디 해야 움직인다. 문재인 대통령이 청와대 수석·보좌관 회의에서 '임대료 공정론'을 꺼냈다. "정부의 방역 지침을 따르는 자영업자들이 매출 급감에 임대료 부담까지 고스란히 짊어져야 하는 것이 과연 공정한 것이냐는 물음이 매우 뼈아프다."고 지적했다.

정치권이 돌연 분주하다. 호떡집에 불난 듯 부산을 떤다. 여당 대표는 "코로나 이후 소득은 급감했으나 임대료는 그대로"라며, "소상공인·자영업자 임대료에 관한 법적 보호의 실효성을 강화하는 방안 등을 종합적으로 검토하겠다."라며 즉각 화답했다. 같은 당 의원들은 상가임대차법 개정안을 서둘러 발의했다. 감염병으로 집합금지 업종에는 아예 임대료를 면제하고, 집합제한 업종에는 임대료의 50%를 깎는 내용을 담았다.

임대인은 당연히 불만이다. 반대 의사를 강하게 표출한다. 코로나19로 어려워진 경제 사정을 임대인과 임차인의 갈등으로 치환하려는 의도로 해석한다. 임대료를 이용해 임대인과 임차인의 갈등을 부추기는 법이라는 비난이다. 건물주를 '불공정'의 진원지로 몰며 계층 갈등을 부추기려 한다는 볼멘소리도 들린다. 피해갈 길이 마땅찮다. 임차보증금을 올리는 대신 월세를 줄이거나, 반전세로 돌릴 수 있으나 실행이 어렵다.

그러잖아도 임대수익률이 내리막이다. 코로나 팬데믹에다 경기침체로 상권이 무너지고 있다. 한국감정원이 집계한 올해 3분기 상업용 부동산 업태 조사가 심각성을 대변한다. 집합 상가, 중대형 상가, 소규모 상가의 투자수익률이 각각 1.15%, 1.14%, 1.08%에 불과하다. 은행 이자 내기도 버거운 수준이다. 공실률 또한 심각하다. 올해 3분기 서울의 중대형 상가 공실률은 8.5%로 2분기 7.9%보다 껑충 뛰었다.

문 대통령 '임대료 공정론' 내놓자 부산… '임대료 멈춤법', '반값 임대료법' 러시

전문가의 우려도 크다. 임대료 책정은 임차인과 임대인이 체결하는 사적 영역으로 정부가 나설 일은 아니라는 지적이다. 임대료까지 관여하면 형평성 문제와 함께 시장 질서의 붕괴를 우려한다. 공공기관이나 여유 있는 임대인이 자발적으로 임대료를 인하하고 면제할 수는 있다. 생계형 임대인에게까지 공정론을 들이대며 임대료 감면을 강요하는 건 과도한 시장 개입이라고 주장이다. 재산권에 대한 본질적 침해에 해당한다는 것이다.

임대료 문제가 엄중한 건 사실이다. 코로나19 장기화로 대면 거래가 많은 자영업 매출이 급감하는 가운데 임대료 등 비용 부담이 커져 유동성 위기에 내몰리고 있다. 한국은행이 발표한 '2020년 하반기 금융안정보고서'에 따르면, 자영업 가구, 즉 가구주가 자영업자인 가계 243만7,000곳 중 유동성 위기를 겪을 가구는 내년 말 10.4%, 약 25만3,400가구로 나타났다. 내년에 폐업 위기에 내몰리는 자영업 가구도 5만 곳에 이를 전망이다.

대통령의 언급이 없었어도 '임대료 공정성' 문제는 반드시 짚고 넘어가야 할 사안임이 틀림없다. 경기침체와 코로나 사태로 자영업의 임대료 부담이 커지고, 임대료 갈등이 두드러지면서 사회적 논의와 합의가 필요한 상태이다. 다만 '공정'에 대한 구체적인 실현 방법을 찾기 힘든 현실에서 임대료 문제가 성급히 공론화되면서 상황이 한층 더 혼란스러워졌다.

임대료 공정론에는 허점이 적잖다. 세입자 보호의 선의를 내세우나, 임대인의 일방적 희생을 전제로 한다. 임대인도 고통을 분담해야 한다는 논리만으로 '임대료 멈춤법' '반값 임대료법'의 정당성을 확보하려 든다. 임대료 인하는 권장할 수는 있어도 법으로 강제할 사안은 아니라는 점을 간과한다. 또 임대료 시장을 선악으로 양분, 인하는 선(善), 유지는 악(惡)이라는 이분법적 재단의 무리수를 둔다.

법 제정보다 정부 지원 우선돼야… 방역 구실로 영업 활동을 막은 건 정부

임대차 계약시장 왜곡에 따른 임대료 상승의 부작용도 경계의 대상이다. 정부의 힘이나 사회적 분위기에 떠밀려 일시적으로 임대료를 인하해도 효과가 지속되기 힘들다. 코로나 사태가 잠잠해지면 임대인이 그간의 손해를 만회하기 위해 언제 다시 임대료를 올릴지 모른다. 임대료를 청구할 수 없거나 절반으로 감액될 걸 대비해 미리 임대료를 높여 받을 공산도 있다.

'착한 임대인 운동'은 근본 해법이 못 된다. 언제까지 임대인의 자비심에 호소할 순 없는 노릇이다. 오뉴월 모닥불 쬐다 말면 섭섭하다고, 언젠가 임대료 인하 혜택이 끝나고 나면 관계가 나빠지게 마련이다. 임대료를 낮춰주면 인하액의 절반을 임대인의 소득·법인세에서 빼주는 현행 수준으로는 유인이 약하다. 장기저리 정책금융, 추가적인 세제 혜택 등이 고려될 만

하다.

자영업 임차인을 정부가 직접 지원하는 것이 효과적이다. 방역을 구실로 영업을 제한한 게 누구였나. 다름 아닌 정부였다. 장사를 못 하게 막은 정부가 책임을 져야지, 임대인에게 희생을 강요하는 건 이치에 안 맞는다. 임대인에게 임대료 감면을 요구하기에 앞서 정부 지원을 늘리는 게 순서다. 다행히 정부가 내년에 지급할 3차 코로나 재난지원금에 '자영업자 임대료 지원'을 포함할 계획이다. 소액의 일회성 지원에 불과하나 가뭄에 단비 같은 희소식이다.

모든 제도나 정책이 그렇듯 임대료 문제는 이해당사자는 물론 전문가 의견, 여론 수렴 등을 꼭 거쳐야 한다. 정책의 입안자나 결정자가 제반 상황을 다 알아서 대응하기 어렵다. 더구나 법 제정은 깊이 생각하여 의논을 거듭해야 한다. 성급한 법제화 시도는 혼란과 갈등을 자초할 수 있다. 툭하면 법부터 만들려는 버릇부터 고쳐야 한다. 법은 만능이 아니다. 하다하다 안 될 때 쓰는 마지막 수단이다.

2020년 12월 30일_ 확진환자 60,731 격리해제 42,271

'영끌' 부동산, '빚투' 주식의 슬픈 희망가

경제도 잘못되면 고쳐야… 그냥 지나치거나 대충 때우려 했다간 망하는 지름길

돈 모으기가 힘들다. 예전에는 열심히 일만 하면 부의 축적이 가능했다. 물려받거나 가진 게 없어도 노동의 대가인 월급만 착실히 모으면 먹고사는 데 별 지장이 없었다. 자식 교육과 내 집 마련도 그리 어렵지 않았다. 자녀 혼수비용, 노후 자금의 밑천도 거의 근로소득에서 나왔다. 그런 상황이 바뀌었다. 월급만 갖고는 미래를 기약하기 어려워졌다. 티끌만 한 월급은 모아 봤자 티끌에 불과하다.

근로소득만 믿고는 살아가기 힘들다는 인식이 2030 젊은 세대를 중심으로 번지고 있다. 근면과 성실, 저축을 중시하는 삶은 고지식함의 전형으로 꼽힌다. 받는 월급은 그대로인데 부동산 등 실물자산 가격이 뛰다 보니 자산이 없는 사람은 아예 '벼락 거지' 취급이다. 집이나 주식에 한눈팔지 않고 월급을 차곡차곡 모았을 뿐인데 빈곤층 전락이라니. 분하고 억울하다. 이런 일이 세계가 부러워하는 이 땅 대한민국에서 벌어지다니. 경악할 노릇이다.

시간 대비 수익으로 볼 때 근로소득의 가치는 초라하기 짝이 없다. 재테크가 필수의 '생계 수단'으로 등장하는 건 어쩌면 당연하다. 자본주의 시장경제에서 돈을 추구하고 부를 축적하는 삶이 동경의 대상이 되는 게 무리일 수 없다. 명예보다 돈을 중시하는 사회 분위기를 무작정 탓할 순 없다.

'돈은 좋은 것'이고 '많으면 더 좋다'는 인식이 시대의 보편 덕목으로 자리매김 중이다.

그러다 보니 돈으로 돈 버는 자본소득에 대한 인식이 달라졌다. 부동산과 주식 투자를 개인의 능력으로 여긴다. 노력에 의한 대가로서 불로소득이 아니라는 것이다. 돈에 대한 열망이 강해질수록 다른 한편에서는 상실감이 커지는 게 문제다. 국민일보·공공의창 여론조사에서 응답자의 52.7%가 '부동산과 주식으로 돈 벌었다는 이야기를 듣고 박탈감을 느꼈다.'라고 답했다.

근로소득만 믿었다간 '벼락 거지'… 명예보다 돈 잘 버는 삶이 존경받는 세상

'근로소득 쇠퇴', '자본소득 득세'의 한복판에는 집값 폭등이 똬리를 틀고 있다. 아파트 가격이 급등하면서 근로소득에 대한 회의가 깊어지고 있다. 고소득 직업을 가져도, 땀 흘려 일해도 월급만으론 집 마련이 불가능하다. 더 정확히 말하면 전세금 인상이나 월세 내기도 버겁다. 12월 KB월간주택가격동향에 따르면, 서울지역의 아파트 평균 매매 가격은 10억 4,299만 원, 아파트 평균 전세가격은 5억 7,582만 원으로 집계되었다.

코로나보다 지독한 게 부동산이다. 전염병이야 백신과 치료제로 제어될 수 있으나, 집값은 초강력 정책으로도 약발이 잘 안 듣는다. 24차례의 부동산 대책을 비웃기라도 하는 듯 전국에 걸쳐 집값이 치솟는다. 백약이 무효라는 게 결코 과장이 아니다. 종잣돈 마련을 위해 예·적금 깨고 '마통(마이너스 통장)' 트고 '부모 찬스'까지 더해 투자에 나서는 젊은이가 부쩍 늘고 있다. 부동산은 '영끌(영혼까지 끌어모으기)', 주식은 '빚투(빚내서 투자)'의 서글픈 희망가다.

정책 실패, 제도 실패와 무관치 않다. 지난 얘기를 꺼내는 게 부질없으나, 문득 작년 청와대 신년 기자회견이 떠오른다. "부동산 투기를 잡고 가격을 안정시키겠다는 정부의 의지는 확고하다."라는 발표가 있었다. "급격한 가격 상승이 있었던 곳은 원상 회복돼야 한다."고 했다. "대책이 시효를 다했다고 판단되면 보다 강력한 대책을 끝없이 내놓겠다."라며 "임기 내 부동산만큼은 확실히 잡겠다."라고 단언했다.

맘대로 안되는 게 부동산일까. 현재까지 집값은 원상회복이 아니라 회복 불능에 달했다. 전세난도 심화되었다. 물량이 줄어 부르는 게 값이 되었다. 서울 강서구의 한 아파트에서는 전셋집 한 곳을 보려 9개 팀이 줄을 서 제비뽑기로 세입자를 결정하는 진풍경이 벌어졌다. 정부는 다양한 주택 공급 방안 마련에 역점을 두겠다면서도 공공임대주택 확대, 부동산감독기구 설치를 들먹인다. '집은 사는(buy) 게 아니라 사는(live) 곳'이라며 국민을 되레 가르치려 든다.

자본소득 추종 탓할 바 아니나 과열은 끝물 있어… 개인 파산, 금융 부실의 뇌관

자본소득 추종에는 고용 불안도 한몫한다. 안정된 소득을 얻을 수 있는 일자리가 줄고, 진입 자체도 바늘구멍이다. 2020년 11월 기준 국내 실업률은 3.4%를 기록했다. 15세 이상 29세 이하 청년 실업률은 8.1%에 달했다. 30대 취업자도 2019년 같은 기간보다 19만 4,000명이 줄었다. 아르바이트 등 단시간 노동으로 정기적 소득을 못 내는 '불완전 취업자'까지 포함하면 상황은 더 나빠진다.

월급만으로는 은퇴 후 삶을 보장받기 힘든 현실도 투자를 부추기는 요인이다. 고령화 추세로 기대수명은 빠르게 늘고 있으나, 마땅한 노후 보장

수단은 턱없이 모자란다. 국민연금의 소득대체율은 40%에 그친다. 이마저도 40년을 꾸준히 냈을 때나 해당한다. 직장인의 평균 국민연금 가입 기간이 25년임을 고려하면 소득대체율은 30%대로 떨어진다.

비(非) 근로소득 중심의 투자 열기는 식을 줄 모른다. 큰 수익을 좇는 투자 열광을 이해 못 하는 바 아니나 심히 걱정은 된다. 과열은 반드시 끝물이 있다. 오르기만 하는 자산은 세상에 없다. 폭락 땐 개인 파산, 금융 부실, 경제 파탄의 뇌관으로 작용한다. 근원 대책이 절실한 이유다. 주택 공급과 규제 완화를 통한 주거 안정, 창업 및 취업 활성화, 안정된 일자리 확대 등의 획기적 조치 없이는 투자 열풍을 결코 누그러뜨리기 어렵다.

몸에 병이 들면 정확한 진찰과 처방으로 빠르고 적절한 치료를 받아야만 한다. 병의 원인은 그대로 묻어둔 채 제아무리 좋은 영양제나 보약을 장복한다고 해도 병원균의 내성만 더 커질 뿐 병은 악화되기 마련이다. 경제도 사람의 몸이나 마찬가지다. 잘못된 곳이 있으면 어서 찾아내서 고쳐야 한다. 못 본 척 슬쩍 지나치거나 보여주기식 선심성 대책으로 대충 때우려 했다간 도와주는 것이 아니라 망하는 지름길로 인도하는 악행이 된다.

2021년
1월

2021년 1월 1일_ 확진환자 62,575 격리해제 43,578

흰 소띠 해, 희망 늘고 비관 주는 신축의 호시절

기업이 전염병과 불황에 위축되기보다… 국민과 경제 앞에 당당하고 의연하기를

해가 또 바뀌었다. 신축년의 새 동이 텄다. 흰색에 해당하는 천간 '신(辛)'과 소에 해당하는 지지 '축(丑)'이 만난 상서로운 흰 소띠의 해다. 원단을 맞고 보면 으레 지난 한 해 동안의 다사다난을 회고하며 저마다 야심 찬 계획과 간절한 소망을 담는 일년지계(一年之計)를 호기 있게 세우곤 한다. 그렇지만 그게 어디 말처럼 쉬운 일인가. 당장 지척의 시계조차 분간키 힘든 코로나 팬데믹 상황의 면전에서 마음은 원이로되 육신이 약할 따름이다.

기업인들로서도 사뭇 신중하게 마음가짐과 자세를 가다듬고 한 해의 경영계획을 떠올려보지만, 개략적 밑그림조차 선뜻 그려내기 여간 힘든 게 아니다. 그럴 바에는 차라리 온고지신의 혜안을 부릅뜨고 지난 100년의 소띠 해에 일어났던 여러 가지 일들을 하나하나 되짚어 보고 이를 토대로 앞날을 더듬어 보는 것도 상책은 못될지언정 차선지책 정도는 충분할 성싶다.

1925년에는 우선, 을축년 대홍수의 쓰라림을 더듬게 된다. 홍수가 7월 초순부터 9월까지 네 차례에 걸쳐 한반도를 덮쳤다. 한강과 낙동강 유역의 피해가 특히 심했다. 평균 700~970mm의 강수량으로 서울에서만 647명의 사망자가 발생하고 가옥 6,792채가 거센 물길에 휩쓸렸다. 17,045채의 가옥 붕괴, 46,813채의 침수피해와 함께 29,229명의 이재민이 발생했다.

이어 1937년 정축년. 일제강점기의 만행이 노골화된다. 만주국에 한인 노동자 10만 명 이주를 결정하고 1차로 간도이민단 1만2,000명이 출발했다. 조선총독부가 각 관서에 근무 중에 일본어 사용을 지시하는 한편, 군수공업동원법 실시를 결정했다. 또 일제의 신민(臣民)으로서 천황에 충성을 맹세하는 황국신민서사를 제정, 학교를 비롯한 관공서, 은행, 공장, 상점에서 조회나 회합 등에서 큰소리로 외우게 했다.

온고지신 혜안으로 과거사 되짚어 보고… 앞날 더듬는 일년지계 세우자

1949년 기축년에는 대서양 다른 한쪽에서는 북대서양조약기구(NATO)가 창설된다. 회원국이 무장 공격을 당한 회원국에 대해 어떤 지원도 할 수 있도록 하는 가운데, 이 땅 한반도에도 큰 군사적 변화가 있었다. 한국에서 미국군이 철수했고 병역제도가 모병제에서 전시 징병제로 바뀌었다. 공군이 창설되고 공군사관학교 전신인 항공사관학교가 설립되는 경사도 있었다.

또한 1961년 신축년에는 5·16군사정변이 일어난다. 박정희의 주도로 육군사관학교 8기생 출신 군인들이 제2공화국을 폭력적으로 무너뜨리고 정권을 장악했다. 박정희의 통치는 1979년 10월 26일 그가 사망할 때까지 19년 가까이 이어졌다. 평가가 엇갈린다. 국가 주도의 급속한 경제발전 성취의 긍정적 시각과 함께, 군의 정치개입, 민주적 정권교체 지연, 지역·계층간 불균형 등의 부정적 평가가 공존한다.

1973년 계축년에는 제1차 석유파동이 터진다. 그해 10월 16일 석유수출국기구(OPEC) 산유국 중 페르시아만 연안 6개국이 원유 공시가격을 배럴당 3.01 달러에서 5.12 달러로 70% 인상을 결정했다. 곧이어 12월 23일에는 1974년 1월부터 원유 가격을 5.12달러에서 11.65달러로 올리기로 했다. 세계 경제에 엄청난 파문과 충격을 불러왔다. 코로나 팬데믹과 경기침체로 힘들었던 지난해 상황과 비춰 볼 때 묘한 비감마저 일게 한다.

여기에, 1985년 을축년에는 플라자합의가 있었다. 프랑스, 독일, 일본, 미국, 영국 등 G5 재무장관들이 미국 뉴욕의 플라자 호텔에서 모여 달러화 강세를 시정하기로 결의했다. 독일 마르크화는 1주 만에 달러화에 대해 약 7%, 엔화는 8.3%가 급등했다. 그 후 2년 동안 달러 가치가 30% 이상 급락하면서 미국 경제는 회복세를 찾아갔다. 반면 일본은 엔고에 따른 버블 붕괴로 타격을 입었고 2010년대 이후까지 후유증에 시달려야 했다.

소띠 해라고 애사 많았을 리 없어… 과거사 아픔 들춰, 새해 액땜을 대신

1997년 정축년에는 국가부도 위기에 몰린 대한민국 정부가 국제통화기금(IMF)에 구제금융을 요청했다. IMF로부터 금융을 지원받는 대신, 기업 구조조정과 공기업 민영화, 자본시장 추가 개방, 기업의 인수합병 간소화 등의 난제를 이행해야 했다. 많은 기업이 부도와 경영 위기를 맞았고, 대량 실직과 경기 악화로 온 국민이 어려움을 겪었다.

지난 2009년 기축년에는 신종 인플루엔자, 일명 신종플루가 대유행했다. 전 세계적으로 약 163만 명이 감염되었고 대략 1만9천 명이 사망했다. 우리나라는 740,835명이 감염되어 263명이 사망했다. 인구 대비 감염자 수가 세계 8위에 달했다. 코로나19 바이러스로 더 큰 피해를 보고 있는 작금의 현실을 맞아 당시 상황이 확대 재현되는 듯하여 격세지감이 무색하기만 하다.

본디 역사는 비극을 더 잘 기억하는 속성 탓에 즐겁고 좋았던 일보다 힘들고 어려웠던 일이 더 기록으로 남게 마련이다. 그런 점에서 소띠 해라 해서 유독 다른 해에 비해 애사가 많았을 리 없겠지만, 어쨌든 지난 과거사의 아픔을 들춰봄으로써 새해 액땜을 대신하고자 하는 마음이다. 오는 해에는 경기침체, 전세난, 자영업 위기 등 비관적 용어는 사라지고, 경기회복, 경제 성장, 일자리 증가 등 희망과 행운의 덕담만이 경제와 기업 간에 오갔으면 한다.

코로나19 극복의 토대 위에 빠른 성장과 혁신 경제로의 전환을 위한 정부와 국민의 구슬땀이 흐르고, 기업의 경영혁신과 투명경영 실천으로 시장과 고객의 신뢰가 회복되며, 첨단의 경쟁력 확보 등 뼈를 깎는 노력이 쉴 새 없이 이어지기를 소망한다. 부디 새해에는 기업들이 전염병과 경제 불황 앞에서 나약하고 위축된 모습보다 경제와 국민 앞에 당당하고 의연한 흰 소의 멋을 한껏 떨치는 호시절이었으면 하는 간절한 바람을 보탠다.

2021년 1월 13일_ 확진환자 70,721 격리해제 55,772

지금이 인구수축 대처의 마지막 '골든타임'

저출산 충격, 당장은 체감 어려우나… 경제활동 인구 주는 2030년 이후 대비해야

코로나 확진자가 7만 명을 넘었다. 13일 만에 1만 명이 더 늘었다. 인구도 줄고 있다. 우려가 현실이 되었다. 2020년 말 주민등록 인구는 5천 182만 9천 23명으로 1년 전보다 2만 838명이 줄었다. 우리 현대사에서 인구가 줄어든 건 처음이다. 지난해 출생자는 27만 5천 815명, 사망자는 30만 7천 764명이었다. 인구가 자연 감소하는 '데드크로스'가 발생했다. 2017년 40만 명 선이 무너진 지 3년 만에 30만 명 이하로 추락한 것이다.

출산율 하락은 예고된 바다. 가임 여성 1명이 평생 낳을 것으로 예상되는 자녀 수인 합계출산율이 작년 1분기에 0.90명, 2분기와 3분기에 0.84명으로 떨어졌다. 역대 최저이자 세계 최저의 수준이다. 세계 평균 2.4명, 유럽연합(EU) 평균 1.59명과 비교해도 차이가 크다. 한국은행은 코로나19로 인한 임신 유예와 혼인 감소 등을 고려할 때 2022년 합계출산율은 통계청이 예상한 0.72명보다 더 떨어질 것으로 내다봤다.

미래학자들은 인구 감소를 핵폭탄보다 무서운 재앙으로 경고한다. 실제로 국가 존망과 국민 경제와 직결되는 중대 사안이다. 인구수축은 국가경쟁력 쇠락, 노동력 감소, 소비 하락, 세수 부진 등의 악영향을 부른다. 재정 부실을 앞당기고 건강보험과 국민연금을 고갈 위기로 내몬다. 경제의 활력을 위축시키고 잠재성장률을 좀먹는다. 한국은행은 저출산·고령화가

2026~2035년 경제성장률을 0.4% 수준으로 끌어내릴 것으로 우려한다.

한국경제연구원의 전망이 섬뜩하다. 40년 후인 2060년엔 인구가 절반 이하로 줄어들 것으로 예상한다. 생산가능인구는 48.1%, 현역병 입영대상자는 38.7%, 학령인구(6~21세)는 42.8%가 감소할 것으로 추정한다. 생산가능인구 한 명이 부양해야 할 노인 수가 0.22명에서 0.98명으로 늘어난다. 지금은 생산가능인구 5명이 노인 한 명을 부양하나, 40년 후면 생산가능인구 1명이 노인 한 명을 떠받쳐야 한다.

인구 대재앙… 합계출산율 0.84명 세계 최저, 2022년에는 0.72명 이하로 추락

근시안적 인구 정책과 무관치 않다. 1960~1980년대에 정부는 강력한 산아제한을 펼쳤다. 슬로건이 이채롭다. 1960년대는 '덮어놓고 낳다 보면 거지꼴 못 면한다.', '3명 자녀를 3년 터울로 35세 이전에 단산하자.'는 '3·3·35' 표어가 내걸렸다. 1970년대는 '딸 아들 구별 말고 둘만 낳아 잘 기르자'. 1980년대는 '잘 키운 딸 하나 열 아들 안 부럽다.', '하나씩만 낳아도 삼천리는 초만원' 등의 가족계획 구호가 총동원되었다.

전두환 정부는 그중 유별났다. 1988년까지 합계출산율 목표 2.1명을 밀어붙였다. 결과적으로 1984년 합계출산율을 1.76명까지 낮춰 목표치를 앞서 달성했다. 1990년대 중반 이후에도 출산율 하락이 이어졌다. 합계출산율이 1994년 1.66명, 1999년 1.43명, 2002년 1.18명으로 시나브로 추락했다. 1996년 발표한 '인구 자질 및 복시 증진정책'도 낮은 출산율 유지하는 내용이었다.

합계출산율이 1.08명까지 떨어진 2005년에야 정부는 출산율 회복대책을 내놓기에 이른다. 저출산·고령사회위원회를 발족시키고, 2006년부터

'저출산고령사회 기본대책'을 시행했다. 그때부터 지난해까지 저출산 문제 해결을 위해 200조 원 가까운 예산을 투입했다. 성과가 없었다. 출산율이 높아지기는커녕 세계에서 유례가 없을 정도로 낮아지고 말았다.

늦게나마 심각성을 깨달은 정부. 2020년 12월 제4차 저출산고령화 기본계획(2021~2025)을 발표하며 다양한 현금성 출산장려책을 제시했다. 0~1세 영아에 2022년부터 월 30만 원, 2025년부터는 월 50만 원의 '영아 수당'을 지급한다. 출산 땐 일시금과 국민행복카드를 합해 300만 원을, 부부가 동시에 3개월간 육아휴직을 할 때 최대 1천500만 원의 급여를 받게 한다. 저출산 대응 예산으로 올해 36조 원을 포함, 2025년까지 196조 원을 투입할 요량이다.

고용·소득 충격이 출산율 하락으로… 결혼·출산을 막는 장애물 제거가 관건

출산율 하락은 일차적으로 고용 및 소득 충격에 원인이 있다. 청년 일자리가 부족하고 집값과 전세값 상승으로 주거 안정이 힘들어진 데 크게 기인한다. 취업난이 심하다 보니 결혼을 못 하거나 미루는 경우가 적지 않다. 결혼을 한다 해도 자녀 교육비와 주거비용 부담으로 출산을 꺼릴 수밖에 없다. 비대면 생활 방식의 확산과 경쟁 환경의 심화 또한 부정적 요인으로 작용한다.

인구 문제는 특이한 점이 있다. 현상을 뒤집으면 곧 답이 된다. 부동산 가격 폭등, 양육 및 교육비 부담, 일과 가정의 양립 등 결혼과 출산을 막는 여러 요인을 해소하고 완화하는 것이 문제 해결의 핵심 관건이다. 젊은 이들이 마음 놓고 아이를 낳아 기를 수 있는 돌봄과 교육 환경을 만들고, 안정된 일자리를 늘려 주거 안정을 뒷받침하는 것이 근본적 해법이다.

모든 게 말처럼 쉽지 않다. 단시일에 성과를 거두기 어렵다. 더구나 지금은 많은 인력이 필요하지 않은 4차 산업혁명의 시대다. 인공지능과 로봇이 노동을 대체하는 언택트 환경이 보편화되고 있다. '인구 뉴노멀'에 맞게 정책의 새 판을 짜야 한다. 노동 연금 복지 재정 교육 개혁을 긴 호흡으로 일관성 있게 추진해 나가야 한다.

당장은 저출산 충격을 체감하지 못할 수 있다. 그럴수록 생산가능인구(만 15세~64세) 감소가 본격화될 2030년 이후를 대비해야 한다. 지금부터의 대응이 중요하다. 향후 10년이 인구변동에 대처할 마지막 골든타임이 될 수 있다. 보여주기식 포퓰리즘은 금물이다. 정책 시행에도 원칙이 있다. 바른 정책을 펴기에 앞서 엇박자 정책을 삼가야 한다. 오판과 착오는 지금까지로 족하다.

2021년 1월 19일_ 확진환자 73,512 격리해제 60,180

'역사 바로잡기'도, '역사 보존하기'도 똑같이 중요

동상 건립 예산, 국민 주머니에서 나올 돈… 돈 낼 사람 의견 묻고 숙의 거쳐야

전라북도 정읍시 이평면 장내리 조소 마을에 가면 있는 조선 말기의 가옥이 있다. 사적 제293호로 지정된 동학농민운동 지도자 전봉준의 옛집이다. 1878년에 처음 지어졌다. 전형적인 초가 3칸의 돌담집으로 남향으로 터를 잡고 있다. 고택 옆에는 당시 사용하던 공동우물이 남아있다. 방문객들은 부패 관리 처단과 사회 개혁을 시도했던 비운의 주인공을 떠올리며 상념에 잠기곤 한다.

전봉준이 중심이 된 조선 후기의 동학농민운동. 고종 31년 갑오년에 발생한 반봉건·반외세 혁명이었다. 1894년 3월의 제1차 봉기와 그해 9월의 제2차 궐기로 나누어진다. 1차 봉기는 반봉건 운동이었다. 고부 농민봉기로 뜻을 이루지 못한 전봉준은 무장지역의 손화중과 손을 잡고 수천 명의 농민을 규합했다. 그리고서 3월 21일 최시형의 탄생일을 기해 고부 백산에서 궐기했다.

2차 봉기는 반외세 운동이었다. 1차 봉기를 빌미로 조선에 입성한 일본군은 내정간섭을 노골화했다. 6월 2일 김홍집을 앞세운 친일 내각을 설립해 조선 정부에 내정개혁을 강요했다. 같은 달 21일에는 경복궁에 침입해 고종을 감금하고, 23일 청일전쟁을 일으킨 후, 이어 25일에는 1차 갑오개혁을 강행했다. 일본의 행태를 전해 들은 전봉준은 일본군 척결을 위해 2

차 기병을 준비, 9월 삼례에 집결해 서울로 향했다.

이는 반일 감정이 쌓여 있던 충청도, 경상도, 강원도 등 전국적 항일운동으로 확산되었다. 동학농민군은 치열한 접전 끝에 우세한 화력을 앞세운 일본의 개입으로 고전하다 우금치 전투에서 관군과 일본군에 패했다. 1895년 전봉준에 이어 지도부 대부분이 체포되어 교수형을 당하면서 운동은 실패로 끝이 나고 말았다. 대한민국 근현대사에서 가장 서글프고 가슴 아픈 대목이다.

황토현 전적지 전봉준 장군 동상 철거… 친일 작가가 만든 작품이라는 이유

파란만장한 삶을 살았던 전봉준 장군의 시련은 아직도 끝나지 않은 듯하다. 1987년 황토현 전적지에 세워진 장군의 동상이 철거될 예정이다. 친일 작가가 만들었다는 이유가 크다. 정읍시는 전봉준 장군 동상 건립추진위원회를 열어 현 동상을 헐고 다시 세우기로 했다. 동학농민혁명 당시 장군의 새로운 세상에 대한 염원과 위엄을 담은 작품으로 교체하겠다는 의지로 읽힌다.

지금의 동상은 조각가 김경승(1915~1992)이 제작했다. 화강암 받침대 위에 높이 6.4m, 좌대 3.7m, 형상 3.7m 규모다. 그동안 동학농민혁명 관련 단체와 반민족연구소 등은 김경승이 친일 인명사전에 수록됐다며 동상을 철거하고 다시 세워야 한다고 주장해왔다. 동학농민혁명과 전봉준 장군의 큰 뜻과 개혁 정신을 계승하려는 의도에서다. 일리가 있고 수긍도 간다.

후유증도 걱정된다. 이러다가는 김경승 조각가가 제작한 부산 용두산공원의 충무공 이순신 장군상(1955), 인천 자유공원의 맥아더 장군상(1957), 서울 남산공원의 백범 김구 선생상(1969) 등도 다 헐고 다시 세워야 하게 생겼다. 다른 유적들도 친일 인사가 만든 것으로 드러나는 경우 족족 폐기하고 새로 제작해야 할 판이다. 감당이 어려워 보인다.

결정이 쉽지 않다. 그렇다고 없애는 건 능사도 아니다. 그런다고 없었던 일이 될 리 없다. 슬픈 역사도 역사이고 잘못된 기념물도 기념물이다. 항일 지도자 동상이 친일 인사에 의해 만들어진 아이러니 또한 역사의 일부라 할 수 있다. 사실로 받아들여 교훈으로 삼는 것도 지혜일 수 있다. '역사 바로잡기' 못지않게 '역사 보존하기'도 값어치가 있다. 잘된 부분은 잘된 대로 잘못된 부분은 잘못된 대로 기억하며 간직하는 것이 되레 유익이 될 수 있다.

'슬픈 역사도 역사'… 친일 인사가 만든 항일 지도자 기념물도 역사의 일부분

현상 뒤에 있는 본질에 시선을 고정할 필요가 있다. 예술품 제작에서 핵심 요소는 단연 전문성이다. 작가 개인의 과거 행적도 따져야 하나 부차적인 문제다. 엄밀한 잣대를 들이대면 46년 일제강점기를 거치면서 당시 지도층 중에 '친일'의 굴레에서 완전 자유로울 사람이 솔직히 얼마나 될까. 당장 먹고살기 위해 우선 살아남기 위해 동조할 수밖에 없었고, 개중에는 뉘우친 이들도 있었다. 이 같은 피치 못할 사정도 참작해봄 직하다.

실리 추구도 중요하다. 동상 재건립이 답이 아닐 수 있다. 이 말고도 해야 할 일이 태산 같다. 전봉준 장군의 행적과 동학농민운동의 유적을 체계적으로 발굴하는 일이 발전적 대안이 될 수 있다. 사회 곳곳에 남아있는 일제의 흔적을 지우는 것 또한 시급한 과제다. 아직도 동학농민운동을 동학란(亂)이라 부르고, 전봉준 장군을 반역의 인물로 여기는 자들이 눈에 띈다. 일제가 파놓은 식민사관의 함정이 생각보다 넓고 깊다.

비용을 생각지 않을 수 없다. 동상을 처음 만들 때도 돈, 헐어내는 데도 돈, 다시 세우는 데도 돈이 들어간다. 재건립 소요 예산 12억 원. 크다면 크고 적다면 적은 돈이다. 34년 전에 공들여 만든 동상을 지금에 와서 친일파 작품이라 해서 다시 만드는 것 자체가 낭비일 수 있다. 친일 작가가 만들었어도 엄연한 기념물이다. 예술적 관점에서 바라봐야 한다. 달을 가리키면 달을 봐야지 달을 가리키는 손가락을 봐서 쓰겠는가.

재건립이 타당하면 해야 한다. 다만 역사적 고증과 함께 경제성 검토를 거쳐야 한다. 재원 조성, 재건립 장단점, 비용·편익 분석이 선행되는 게 맞다. 답을 정해놓고 추진위원 몇몇이 결정하는 요식행위는 곤란하다. 정부 예산이든 시민 성금이든 결국 국민 호주머니에서 나오는 돈이다. 돈 낼 사람의 의견을 묻고 숙의를 거쳐 정하는 게 순서다. 나랏돈이건 시민 돈이건 소중하기는 매한가지다. 적절한 곳에 적정하게 써야 할 책무에는 변함이 없다.

2021년 1월 21일_ 확진환자 74,258 격리해제 61,415

좋은 정책은 홍보가 필요없다

'신용카드 포인트 현금화' 대박… 작은 제도가 금융소비자에 큰 감동 선사

금융위원회가 신년 벽두부터 크게 한 건 했다. 여러 카드사에 흩어져 있던 신용카드 포인트를 현금으로 바꿀 수 있는 서비스를 도입했다. 대박이다. 1월 5일 서비스가 시행되고 나서 일주일 만에 현금화된 카드 포인트가 778억 원에 이르렀다. 서비스 신청 건수가 무려 681만 건이나 되었다. 하루평균 82만 건 조회, 91만 건 신청, 103억 원이 현금화된 셈이다.

카드 사용자는 금융결제원의 어카운트인포 앱이나 여신금융협회의 카드 포인트 통합조회·이체 앱과 홈페이지에서 포인트를 일괄 조회할 수 있다. 그리고서 자신의 계좌로 한 번에 이체 출금할 수 있다. 지금까지도 포인트 통합조회는 가능했다. 현금화를 위해서는 카드사별로 따로 신청해야 했다. 이제는 여러 카드사에 남아있던 자투리 포인트를 손쉽게 찾을 수 있어 포인트를 찾는 수요는 계속될 것으로 보인다.

신용카드 포인트란 신용카드업자가 신용카드의 이용 금액 등에 따라 신용카드 회원에게 적립하여 재화 또는 서비스를 이용할 수 있도록 하는 경제상의 이익(여신전문금융업법 제2조 제5의 4호)을 뜻한다. 포인트 종류는 2가지다. 현금화 및 재화·용역 구매가 가능한 대표 포인트와, 재화·용역의 구매에만 활용이 가능한 제휴 포인트다.

포인트 활용은 신용카드 개인 회원 표준약관에 정하는 바에 따른다. 카드사가 제휴한 가맹점에서 다양하게 사용할 수 있거나(대표 포인트+제휴 포인트), 계좌이체 등을 통해 1원부터 현금화(대표 포인트)가 가능하다. 다만, 제휴 포인트는 현금과 1:1 교환이 안 된다. 각 카드사의 앱 등에서 대표 포인트로 전환해야 한다. 가령 현대카드 M포인트는 H코인으로 전환한 후에 현금화가 가능하다.

2조 4천억 원 포인트… 잔액 쌓이는 데 활용 어려운 데 착안한 아이디어 참신

부수 효과를 거두는 소득도 있었다. 카드 포인트가 현금화되는 과정에서 자투리 예금이 함께 발견되었다. 현금화 서비스가 시행되고 나서 1주일 동안 어카운트인포 앱을 통한 장기 미사용·휴면계좌 예치금에 대한 현금화 신청이 19만 6천 건이나 되었다. 그 결과 25억 1천만 원의 예금이 주인을 찾아갔다. 하루평균 3억 5천 8백만 원의 잠자던 돈이 깨어난 것이다. 이는 통상 하루평균의 3배에 달하는 수준이다.

각각 1억 1천만 장이나 되는 신용카드와 체크카드에 의해 적립되는 포인트는 가히 천문학적 규모다. 2019년만 해도 약 3조 4천억 원의 포인트가 쌓였다. 그중에서 1천170억 원가량이 소멸하고, 2조 4천억 원 정도가 잔액으로 남았다. 포인트 소멸률은 2017년 4.5%, 2018년 3.7%, 2019년 3.3%로 계속 줄고 있으나, 분산된 포인트를 일일이 현금화하기가 어려워 이번 서비스를 창안했다는 게 금융위의 배경 설명이다.

사실이 그렇다. 포인트는 카드 이용 금액에 비례해 계속 쌓이는 데 사용은 원활치 못하다. 물품 구매나 용역 이용 등에 활용되는 외에는 이용이 마땅치 않다. 제휴 가맹점 등 한정된 사용처를 제외하면 활용이 제한적이다. 포인트를 현금화하려 해도 각 카드사를 통해 번거로운 절차를 거쳐야 한다. 소멸시효 5년을 넘겨 카드사 수익으로 넘어가는 포인트가 생각보다 많은 이유다. 2018년 1,175억 원, 2019년 1,171억 원의 포인트가 소멸했다.

시사하는 바 적지 않다. 좋은 정책은 홍보가 필요 없다는 사실이다. 말 안 해도 국민이 더 잘 알아차린다. 포인트 현금화 서비스가 시행되자마자 소문이 삽시간에 퍼졌다. 발 없는 말이 천 리 간다고, 입소문과 SNS 등을 통해 빠르게 전파되었다. 초반에는 자신의 포인트를 확인하려는 사람이 한꺼번에 몰리면서 관련 앱이 다운되는 일까지 벌어졌다. 수많은 인파로 한동안 북새통을 이뤄야 했다.

좋은 정책은 국민이 먼저 알아… 애당초 온전한 제도를 만드는 게 최상책

그렇다고 대놓고 자랑할 일은 못 된다. 서비스를 시행하고 나서 일주일 만에 성과 홍보에 열 올리는 금융위의 모습이 좋게만 보이지 않는다. 어찌 보면 국민 앞에 죄송해하고 사과를 해야 할 일이다. 오히려 이런 서비스가 생겨나지 않도록 하는 게 맞았다. 애당초 카드 포인트를 자유롭게 사용하고 간편하게 현금화할 수 있었더라면 굳이 이런 서비스는 필요치 않았을 것이다.

문제를 방치하다 추후 바로 잡은걸 성과로 내세우다니. 왠지 어색하고 염치없어 보인다. 정부가 취할 태도는 아닌성싶다. 어찌 보면 '병 주고 약 주는' 격으로 손가락질의 대상이 될 수 있다. 기왕 이렇게 된 이상 지금부터라도 잘하면 된다. 차제에 정책 일신(一新)의 실마리가 된다면 더없는 전화위복이다. 금융당국은 각 카드사가 포인트를 투명하게 관리하고 활용도와 현금화를 원활히 하도록 지도·감독에 힘써야 할 것이다.

어쨌든 작은 서비스 하나가 큰 감동을 주었다. 정책은 그렇게 해야 한다. 최소 비용으로 최대 효과를 거두는 경제원리가 늘 작동되어야 한다. 많은 예산이 소요되는 사업이라고 꼭 좋은 정책은 아니다. 별돈 안 들이고도 잘할 수 있는 일거리가 찾아보면 지천으로 널려 있다. 이번 포인트 현금화 서비스도 자기 돈 자기가 찾아갔는데도 공돈 생긴 것처럼 다들 흐뭇해하지 않는가.

대만의 코로나 방역의 주역인 40세 오드리 탕 디지털 장관이 문득 머리에 떠오른다. 그녀는 수요일 오후마다 자신의 집무실을 개방한다. 누구든 찾아와 대화를 나눌 수 있게 하고 내용을 인터넷에 공개한다. 국민의 생각을 귀담아듣고 혹시 모를 자신의 잘못을 지적받기 위해서다. 우리라고 다를까. 거창하게 떠벌리는 정책보다 자상한 서비스가 살갑게 와닿고 효과도 크다. 디테일이 전부다.

군 복무 반영 말라니… 양성평등? 역차별?

공기업 시시콜콜 참견하는 정부… 인사관리는 기관 특성에 맞춰 스스로 해야

정부가 할 일도 없나 보다. 공기업 부리기에 맛 들인 것 같다. 시어머니 노릇이 잦다. 기획재정부가 공공기관을 대상으로 직원 승진 인사 시 군 복무기간을 반영하는 규정을 모두 없애라고 지시했다. '승진 시 남녀차별 규정 정비'라는 제목의 공문을 산하 공공기관에 내려보냈다. 병역의무가 없는 여성이 승진에 불이익을 받는 불합리한 관행을 뿌리 뽑겠다는 의도다. 역차별 논란 또한 만만치 않다.

기재부는 남녀고용평등과 일·가정 양립 지원에 관한 법률 제10조를 법적 근거로 든다. "사업주는 근로자의 승진에 있어서 남녀를 차별하지 못하도록 하고 있다"며 "군 경력이 포함되는 호봉을 기준으로 승진 자격을 정하는 경우 이 규정을 위반할 소지가 있으니 각 기관에서는 관련 규정을 확인해 필요한 경우 조속히 정비해 달라"는 지침을 내렸다. 이행하지 않으면 당장이라도 불이익을 줄 기세다.

설득력이 떨어진다. 법 규정을 유리하게 끌어다 붙인 견강부회다. 남녀고용평등법에서 사용하는 '차별'의 의미를 잘 이해해야 한다. 성별 등의 사유로 '합리적인 이유 없이' 근로의 조건을 달리하거나 기타 불이익한 대우를 금지한다. 군 복무는 합리적 이유가 되고도 남는다. 국방의 의무보다 중한 사유가 어디 있겠는가. 남녀차별이라는 건 어불성설이다. 그래서인지

영리한 기재부는 에둘러 타이른다. '위반할 소지', '필요한 경우' 등으로 책임을 피해 가는 모양새다.

고용부의 유권 해석도 근거로 삼기 어렵다. "동일한 채용조건과 절차에 의해 채용했음에도 승진에 있어 군 복무기간만큼 승진 기간을 단축해 제대군인보다 여성 근로자 등에게 상위 직급·직위로 승진하는데 불이익을 초래하는 게 합리성이 결여된 차별"이라는 풀이다. 단편적이다. 그렇다면 군 복무로 인해 같은 나이의 군 미필자나 여성과 비교해 2년 늦게 승진하는 것은 과연 공평하고 합리적인지에 대한 해석도 함께 내놔야 할 것이다.

여성의 승진 불이익 없애려는 의도… 되레 남성 역차별이라는 반론 만만찮아

현행법은 제대군인 지원에 호의적이다. 제대군인지원에 관한 법률은 제대군인의 호봉이나 임금을 결정할 때 군 복무기간을 근무경력에 포함할 수 있도록 규정한다. 의무복무로 인해 사회참여에서 배제되는 데 대한 경제적 보상이 필요하다는 점에서 군 복무기간을 근무경력에 포함해 호봉을 가산, 인정하는 게 '합리적인 차별'의 범위에 해당한다고 본 것이다. 이런 법 취지를 고려할 때 승진 심사 시 군 복무기간을 반영하는 정도는 충분히 허용될 수 있는 부분이다.

기재부 공문에 대한 반발이 크다. 예상한 대로다. 군 복무를 인사고과에 가산점을 주어 반영하는 것도 아니고, 공적 업무의 연장으로 보아 보상 차원에서 승진에 필요한 기초 연한에 포함하는 것을 남녀차별로 간주하는 건 지나치다는 반응이다. 남성의 경우 인생 황금기인 20대 중 2년을 희생하며 사실상 무보수로 의무복무를 해야 하는 대한민국의 특수성을 도외시한 처사라는 지적이 많다.

오히려 공기업 정년을 남녀 모두 같은 나이로 규정함으로써 결과적으로 군필자가 군 복무기간만큼 짧게 근무하게 되는 게 남녀차별일 수 있다는 반론이 제기된다. 정작 걱정해야 할 것은 현역 군인과 입영 대상자의 사기 저하다. 군 복무가 유리하기는커녕 불리하게 작용하는 현실에서 어느 누가 군 복무를 자원하고 국방의 의무를 지고 싶겠는가.

거들어야 할 국방부는 입을 꾹 다물고 있다. 꿀 먹은 벙어리 행세다. 그러고서 무슨 낯으로 청년들에게 입대를 권유하고 독려를 하겠는가. 의무경찰 인력을 금쪽같이 활용하는 경찰청이나 행정안전부도 마찬가지다. 약속이나 한 듯 침묵 모드다. 정부 하는 일에 그토록 비판적인 언론도 못 본 척 외면하는 분위기다. 괜히 한쪽 편을 들어줬다 다른 쪽의 반발을 살까 두려워하는 속내가 훤히 들여다보인다.

지시와 명령에 길들여진 공기업… 대꾸 못 하고 알아서 기는 공(空)기업

남녀갈등과 노노(勞勞)갈등이 우려된다. 이미 승진 혜택을 받은 직원과의 형평성 논란이 예상된다. 군 복무기간을 경력으로 인정받아 승진을 앞둔 직원이 승진에서 제외될 때 느낄 박탈감이 클 것이다. 군필자 동기보다 승진이 늦어졌던 여성이나 군 미필 남성도 억울할 것이다. '여여(女女)갈등'으로까지 번지는 양상이다. "승진 혜택을 보는 젊은 여성만 여성이고, 아들을 군대 보낸 엄마는 여성이 아니냐?"는 볼멘소리가 인터넷 게시판을 뜨겁게 달구고 있다.

공기업은 무기력하기만 하다. 36곳의 공기업과 95곳의 준정부기관 등 공공기관이 하나 같이 지시와 명령에 길들여진 느낌이다. 기재부 공문을 받고서 화들짝 놀라며 당황하는 눈치지만, 내용 검토도 없이 곧바로 해당

기준을 손보려 든다. 매년 실시되는 공공기관 경영평가를 의식해서인지 대꾸 한번 못하고 알아서 기는 형국이다. 공기업 스스로 자율성을 훼손하는 자해행위를 서슴지 않고 있다.

기관장 자리에 전문성이 뒤지는 낙하산 인사가 내려오다 보니 생기는 역기능일 수 있다. 정피아는 정치권 눈치나 살피고, 관피아는 정부 쪽에 신경을 쓰게 마련이다. 내부적으로는 노조와 적당히 타협하면서 자리보전에 힘쓰고 다음 갈 자리를 궁리하는 '철새 경영자'가 적지 않다. 이들에게 경영의 효율과 성과를 바라는 것은 애당초 무리일지 모른다.

공기업도 기업이다. 정부가 시시콜콜 참견하면 안 된다. 인사관리만큼은 기관 특성에 맞게 공기업 스스로 하게 해야 한다. 현실은 거꾸로다. 몇 명을 채용해라, 방식은 블라인드로 해라, 비정규직을 정규직으로 전환하라, 급여 인상은 얼마만 해라, 복리후생은 줄이라, 임금피크제는 이렇게 하라 등 갖은 잔소리를 해댄다. 그러려면 정부가 직접 하지 뭐하러 공기업을 만들고 기관장을 세웠는가. 쓸데없는 간섭에 공기업이 멍들고 있다. 공(空)기업이 되고 있다.

2021년
2월

2021년 2월 4일_ 확진환자 80,131 격리해제 70,117

이익공유제인가, 이익나누기인가

상생 방안으로 부적절… 재정에서 여력 만들고, 그래도 모자라면 국채발행

확진자가 8만 명을 넘었다. 코로나19 이익공유제 법제화가 2월 임시국회의 최고 화두로 떠올랐다. 찬반이 갈리며 이목이 국회로 쏠려 있다. 이익공유제 논란은 이낙연 더불어민주당 대표가 처음 언급하면서 촉발되었다. "코로나 양극화를 막아야만 사회·경제적 통합이 이뤄지고, 사회·경제적 통합이 이뤄져야 국민 통합에 다가갈 수 있다."며 "코로나로 많은 이익을 얻는 계층이나 업종이 이익의 일부를 사회에 기여해 피해가 큰 쪽을 돕는 방식을 논의하자."고 했다.

여기에 문재인 대통령이 힘을 실어주면서 제도화에 박차를 가하는 모습이다. 민주당과 정부, 청와대가 모임을 가졌다. 기업들이 출연하는 사회연대기금을 설치하는 내용의 사회적 경제 기본법을 2월 국회에서 통과시키기로 의견을 모았다. 기금 재원을 정부가 일부 출연하되 민간의 자발적인 기부로 상당 부분을 충당하는 방향으로 가닥을 잡고 기금 조성안을 마련 중인 것으로 알려졌다.

전문가들은 민간의 자발성에 기대는 이익공유제의 실효성에 의문을 품는다. 지난해 5월 1차 재난지원금 지급 때도 자발적 기부를 독려했으나 별 효과가 없었다. 기부 실적이 재난지원금 지급액의 2%에도 못 미쳤다. 더욱이 이익공유제는 누구에게, 얼마나, 어떻게 줄지도 정하지 않은 상태에서 재원 마련 대책부터 세우고 있다. 순서가 안 맞는다. 2011년 초과이익공유제를 주창했던 정운찬 초대 동반성장위원장 등 역대 위원장들의 생각도 부정적이다.

재계의 우려가 크다. 기업에 미칠 악영향을 걱정한다. 전국경제인연합회는 "이익공유제 논의로 인해 기업 환경의 불확실성이 커지고 있어 정치권의 신중한 검토가 필요하다."라고 밝혔다. 보도자료에서 '이익공유제의 5가지 쟁점'을 언급하며 반대 논리를 폈다. 이익산정의 불명확, 주주의 형평성 침해, 경영진의 사법적 처벌 가능성, 외국기업과의 형평성, 성장 유인 약화를 적시했다.

정부는 이익공유 제도화 박차… 전문가는 실효성 의심하고 재계는 악영향 우려

동반성장, 상생의 명목으로 운영되는 제도가 지금도 없는 게 아니다. 대기업이 중소 협력업체 지원 목적으로 대·중소기업협력재단에 기금을 출연하고 있다. '대·중소기업 상생협력기금'은 2013년 2,260억 원으로 시작되어 2021년 기준 1조 3,499억 원에 달했다. 8년 만에 5배 가까이 늘어났다. 이 또한 '자발적 기부'의 명목으로 출발했고, 삼성과 현대자동차 등 국내 유수의 기업들 대부분이 참여하고 있다.

묵시적 압박에 기업들은 속이 탄다. 앞서 기업규제 3법(상법·공정 거래법·금융그룹 감독법)이 극렬한 반대에도 통과되는 것을 바라만 봐야 했다. 이번 이익공유제도 그런 양상으로 흘러갈까 전전긍긍하는 모양새다. 모난 돌이 정 맞는다고, 섣불리 반대의견을 냈다가 '나쁜 기업'으로 찍힐까 눈치만 보는 형국이다. 세상이 많이 좋아졌다고는 하나, 입이 있어도 할 말을 제대로 못 하는 게 기업들의 엄연한 현실이다.

일시적 현상을 법 제정으로 해결하는 것은 안 좋은 선례가 될 수 있다. 코로나 팬데믹이 장기화하고 있으나 한때의 전염병에 불과하다. 재난이 닥칠 때마다 법으로 출연을 강제하기 어렵다. 그래서도 안 된다. 태풍이 발생하면 피해 복구로 돈 번 기업에, 구제역이 발생하면 돼지나 닭고기 소비로 덕 본 업체에 이익을 나누자는 법을 만들 수 없다. 명분이 없고 실익도 약하다.

제도의 논리적 한계가 뚜렷이 드러난다. 적자가 났을 때는 손실을 공유하지 않으면서 이익만 나누는 것은 누가 봐도 명백한 모순이다. 더구나 기업들은 영업이익에 대해 법인세를 물고 있다. 이번 정부 들어 법인세 최고세율이 25%로 3%포인트 올랐다. 출연금과 법인세를 모두 받게 되면 이중과세의 소지가 있다. 양자는 명칭만 다를 뿐 기능상 하등 차이가 없다.

제도의 한계 뚜렷… 적자 났을 땐 손실 공유치 않고, 이익만 나누자는 건 모순

용어의 혼선마저 빚어진다. 일각에서는 이익공유제라는 말이 오해와 혼선을 불러올 수 있어 '이익 나누기'라는 말이 적합하다고 말한다. 공유가 '공동소유' 느낌을 주는 오해를 피하기 위해서는 용어를 바꿔야 한다는 것이다. 일리는 있으나 부질없는 한담(閑談)으로 들린다. 본질을 벗어나 형식에 얽매인 말싸움으로 느껴져 좋아 보이지 않는다.

기업은 봉이 아니다. 화수분으로 알면 곤란하다. 안정된 길을 마다하고 고생과 위험을 무릅쓰며 굳이 사업에 뛰어든 이유가 무엇이겠는가. 고상하게 표현하면 영리 추구, 쉽게 말하면 돈을 벌기 위해서다. 남보다 돈을 더 벌었다 해서 공유하자는 것은 사유재산권 침해일 수 있다. 사업은 잘될 때도 있지만 그렇지 못할 때도 많다. 이익은 경기에도 영향을 받지만, 경쟁 관계나 기업의 노력과 혁신에 기인하는 측면도 크다.

기부는 자율에 맡겨야 한다. 어려울수록 도우려는 온정은 커진다. 사랑의 열매 사회복지공동모금회의 2020년 연간 모금액이 전년 대비 1,921억 원이 늘어난 8,462억 원으로 역대 최대치를 기록했다. 개인 기부액은 2,661억 원. 노인들 쌈짓돈, 아이들 코 묻은 돈이 보태졌다. 익명의 기부자도 많았다. 법인 기부금은 5,801억 원으로 7할을 점한다. 필요하면 주저 없이 지갑을 여는 위대한 국민과 기업을 보유한 나라가 바로 우리 대한민국이다.

공생의 취지는 이해되나 상생 방안으로는 적절하지 못하다. 기본적으로 정부가 충분한 역할을 하는 게 맞다. 재정에서 구조 개편을 통해 여력을 만들어내고, 그걸로도 모자랄 때 국채 발행을 하는 게 순서일 것이다. 그렇다고 행여 IMF 당시의 금 모으기 운동이나 대한제국 시절의 국채보상운동과 같이 국민의 연대 의식에 호소할 생각일랑 하지도 마시라. 그러잖아도 힘들고 지쳐있는 국민이다.

2021년 2월 10일_ 확진환자 82,434 격리해제 72,638

선거철과 코로나 대책의 상관관계

재난지원금, 적재적소 지원하되 규모 최소화해야… 잘못하면 '주고도 욕먹어'

선거철이 되긴 된 것 같다. 4·7 서울시장 보궐선거가 다가오면서 온갖 공약들이 쏟아진다. 현금성 복지공약이 풍성하다. 안 먹어도 배가 부를 정도다. 야당의 한 후보는 서울에서 결혼·출산한 부부에게 9년간 최대 1억 원이 넘는 보조금 지원 약속했다. 여당의 어느 후보는 서울사랑상품권 1조 원 발행과 소상공인 특별지원 1조 원 편성을 공언했다. 국유지 등에 아파트를 지어 평당 천만 원의 공공 분양 주택을 내놓겠다는 '반값 아파트'도 장담했다.

또 다른 여당 후보는 코로나 피해 소상공인에게 재난지원금 100만 원을 일괄 지급하겠다고 밝혔다. 그 밖에 후보들도 이에 뒤질세라 기발한 공약을 경쟁적으로 내놓고 있다. 시민 건강 관리를 돕겠다며 전 시민 스마트워치 지급을 제시했다. 손주를 돌볼 때 1인당 20만 원, 쌍둥이나 두 아이의 경우에는 최대 40만 원까지 지급하는 손주돌봄수당까지 등장했다. 생각 같아서는 이들 모두를 시장으로 뽑았으면 좋을 것 같다.

도긴개긴이다. 표심을 자극하는 시답잖은 내용이다. 코로나 양극화 해소, 민생경제 활성화, 저출산 고령화 대책을 내세우나 진정성이 안 보인다. 실현 가능성도 희박하다. 후보들의 태도 또한 못마땅하다. 남들의 공약은 깎아내리고 자기 공약만 치켜세우기 바쁘다. 각자의 행실을 저울에 달면

조금도 차이가 없을 성싶다. 이런 포퓰리즘이 통하리라 믿는 후보들의 수준과 자질이 적이 의심스럽다.

지자체 후보들의 공약에 소요되는 예산은 그래봤자 얼마 되지 않는다. 중앙 정부가 시행하는 예산 규모에 비하면 새 발의 피다. 최근 정부가 코로나19 극복을 위해 손실보상제 제도화와 재난지원금 지급을 추진하고 있다. 정부 여당은 전 국민과 소상공인 지원 명목으로 20조~30조 원 규모의 대형 추경 편성을 추진하려 하고 있다.

선거철 현금성 복지공약 난무… 진정성 떨어지고 실현 가능성 희박한 내용들

누울 자리를 보고 발 뻗으라 했다. 정부로서도 돈 나올 구석을 생각지 않을 수 없다. 여건이 호락호락지 않다. 가계와 기업, 국가의 부채 수준이 지금도 높다. 한국은행의 금융시장 동향에 따르면 작년 말 기준 은행의 가계대출 잔액은 988조 8천억 원에 달했다. 1년 새 100조 5천억 원이 늘었다. 연간 증가액이 이전 2년간 한해 60조 원대였던 것과 비교하면 폭발적 증가다. 주택담보대출이 68조 3천억 원, 주로 신용대출인 기타대출이 32조 4천억 원 불어났다.

기업 부채 역시 작년 12월 말 현재 대출 잔액이 976조 4천억 원이다. 1년 전보다 107조 4천억 원이 증가했다. 2018년과 2019년 연간 증가액이 40조 원대였던 데 비해 폭등했다. 중소기업 대출이 87조 9천억 원 증가했다. 이 가운데 절반 이상이 개인사업자대출이었다. 대기업 대출은 19조 5천억 원 늘었다. 대기업은 만약에 대비한 준비금이나, 중소기업과 개인사업자는 살아남기 위해 빚을 얻었을 거라는 추정이다.

민생과 기업 구제를 위한 재정 투입을 국채 발행에 기대면서 정부 부채도 급증했다. 작년 중 4차례 추경을 편성하면서 국가채무는 846조9천억 원까지 늘었다. 관리재정수지 적자 규모는 118조 6천억 원에 이르렀다. 정부는 올해 예산을 전년보다 8.9% 증가한 558조 원으로 편성했다. 정부가 93조 2천억 원의 빚을 내야 한다. 연말이면 국가부채가 956조 원으로 늘어난다. 작년처럼 추경을 여러 번 하게 되면 국가부채가 1천조 원을 넘을 수 있다.

경제주체가 빚에 기대다 보니 부채비율이 급증했다. 국가채무비율은 2019년 37.7%에서 작년 43.9%로 치솟았다. 올해엔 47.3%로 높아진다. 50% 돌파는 시간문제로 보인다. 명목 국내총생산(GDP) 대비 가계부채비율은 작년 3분기 말 101.1%로 사상 처음으로 100%를 넘었다. 일본(65%)과 유로존(60%), 미국(81%)을 넘는 세계 최고 수준이다. 기업 부채비율 역시 110.1%로 상승세를 지속했다.

가계·기업·정부 부채 '트리플 1,000조'… 빚 얻는 대책일수록 타당성 잘 따져야

코로나 대책을 두고 정부로서도 진퇴양난이다. 이러지도 저러지도 못하는 처지에 놓여있다. 방역 대책을 세우려면 빚이 늘어나고, 그냥 두면 코로나 피해를 방치하는 꼴이 된다. 어느 게 최선인지 분간하기 쉽지 않다. 4차 재난지원금 공론화가 진즉 시작되었으나 지급 방식을 두고 접점을 찾지 못했던 이유다. 더불어민주당은 보편과 선별의 병행 방식을, 기획재정부는 재정 건전성을 이유로 선별지급 방식을 고수해 왔다.

이번에도 결국 문재인 대통령이 나서 가르마를 타는 상황에까지 이르렀다. 코로나19 피해 지원과 관련해 "정부는 재정이 감당할 수 있는 범위 안에서 과감하게, 실기하지 않고, 충분한 위기 극복방안 강구하는데 최선을 다할 것"임을 밝혔다. 고용 위기 극복에 힘을 쏟으면서 어려운 국민을 위해 피해 지원책을 다각도로 마련하겠다는 뜻으로 풀이된다.

지원의 당위성은 인정된다. 코로나 팬데믹의 장기화에 따른 경제 충격과 관련한 대책 마련이 시급하다. 다만, 접근은 신중하고 세심해야 한다. 타당성과 효율성을 면밀하게 따져봐야 한다. 고(高) 부채비율 상황에서 빚을 더 얻어 지원하는 현실을 직시해야 한다. 그동안 국채 발행에 기대는 추경 편성을 너무 쉽게 여겨온 측면이 컸다. 본예산이 실행되고 얼마 되지 않아 추경을 편성하고, 추경이 끝나자마자 2차, 3차 추경을 논의해온 게 사실이다.

재정이 감당할 수 있는 범위 안에서 위기 극복방안을 마련하라는 문 대통령의 진의를 잘 새겨야 할 것이다. 적재적소에 사용하되 규모를 최소화하라는 의미로 받아들여야 한다. 지원 대상의 선정 또한 신중을 거듭해야 한다. 돈 받는 사람이야 나쁠 리 없으나, 대상에서 제외되는 쪽은 섭섭하게 마련이다. 지난해 전 국민 재난지원금도 세대주에게 지급하다 보니 가족 간 불화가 있었다. 돈 쓰기만큼 어려운 게 없다. 잘못하면 주고도 욕먹는다.

2021년 2월 17일_ 확진환자 85,567 격리해제 75,896

'폭력 공화국' 오명 벗는 날, 대한민국 선진국 되는 날

폭력에 대한 경각심 키워 구조 변화 이어가야… "썩은 나무로는 도장 못 새겨"

스포츠 스타를 상대로 한 학교폭력 고발이 줄을 잇고 있다. 여자배구단 흥국생명 소속 이재영, 이다영 쌍둥이 자매에게서 시작되었다. 남자배구에서도 OK금융그룹 송명근, 심경섭 선수의 학폭 의혹이 일었다. "나도 당했다"는 추가 폭로가 잇따르고 있다. 이들 자매 소속팀 흥국생명은 두 선수에게 무기한 출전정지, 대한배구협회는 국가대표 무기한 출전정지의 징계를 내렸다.

학교폭력은 실로 광범위하다. 학교폭력예방 및 대책에 관한 법률에 따르면 그렇다. 학교 내외에서 학생을 대상으로 발생한 상해, 폭행, 감금, 협박, 약취·유인, 명예 훼손·모욕, 공갈, 강요·강제적인 심부름 및 성폭력, 따돌림, 사이버 따돌림, 정보 통신망을 이용한 음란·폭력 정보 등에 의하여 신체·정신 또는 재산상의 피해를 수반하는 행위를 일컫는다.

터질 게 터졌다. 체육계는 폭력과 체벌의 온상이었다. 후배나 다른 선수를 때리고 괴롭히는 게 관행처럼 통해 왔다. 훈육의 명목으로 폭력이 용인되고 정당화되었다. 피해를 봐도 호소할 데가 마땅치 않았다. 용기를 내 상담을 청해도 되레 문제아 취급을 당하기 일쑤였다. 피해자를 설득하고 쌍방 간 합의로 서둘러 마무리 지으려 했다. 묵인하고 덮기 바빴다.

국가인권위원회가 지난해 전국 5,274개 초·중·고 선수 6만 3,211명을 대상으로 실태를 조사했다. 나온 결과가 끔찍하다. 응답자의 14.7%, 8,440명이 선배나 지도자로부터의 폭력을 경험했다고 답했다. 많은 선수가 보복이 두려워 제대로 대처하지 못한 것으로 나타났다. 폭력을 당한 학생 선수 중 79.6%는 피해 사실을 주변에 알리거나 신고하지 못했다. '보복이 두려워 신고하지 못했다'라는 응답이 24.5%로 가장 많았다.

여자배구 쌍둥이 자매에서 시작된 학교폭력… 나라 안팎으로 망신살 뻗쳐

망신살이 나라 밖까지 뻗쳤다. 일본 시사통신은 "쌍둥이 자매가 중학교 시절 동료를 왕따했다가 대표 자격 무기한 박탈 처분을 받았다"고 보도했다. 이들의 도쿄올림픽 출전이 불가능해졌다는 소식도 함께 전했다. 영국 데일리 메일은 "한국이 하계·동계 올림픽 10위 안에 드는 스포츠 강국이나, 신체·언어적 폭력이 만연해 있다"고 꼬집었다. 프랑스24, 홍콩 사우스차이나모닝포스트(SCMP)도 쌍둥이 배구 스타의 몰락 소식을 전 세계에 알렸다.

학교폭력이 심하다. 도를 넘고 있다. 학교가 공부하는 곳이 아니라, 폭력 현장이 되었다. 학생 한 명 또는 한 무리가 다른 학생을 괴롭히는 일이 다반사로 벌어지고 있다. 이를 지켜보는 급우들도 못 본 체한다. 자신이 타깃이 될까 두려워서다. 큰일이다. 학창 시절만큼 중요한 시기가 없다. 정서적, 정신적 근간이 형성되는 기간이다. 이때 겪은 폭력 피해는 잊히기 어렵다. 평생의 상처와 고통으로 남는다.

국가 주도의 체육 정책에서 비롯된 성과 지상주의와 폐쇄적 문화에 비롯된 바 크다. 성과주의가 폭력에 정당성을 부여하고, 학연·지연으로 뭉친 폐쇄성이 폭력을 키우는 촉매제 구실을 했다. 만연한 폭력 문제를 해결하기 위해서는 교육 환경부터 바뀌어야 한다. 어린 시절부터 기본 소양이 갖춰져야 폭력 문제가 해결될 수 있다. 메달을 따면 모든 게 용서되고 만인의 추앙을 받는 세태를 바로잡아야 한다.

폭력은 학교에만 있는 게 아니다. 경제폭력 또한 심각하다. 오너 폭력이 반복되고 있다. 직원을 마구 대하거나 폭언과 폭행을 일삼는 경영자들이 드물지 않다. 피고용자를 하인 부리듯 맘대로 할 수 있다고 여기는 고용주의 그릇된 인식이 뿌리 뽑히지 않고 있다. 2015년 몽고식품 명예회장의 운전기사 폭언과 폭행, 2014년 대한항공 086편 회항, 2018년 같은 회사 전무의 물컵 갑질, 2010년 M&M 대표의 노동자 폭행 등이 그런 사례들이다.

경제폭력도 심각… 오너 폭력, 납품 폭력, 텃세, 열정페이 등 발본색원 시급

원·하청, 본사·대리점 간 폭력도 심심찮다. 납품 과정에서 교섭력이 약한 소규모 사업자에게 무리한 요구를 하는 경우가 일상적이다. 2013년 남양유업 대리점 상품 강매, 2017년 현대모비스 물량 밀어내기가 대표적 사례다. 더 나쁜 건 열정페이다. 취업난 속에 일자리에 목매는 청년의 힘든 처지를 악용하는 기업주가 자주 눈에 띈다. 2015년 이상봉 디자인실 논란, 2012년 서울대병원 간호사 논란, 2016년 tvN 조연출 자살 사건은 아직도 기억에 선명하다.

텃세 또한 견디기 힘든 폭력이다. 지역이나 조직 내에서 우월한 지위를 배경 삼아 신입 직원, 이주민, 신규 전입자를 배척하거나 의도적으로 괴롭히는 악행이 끊이지 않는다. 폐쇄적 조직이나 귀농 과정에서 흔히 볼 수 있는 일이다. 경제폭력의 폐해가 생각보다 깊고 넓다. 당사자의 피해로 그치지 않는다. 기업 경쟁력을 좀먹는 자해 행위로 되돌아온다. 앞에서 열거한 사례들이 이를 생생하게 증명한다.

정부가 손 놓고 있지 않았다. 대책을 잘 마련해 놓고 있다. 공정거래위원회가 불공정거래에 대한 실태조사를 주기적으로 실시한다. 또 '옴브즈만'을 출범시켜 기업의 불공정행위를 상시 감시한다. 국민권익위원회는 국민신문고를 통해 공공부문의 피해 민원을 받아 처리하고 있다. 서울특별시도 불공정피해상담센터를 2016년부터 운영 중이다. 소비자단체들도 불매운동을 벌이는 등 피해자 돕기에 적극적이다.

곳곳에 퍼져있는 폭력 문화. 청산이 시급하다. 나쁜 근원을 찾아 없애 다시 그런 일이 생기지 않도록 해야 한다. 개인이든 기업이든 폭력을 저지르면 어느 곳에도 발붙이지 못하게 일벌백계로 다스려야 한다. 폭력에 대한 경각심과 문제의식을 키워 구조적 변화로 이어나가야 한다. 국민소득이 높다고 선진국이 아니다. 폭력 없는 나라가 진정한 선진국이다. "썩은 나무로는 도장을 새기지 못하고, 부스러지는 흙으로는 벽을 바르지 못한다." 공자 말씀이 새롭다.

2021년 2월 21일_ 확진환자 87,324 격리해제 77,887

부익부 빈익빈, 일자리 감소가 소득 불평등으로

'세금 알바'보다 '진짜 일자리' 긴요… 정부는 고용주가 아니라 고용 도우미

부익부 빈익빈이다. 없는 사람은 먹고살기가 갈수록 팍팍하다. 코로나 사태가 유독 저소득층의 살림살이를 어렵게 한다. 통계청이 2020년 4분기 가계동향조사 자료를 발표했다. 짐작은 했으나 결과가 충격이다. 소득 하위 20%에 속하는 1분위 가구의 근로소득이 월 59만 6,000원에 불과하다. 전년 4분기 68만 6,000원과 비교해 13.2% 감소했다. 반면, 소득 상위 20%에 해당하는 4분위 가구는 721만 4,000원으로 되레 1.8% 증가했다. 월 13만 원 가까이 늘었다.

그나마 1분위 가구의 전체 소득은 월 164만 원으로 전년보다 1.7% 늘었다. 정부 지원, 이른바 공적 이전 소득이 54만3,000원으로 17.1% 증가한 덕분이다. 매출이 줄어든 소상공인을 대상으로 100만~200만 원씩 지급한 새희망자금, 폐업 소상공인 취업 등에 50만 원씩 지원하는 장려금 등의 효과가 컸다. 하지만 5분위 가구의 전체 소득은 1,002만 6,000원으로 더 큰 폭인 2.7% 늘었다.

소득 양극화가 심해졌다. 1분위 가구와 비교해 5분위 가구가 몇 배나 더 버는지 보여주는 지표가 있다. 균등화 처분가능소득 5분위 배율이다. 이 배율이 4.72배로 1년 전의 4.64배보다 높아졌다. 재난지원금 등 정부의 지원 효과를 걷어낸 시장소득(근로·사업·재산·사적이전소득) 5분위 배율을 따져보면 차이가 더 난다. 1년 전 6.89배에서 7.82배가 되었다. 경기침체와 코로나 팬데믹이 길어지면 5분위 배율의 확대, 즉 소득격차가 더 벌어질 것으로 예상된다.

소득 불평등은 일자리 감소의 영향이 크다. 코로나로 인한 고용 참사가 저소득층에 직격탄을 날렸다. 작년 12월 일자리는 1년 전보다 62만 8,000개 감소했다. 특히 저임금 일자리 감소 폭이 컸다. 지난해 4분기 임시·일용직 일자리는 1년 전보다 34만 9,000개 줄었다. 업종별로는 서비스·판매 종사자 일자리가 40만 개 가까이 감소했다. 장사가 안돼 종업원을 내보낸 업체가 많았다. 고용원 없는 자영업자 수가 7만 4,000명 증가했다.

고용 참사가 저소득층에 직격탄… 재난지원금이 하위계층에 집중 안 돼

재난지원금이 피해 지원이 절실한 저소득층에 집중되지 않았다. 상위 20~40%인 4분위 가구의 작년 4분기 공적 이전 소득이 전년보다 9만 8,200원 올라 33.6% 증가했다. 3분위 가구(8만 1,600원)와 2분위 가구(9만 8,200원)의 공적 이전 소득 증가 폭도 컸다. 같은 기간 소득 하위 20%인 1분위 가구에 대한 이전 소득 증가분(7만 9,200원)을 앞섰다. 재난지원금이 피해를 본 자영업에는 주어졌으나, 일자리에서 밀린 종업원에는 돌아가지 않았다는 추론이 성립한다.

통계청 조사는 중요한 시사점을 전한다. 일자리가 없으면 아무리 정부가 소득을 보전해도 양극화가 해소되지 않는다는 사실을 확인시켜 주었다. 바꿔 말하면, 저소득층의 살림살이를 개선하려면 더 많은 일자리가 만들어져야 한다는 점을 일깨워줬다. 이 부분에 대해서는 정부도 인식을 같이한다. 1분기까지 90만 개 이상의 일자리를 만들어 내는 계획을 발표했다.

아쉽게도 미봉책 수준이다. 시기적으로 촉박하다. 불과 한 달 남짓 남은 기간에 그 많은 수의 일자리를 만들려 한다는 것 자체가 무리수다. 질(質)도 빈약하다. 일자리 90만 개 중 70만 개가 세금 투입으로 만들어지는 노인 일자리다. 공원·도서관 등 공공시설 청소와 쓰레기 줍기, 경로당 식사·청소 도우미, 등·하굣길 교통안전 지킴이 등 단기 '세금 일자리'다. 보통 10~12개월간 월 30시간 이상, 하루 3시간 이내 일하고 27만 원씩 받는다.

그렇다면 일자리는 누가 만들어야 하나. 정부인가 기업인가. 당연히 기업이 일자리를 만들어야 한다. 안정적이고 질 좋은 일자리는 기업에서 나온다. 정부가 만드는 일자리는 장기적일 수도 고임금일 수도 없다. 그렇다면 기업들이 마음 놓고 경영을 펼칠 수 있게 해야 한다. 정부는 규제 철폐, 애로 해소 등 온갖 지원을 아끼지 말아야 한다. 이익공유제, 사내유보금 과세 등과 같이 기업을 힘들게 하는 정책은 거론조차 삼가야 한다.

기업이 질 좋은 일자리 많이 만들도록… 큰 안목에서 일자리 근본 대책 세워야

경제의 미래인 청년 일자리를 늘려야 한다. 통계청의 1월 고용지표를 보면 참담하기 그지없다. 실업률이 사상 최고치인 5.7%로 치솟았다. 청년 체감실업률은 역대 최고치인 27%를 기록했다. 실업률에도 잡히지 않는 '그냥 쉬었음' 인구 271만 5,000명 중 27.3%, 74만 1,000명이 20·30대다. 청년 고용시장이 얼마나 정체되고 악화되어 있는지를 단적으로 설명한다.

청년실업 급증은 기업의 신규채용 급감에 따른 영향이 크다. 고용노동부가 지난해 12월 말 상용근로자 5명 이상 민간기업을 대상으로 조사한 결과가 놀랍다. 지난해 4분기~올 1분기 채용계획 인원은 25만 3,000명으로 2008년 통계 작성 이후 가장 낮게 나타났다. 작년 3·4분기 구인 인원(62만 1,000명)도 글로벌 금융위기 이후 최저치를 기록했다.

일자리 미스매치도 실업을 부추기는 또 다른 요인이다. 구직자와 구인자 간 고용조건의 아귀가 잘 안 맞는다. 중소기업은 채용하려 해도 청년들은 중견기업이나 대기업을 선호한다. 작은 기업에 취업을 꺼린다. 놀면 놀았지, 급여 수준과 근로조건이 열악한 기업에는 가려 하지 않는다. 취업을 해도 2년 정도 일하면 그만두고 실업급여를 신청하는 예도 드물지 않다. 실업급여가 최저임금 수준이다 보니 취업과 실업을 반복하는 경우가 종종 눈에 띈다.

긴 안목의 일자리 근본 대책이 요구된다. 취업률, 실업률 등의 일자리 지표만 보고 세우는 근시안적 대책은 한계가 있다. 경제환경 변화, 저출산 고령화 등 시대적 추세에 발맞추면서 경제정책, 교육 정책 등과의 조화를 이루는 정책이 요긴하다. 우선 급하다고 당장 어렵다고 '세금 알바'나 양산할 게 아니다. 기업이 질 좋은 '진짜 일자리'를 많이 만들도록 해야 한다. 정부는 고용주가 아니라 고용 도우미가 되어야 한다.